United Nations
Educational, Scientific and
Cultural Organization
联合国教育、
科学及文化组织

联合国教科文组织资助项目

中国高等职业教育课程改革状况研究

RESEARCH ON TERTIARY TECHNICAL AND VOCATIONAL EDUCATION CURRICULUM REFORM IN CHINA

鲍　洁■主　编
高　林　王　洪■副主编

中国铁道出版社
CHINA RAILWAY PUBLISHING HOUSE

内 容 简 介

《中国高等职业教育课程改革状况研究》一书是联合国教科文组织资助项目"中国高等职业教育课程改革状况调研"的研究成果。项目组在我国《国家中长期教育改革和发展规划纲要（2010—2020年）》颁布后，中国高等职业教育进入了新的历史发展时期之时，针对高等职业教育发展中的核心问题—课程改革进行了现状调研，获得大量数据，经深入分析研究形成结论，为促进新时期中国高等职业教育课程改革健康深入发展，清楚地了解和把握高等职业教育课程改革现状具有重要意义。

本书可为教育主管部门制定政策提供参考，为高职院校管理者、教师及高等职业教育研究人员提供课程改革的基础数据和相关建议。

图书在版编目（CIP）数据

中国高等职业教育课程改革状况研究 / 鲍洁主编
. — 北京 : 中国铁道出版社, 2012.4
ISBN 978-7-113-13884-4

Ⅰ. ①中… Ⅱ. ①鲍… Ⅲ. ①高等职业教育－课程改革－研究－中国 Ⅳ. ①G718.5

中国版本图书馆CIP数据核字(2011)第235062号

书　　名：中国高等职业教育课程改革状况研究
作　　者：鲍　洁　主编

策　　划：秦绪好　王春霞　　**读者热线**：400-668-0820
责任编辑：秦绪好　鲍　闻
封面设计：刘　颖
封面制作：白　雪
责任印制：李　佳

出版发行：中国铁道出版社（100054，北京市西城区右安门西街8号）
网　　址：http://www.51eds.com
印　　刷：北京铭成印刷有限公司
版　　次：2012年4月第1版　　2012年4月第1次印刷
开　　本：787mm×960mm　1/16　**印张**：25　**字数**：449千
书　　号：ISBN 978-7-113-13884-4
定　　价：56.00元

中国高等职业教育课程改革状况研究

联合国教科文组织资助项目

中国高等职业教育课程改革状况调研

总项目组

组　长：

鲍　洁（北京联合大学）

顾问兼研究人员：

高　林（北京联合大学）

王　洪（北京联合大学）第一子项目组组长

研究人员：

刘斯媛（北大方正软件技术学院）第二子项目组组长

孙晓鲲（北京联合大学）第三子项目组组长

赵　楠（北京联合大学）第四子项目组组长

盛鸿宇（北京联合大学）第五子项目组组长

倪　勇（浙江机电职业技术学院）第六子项目组组长

任聪敏（浙江机电职业技术学院）

梁永生（深圳信息职业技术学院）第七子项目组组长

曹　毅（重庆城市管理职业学院）第八子项目组组长

孙晓雷（芜湖职业技术学院）第九子项目组组长

沈海娟（杭州职业技术学院）第十子项目组组长

邹京生（北京工业职业技术学院）第十一子项目组组长

杨　靖（新疆农业职业技术学院）第十二子项目组组长

任君庆（宁波职业技术学院）

郑士芹（北京信息职业技术学院）

罗青驹（北京寰智博信息科技研究院）

何小莉（北京联合大学）

龙玉善（中国铁道出版社）

Preface

序 一

《国家中长期教育改革和发展规划纲要（2010—2020年）》（以下简称《教育规划纲要》）指出“加强与联合国教科文组织等国际组织的合作,积极参与双边、多边和全球性、区域性教育合作。积极参与和推动国际组织教育政策、规则、标准的研究和制定。搭建高层次国际教育交流合作与政策对话平台,加强教育研究领域和教育创新实践活动的国际交流与合作。”《教育规划纲要》颁布实施一年多来，我国与联合国教科文组织在教育领域的合作进入了新的历史时期。教育体现综合国力，是国际人文交流中最为活跃的因素。我国的教育规模在世界上是最大的，对世界教育的发展具有重要的影响。随着我国教育事业的发展，其重要性在世界整个教育格局中越来越大。作为正在崛起的、拥有最大规模教育人口的国家，充分和有效地加强与联合国教科文组织的合作，利用其广阔的国际舞台和丰富的专业技术资源，有助于我国引进新的教育理念，有助于开展创新型试验项目，有助于推动与各国的教育交流与合作，为世界教育发展做出新的、积极的贡献。

如今，随着我国经济的飞速发展，特别是我国今年正式成为世界第二大经济体后，国际间竞争愈加激烈，人才需求迫在眉睫。教育在经济社会发展中发挥着基础性的作用，没有教育培养人才，一个国家什么也做不成。而高等职业教育更是承担着为我国培养数以千万计的高素质技能型专门人才的重任。如何使培养的人才满足经济社会发展的需要、满足雇主的需求、满足求学者的愿望，人才培养模式的创新、课程内容与教学方式的改革是最为重要的方面，也是贯彻落实《教育规划纲要》，推动高等职业教育加强内涵建设、提高教学质量、整体改革发展的核心任务。

以北京联合大学高等技术与职业教育研究所鲍洁教授为首的团队，近年来积极与联合国教科文组织合作，开展了高等职业教育领域的研究项目，在取得多项成果的基础上，在我国《教育规划纲要》实施之际，又选择了“中国高等职业教育课程改革状况研究”的主题，与联合国教科文组织合作并得到经费资助开展研究，为新一轮高等职业教育改革与发展提供了现状数据与咨询建议，为中国高等职业教育在课程与教学领域深入开展国际交流与合作提供了一份基本材料。

本书是该项目研究成果的结晶，以我国高等职业教育发展的脉络为基础，从不同视角和维度进行了调研和分析，对了解和把握中国高等职业教育课程改革现状具有重要的现实意义。相信这些成果将为高等职业教育管理者、研究者和实践者提供有益的参考，为促进国际交流与提升我国教育国际化水平发挥作用。

期待有更多的国际合作项目开展起来并取得丰硕成果。

杜越
中国联合国教科文组织全国委员会秘书长
2011年11月16日

Preface I

"Outline of Chinese Educational Reform and Development Plan in Middle and Long Term (2010-2020)" ("Educational Plan Outline") points out "strengthen cooperation with international organizations represented by UNESCO, positively take part in bilateral, multilateral and global and regional education cooperation; actively take part in and facilitate the research and making of the educational polices, rules and standards of the international organizations; build up a high-level international education communication, cooperation and policy dialogue platform, and enhance international communication and cooperation in educational research field and educational innovation practices." During the over one year after the promulgation of "Educational Plan Outline" , the educational cooperation between China and UNESCO entered into a new epoch. Education is the reflection of comprehensive national strength the most active factory in the international humanistic communication. China has the largest education scale in the world with significant influence on global educational development and China' s education plays increasingly important role in the whole layout of global education with its growth. Full effective enhancement of cooperation with UNESCO to use its broad international stage and considerable specialty technology resources will help China, a rising country with the largest education scale, introduce new education thoughts, carry out innovative experimental projects, develop educational cooperation and cooperation with the rest of the world and keep contributing to the development of global education.

With fast development of domestic economy, especially after China has become the second economy in the world officially, China sees increasingly furious international competition and urgent demand on the persons of ability. Education is the basis of the development of economic society and a country cannot do anything it wants without an education system cultivating talented persons, while Tertiary TVE takes the mission of cultivating millions of quality skill-type professionals for China. When comes to how to enable the students to satisfy the demand of the development of economic society, requirements of the employers and the expectations of the learners, the innovation of cultivation mode and the reform of curriculum contents and teaching method are the most important aspects and also the core tasks to implement "Educational Plan Outline" and facilitate the Tertiary TVE field to strengthen connotation construction, enhance teaching quality and boost overall reform.

The team headed by Prof. Bao Jie, Tertiary TVE Institute, Beijing Union University has been working together with UNESCO in Tertiary TVE researches these years. After the launch of "Educational Plan Outline" in China, the team selected the theme "Research on Tertiary TVE Curriculum Reform in China". This research was supported and funded by UNESCO, providing data and advices for reform and development of new round of Tertiary TVE and a basis material for international communication and cooperation of China's Tertiary TVE in curriculum and teaching fields.

As outcomes of this research, based on the course of China's Tertiary TVE, this work makes research and analysis in different angle of view and dimensions with realistic meaning on the understanding and grasp of status quo of Tertiary TVE curriculum reform in China. I believe these outcomes will definitely provide managers, researchers and practitioners of Tertiary TVE with important references and contribute to international communication and our educational internationalization.

I'm looking for more fruitful international cooperation programs!

杜越

Secretary-general, Chinese National Commission For UNESCO

16 NOV. 2011

Preface
序二

作为全民教育的重要组成部分，职业技术教育与培训面向就业、以开发技能为目标，在发展国家经济和减贫事业中发挥着至关重要的作用。职业技术教育与培训帮助学习者获得就业及职业发展所需的知识、技能并端正态度，有助于学习者积极行使公民权力并培养其终身学习的能力。在当前的宏观经济和金融形势下，职业技术教育与培训更有可能成为加速和巩固经济复苏的有效途径。

联合国教科文组织致力于为青年人提供更多更好的学习机会，提升其技能水平，从而使其顺利就业并融入社会。联合国教科文组织的职业技术教育与培训项目的目标是协助成员国将“就业能力”纳入到国家教育体系中，并为各国制定与职业技术教育相关的规范和标准提供支持，从而帮助各国政府为实现社会稳定和经济弹性发展打下坚实的基础。

中国在职业技术教育与培训领域的持续投入和优惠政策使得中等和高等职业技术教育的规模不断扩大。职业技术教育与培训培养了大批技术工人和专业人才，为中国经济的持续高速发展做出了重要贡献。中国《国家中长期教育改革和发展规划纲要（2010—2020年）》提出了职业技术教育部门在未来十年中的发展目标和具体措施，尤其是要解决目前所面临的诸如经费、质量、相关性、师资、课程、学校与就业的衔接、体制与管理等问题。

以此为背景，联合国教科文组织驻华代表处在其中国教育项目范围内，于2010年和2011年有幸与北京联合大学高等职业教育研究所合作，共同组织实施了高等职业教育课程研究项目。课程是任何教育过程的最核心部分。对于职业教育更是如此，并且直接关系到职业教育能否满足劳动力市场和学习者不断变化的需求。课程决定学生学习的目标、内容、方式，以及学习的效果。这个研究项目旨在促进高等职业教育课程的质量和相关性。项目回顾了中国高等职业教育课程的现状，分析了课程设计和开发的成功经验和存在的问题、为促进高等职业教育课程发展提出了政策建议。

本书呈现了北京联合大学高等职业教育研究所所承担的此项研究项目的主要成果和政策建议。我相信这些研究、发现可以为中国的职业教育规划者、决策者、研究者和实践工作者提供有益参考。此外，本书亦能帮助其他国家的职业教育工作者了解中国高等职业教育发展的经验和教训。此项研究的成果值得决策者的关注以推进职业技术教育与培训领域的改革。

Min Bista

教育项目专家

联合国教科文组织驻华代表处

2011.11.10

Preface Ⅱ

Technical and vocational education and training (TVET) is an integral part of the Education for All (EFA) initiative. Through its orientation towards the world of work and the development of skills, it plays an essential role in promoting a country' s economic growth and contributing to poverty reduction. TVET helps learners acquire skills, knowledge and attitudes needed to enter the world of wok and develop professional careers as well as active citizenship and lifelong learning. In the current macroeconomic and financial environment in particular, investment in TVET may be an efficient instrument to accelerate and sustain economic recovery.

UNESCO is dedicated to advancing learning opportunities and skills development for youth to enable them to successfully integrate into the world of work and society at large. The aim of UNESCO' s TVET programme is to assist Member States in integrating "employability skills" in national education systems and supporting development of national normative framework and standards, through which governments can lay the basis for a stronger society and a more resilient economy.

In China, increased inputs and favourable policies have led to the expansion of technical and vocational education at secondary and tertiary levels. TVET has played a critical role in preparing skilful and professional workforce for China' s booming economy. The National Medium and Long Term Education Reform and Development Plan (2010—2020) has outlined specific actions to be taken in the next decade to further advance the sub-sector. In particular, these actions seek to address issues and challenges related to funding, quality, relevance, teacher qualification, curriculum, school to work transition and governance and management in TVET.

It was within this broad context and as a part of UNESCO's education programme in China, the UNESCO Beijing Office has had the pleasure to work with the Institute of Tertiary TVE of the Beijing Union University (BUU) in 2010 and 2011 on a research project that looks into curriculum, a key component of vocational higher education. The curriculum is at the heart of any educational process and this is particularly true for vocational education that must address the changing demands of labor market and needs of learners. The curriculum defines what students should learn and be able to do, why, how, and how well. This research project aims to improve the quality and relevance of the curriculum of vocational higher education by (1) reviewing and documenting the status of Tertiary TVE curriculum in China; (2) identifying good practices and challenges in curriculum design and development; and (3) proposing policy recommendations for improving curriculum development for Tertiary TVE.

This book is based on the key findings and recommendations drawn from the above research project on the curriculum of vocational higher education undertaken by BUU. I am confident that these study findings and recommendations can be helpful for TVET planners, policy makers, researchers and practitioners in China. In addition, they can be informative for professionals working in the field of TVET in other countries that are eager to learn from China's good practices and experience. The evidence generated by this research deserves priority attention by policy makers for genuine reform in TVET.

Min Bista

Programme Specialist for Education

UNESCO Beijing Office

10 NOV.2011

Foreword

前 言

自改革开放以来，中国经济社会发展提速，特别是进入新世纪以后，更是日新月异，受到世人瞩目。中国的高等职业教育伴随着改革开放，在近30年的发展中不断壮大，成为中国高等教育的半壁江山，为中国的经济建设快速发展，提供了有力的人才资源支撑。为了使培养的人才能够满足经济社会发展的需要，满足雇主的需求，满足求学者的愿望，高等职业教育不断进行了课程内容与教学方式的改革，人才培养模式的创新，先后引进了多种发达国家（或地区）的先进教育理念与课程模式，学习借鉴先进经验，探索适合中国国情的改革之路，取得不少优秀成果，但也面临一些困难和挑战。

当前，中国高等职业教育进入了新的历史发展时期，2010年中国国务院颁布实施了《国家中长期教育改革和发展规划纲要（2010—2020年）》，为今后一个时期高等职业教育进入新一轮发展，部署了行动纲领。各高职院校在学习借鉴各国先进经验的基础上，在校企合作、工学结合的人才培养模式指导下，探索具有中国国情、创新中国特色的高职人才培养模式与课程解决方案,进入了高等职业教育课程改革的一个关键性的新时期，在多种途径推进这一改革向深度发展的进程中，理论上、实践上还有不少问题需要解决。课程改革是高等职业教育发展的核心问题，产学合作是实施课程改革的根本途径，为促进新时期高等职业教育课程改革健康深入地发展，清楚地了解和把握中国高等职业教育课程改革现状具有重要意义。为此，2010年4月，在中国联合国教科文组织全委会秘书处的具体指导与支持下，在联合国教科文组织驻华代表处的技术支持与经费资助下，北京联合大学高等技术与职业教育研究所承担了联合国教科文组织项目“中国高等职业教育课程改革状况调研”。经过一年多的研究工作，完成了《中国高等职业教育课程改革状况研究报告》与《中国高等职业教育产学合作模式研究报告》两项成果。本书将《中国高等职业教育课程改革状况研究报告》的总报告与子报告和《中国高等职业教育产学合作模式研究报告》全部内容呈现给读者。

《中国高等职业教育课程改革状况研究报告》是由项目组选取了全国高等职业教育中专业点设置和学生人数都较多的四个专业类中九个专业作为调研对象，从北京、天津、上海、重庆、江苏、浙江、广东、广西、福建、山东、山西、安徽、河北、河南、湖北、辽宁、黑龙江、甘肃、宁夏、新疆等20个省（自治区、直辖市）的110余所高职院校选取了260余个专业点进行抽样调查，分析研究的成果。其中，调研院校涵盖了国家示范、骨干高职院校、非国家示范、骨干高职院校、本科院校举办高职教育的院校、民办高职院校等。项目组通过文献资料调研、网络信息调研、对高职教师及教学管理人员、学生、毕业生和行业企业人员的问卷调查与座谈、典型案例分析、高职院校的实地考察等，进行调研数据的收集。以高等职业教育专业为研究课程改革的基本单元，选择人才培养中的教育环节（专业设置、专业定位、培养目标、职业分析、课程体系、课程与教学）进行教育内部六个维度影响因素的调研分析；进而又从高等职业教育课程改革对社会各相关方面（课程与学生、课程与工作、课程与就业、课程与产学合作）影响的视角，对调研数据进行统计和分析；在此基础上，进一步对高职课程改革进行整体性的综合分析，最终形成研究结论，提出政策性建议。

《中国高等职业教育产学合作模式研究报告》是由项目组从2011年6月教育部高职示范院校建设四周年成果展览和成果网上展示栏目，以及文献资料调研、实地考察调研等处收集高等职业教育产学合作最新优秀案例300余个；从江苏、浙江、广东、西藏、重庆、北京等17个省（自治区、直辖市）的44所高职院校教师的问卷调研中，回收有效调研表49张；实地考察高职院校6所、企业5家后进行分析研究的成果。项目组在对高职院校实施产学合作状态调研基础上，归纳出10余种比较典型的产学合作模式；并进一步对产学合作机制进行调研，得出当前高等职业教育产学合作机制建设的基本状态；在产学合作模式和机制现行状态和问题分析基础上，对我国在高等职业教育教学中深化产学合作提出政策性建议。

本书共有三部分内容，第一部分为《中国高等职业教育课程改革状况研究总报告》，第二部分为《中国高等职业教育课程改革状况研究子报告》，第三部分为《中国高等职业教育产学合作模式研究报告》。期望本书呈现的项目研究成果能够为中国国家和地方教育行政管理部门、教育研究机构、高等职业院校的管理人员、研究人员和骨干教师等在进行高职课程改革方针政策制定、方案设计、研究与专业建设等提供参考；为中国新一轮高等职业教育专业建设与教学改革提供咨询意见；为深入开展高等职业教育国际交流与合作提供基本材料。

“中国高等职业教育课程改革状况调研”项目由北京联合大学高等技术与职业教育研究所鲍洁教授主持，北京联合大学高林教授、王洪教授担任项目组顾问并直接参与了项目的策划与研究工作；项目组主要成员包括北大方正软件技术学院科研处刘斯媛处长；北京联合大学高职处孙晓鲲副处长、应用科技学院盛鸿宇高级工程师、高等技术与职业教育研究所赵楠助理研究员等；浙江机电职业技术学院高教所倪勇所长；以及深圳信息职业技术学院副院长梁永生教授；重庆城市管理职业学院副院长曹毅教授；芜湖职业技术学院教务处孙晓雷处长；北京工业职业技术学院邹京生教授；杭州职业技术学院信息电子系沈海娟主任；新疆农业职业技术学院教务处杨靖副处长；宁波职业技术学院科研处长任君庆教授等。他们为项目取得研究成果做出了突出贡献。

项目组在立项与开展研究工作过程中，北京联合大学给予了项目组研究条件的保障与经费的支持，项目组成员所在院校均给予了研究工作时间与条件的保障。同时，项目组得到了中国教科文全国委员会秘书处的大力支持，杜越秘书长和董建红处长给予了具体指导和帮助；项目组还得到联合国教科文组织的大力支持与经费资助，联合国教科文组织驻华代表处教育处主任毕斯塔（Min Bista）先生与教育项目官员何培女士给予了技术指导与帮助。北京市教委高教处、全国煤炭职业技术教育学会、深圳信息职业技术学院、重庆城市管理职业学院、芜湖职业技术学院、杭州职业技术学院、新疆农业职业技术学院、宁波职业技术学院等单位给与了项目组鼎力支持和大力帮助。

北京工业职业技术学院、北京财贸职业技术学院、北京交通职业技术学院、北大方正软件技术学院、北京劳动保障职业技术学院、北京政法职业技术学院、北京信息职业技术学院、北京农业职业学院、北京青年政治学院、中国劳动关系学院、北京印刷学院、北京培黎大学、福建信息职业技术学院、新疆轻工职业技术学院、甘肃酒泉职业技术学院、宁夏职业技术学院、黑龙江建筑职业技术学院、黑龙江工商职业技术学院、鹤岗师范专科学校、辽宁机电职业技术学院、辽宁石油化工大学职业技术学院、辽宁工程技术大学经济管理学院、深圳职业技术学院、河源职业技术学院、顺德职业技术学院、天津电子信息职业技术学院、天津职业大学、上海电子信息职业技术学院、苏州市职业大学、无锡商业职业技术学院、武汉软件职业技术学院、黄冈职业技术学院、浙江机电职业技术学院、浙江金融职业技术学院、浙江交通职业技术学院、浙江经济职业技术学院、浙江经贸职业技术学院、浙江工商职业技术学院、浙江电子职业技术学院、浙江警官职业学院、浙江育英职业技术学院、浙江水利水电专科学校、浙江商业职业技术学院、重庆电子工程职业学院、重庆工程职业技术学院、重庆工商职业学院、重庆航天职业技术学院、重庆机电职业技术学院、重庆科技学院、重庆青年职业学院、重庆商务职业学院、重庆正大软件学院、重庆建设工程职业学院、柳州铁道职业技术学院、芜湖信息职业技术学院、安庆医药高等专科学校、安庆职业技术学院、铜陵职业技术学院、铜陵职业技术学院、池州职业技术学院、安徽中医药高等专科学校、桐城师范高等职业专科学校、亳州职业技术学院、亳州师范高等专科学校、宿州职业技术学院、皖西卫生职业学院、六安职业技术学院、河北能源职业技术学院、郑州轻工职业学院、威海职业学院、大同大学煤炭工程学院、山西职业技术学院、陕西能源职业技术学院等院校对项目组的调研工作给予了大力支持；中国铁道出版社、高等教育出版社、人民邮电出版社、机械工业出版社、中国水利水电出版社、浙江科技出版社、电子工业出版社等出版单位为项目组调研提供了最新出版的相关高职教材；近200家企业与行业代表为项目组调研提供了有关信息与数据。

本书由鲍洁、高林总策划，鲍洁、高林、王洪、刘斯媛、赵楠、孙晓鲲、盛鸿宇、倪勇、任聪敏等主要参与了撰写工作，全书由鲍洁、高林总统稿。

中国铁道出版社对本书的出版给予了大力支持，严晓舟副总编、秦绪好主任和王春霞老师以及有关的编辑与制作人员为本书出版付出了心血。

在此，让我们向一切给予支持、指导、帮助、贡献的单位和所有领导、专家、教师、学者、学生、毕业生及有关人员表示由衷的感谢！

本书付梓之际也是项目完成之时，尽管取得了可喜的研究成果，但限于我们的水平和时间，书中仍会有不妥与疏漏的地方，敬请同行们指正。

《中国高等职业教育课程改革状况调研》项目组

2011年11月5日

Foreword

Since reform and opening up, China has witnessed accelerated economic and social development, especially after mankind entered the new century. The rapid changes have caught worldwide attention. With reform and opening up, China' s Tertiary TVE has undergone continuous development over past thirty years, having become an important part of China's higher education and offered strong human resources support for rapid economic development of China. In order to make the professionals meet the needs of economic and social development and demands of employers and learners, Tertiary TVE has carried out ongoing reform on course contents and teaching methods, innovated personnel training mode and introduced advanced education idea and curriculum models from a variety of developed countries (or regions), so as to study and draw advanced experiences and explore reform suitable for China's national conditions. It has obtained huge achievements, but also still faced with some difficulties and challenges.

At present, Chinese Tertiary TVE has entered a new historical period of development. In 2010, China' s State Council promulgated "Outline of National Educational Reform and Development Plan in Middle and Long Term(2010 - 2020)" , working out action outlines for new development of Tertiary TVE in next period of time. On the basis of learning from advanced experience of other countries and under guidance of professional training mode of cooperation between school and enterprise & combination of work and study, all Tertiary TVE institutions have explored and innovated higher vocational professional training modes and courses solutions with Chinese characteristics, indicating a key new period for Tertiary TVE curriculum reform. Curriculum reform is the core issue for the Tertiary TVE development, Cooperation between industries and colleges is basic way for carrying out a curriculum reform, playing a significant role in promoting in-depth and healthy development of the Tertiary TVE curriculum reform in the new period and understanding and mastering current status of Chinese Tertiary TVE curriculum reform. To this end, under the guidance and support of Secretary-general, Chinese National Commission For UNESCO and with the technical support and fund sponsor of UNESCO Beijing Office, Higher Technological and Vocational Education Institute of Beijing Union University assumed the UNESCO project of "Chinese Tertiary TVE Curriculum Reform Investigation" in April of 2010. After more than a year of hard work, it completed the "Research Report on Tertiary TVE Curriculum Reform in China" and "Research Report on Cooperation between industries and colleges Mode in Tertiary TVE in China". This book will present the whole contents of the general report and sub-reports of "Research Report on Tertiary TVE Curriculum Reform in China" and "Research Report on Cooperation between industries and colleges Mode in Tertiary TVE in China" to readers.

"Research Report on Tertiary TVE Curriculum Reform in China" targeted on nine majors of four categories, which have more majors and more students in higher education in China. 260 majors from 110 universities from 20 provinces, autonomous regions and municipalities of Beijing, Tianjin, Shanghai, Chongqing, Jiangsu, Zhejiang, Guangdong, Guangxi, Fujian, Shandong and Shanxi, Anhui, Hebei, Henan, Hubei, Liaoning, Heilongjiang, Gansu, Ningxia and Xinjiang were selected for sample research and analysis. The research target institutes cover national demonstrative and backbone higher vocational colleges, non-national demonstrative and backbone higher vocational colleges, vocational colleges of universities and private higher vocational colleges. The Project Group collected research data through literature research, internet information research, questionnaires and workshops with teachers, teaching management staff, students, graduates of Tertiary TVE and personnel from industrial enterprises, typical cases analysis and field visit to higher vocational colleges. By taking higher education major as the basic unit for research on curriculum reform, the Project Group selected educational aspects of professionals training (major setting, major orientation, training target, occupation analysis, curriculum system, curriculum and teaching) to conduct research analysis on impact factors of six dimensions in education. Furthermore, the Project Group carried out statistics and analysis on the data from the perspectives of impacts of the Tertiary TVE curriculum reform on various social aspects (curriculum and students, curriculum and work, curriculum and employment, course and industry-university cooperation). On such basis, the Project Group further conducted comprehensive analysis on integrity of Tertiary TVE curriculum reform, finally drawing the conclusion of the study and putting forward the policy advices.

"Research Report on Cooperation between industries and colleges Mode in Tertiary TVE in China" was compiled based on the analyzing work and research achievements made by the project team. over 300 latest successful cases about cooperation between industries and colleges in Tertiary TVE collected from the Ministry of Education Outcome Exhibition for Fourth Anniversary of Demonstration Tertiary TVE Schools Construction in June, 2011, and the contents in the outcome network, literature materials, site investigations and other approaches; 49 valid returned questionnaires of surveys in 44 Tertiary TVE schools in 17 Provinces, Municipalities directly under Central Government and Autonomous Regions such as Jiangsu, Zhejiang, Guangdong, Tibet, Chongqing and Beijing; visits to 6 Tertiary TVE schools and 5 enterprises. The project team has summarized out over 10 types typical "Cooperation between industries and colleges" mode based on the investigation on the Tertiary TVE which have implemented the Cooperation between industries and colleges, and made further investigation on the mechanism of the Cooperation between industries and colleges mode, got to know the basic status of current Cooperation between industries and colleges in Tertiary TVE. The project team've able to propose the policy suggestions on the how to deepen the Cooperation between industries and colleges in Tertiary TVE for china based on the Cooperation between industries and colleges mode and current mechanism and analyzing of the questions.

The book is divided into three parts. The first part is "Research Report on Tertiary TVE Curriculum Reform in China" and the second part is "Research Sub-report on Tertiary TVE Curriculum Reform in China" and the Third part is "Research Report on Enterprise-University Cooperation Mode in Tertiary TVE in China" . This book presents results of the project to China national and local education administrative departments, research institutions, education the Tertiary TVE managers, researchers and teachers in the higher vocational curriculum reform policy, design, research and professional construction to provide the reference for Chinese; a new round of Tertiary TVE specialty construction and teaching reform for providing advice; development of Tertiary TVE

International Exchange and cooperation to provide the basic materials.

"Chinese Tertiary TVE Curriculum Reform Investigation" was presided by Prof. Bao Jie of Higher Technological and Vocational Education Institute of Beijing Union University, Prof. Gao Lin and Prof. Wang Hong from Beijing Union University served as general advisors and directly participated in the arrangement and research work of the project. The Project Group members mainly include Director Liu Siyuan from Division of Research of Beijing Founder Institute of Software Technology, Deputy Division Head Sun Xiao Kun from Tertiary TVE Division of Beijing Union University, Senior Engineer Sheng Hongyu from the College of Applied Science and Technology, Assistant Researcher Zhao Nan from Institute of Higher Technology and Vocational Education, Director General Ni Yong from Zhejiang Institute of Mechanical and Electrical Engineering, Prof. Liang Yongsheng who is the Deputy Director General of Shenzhen Institute of Information Technology, Prof. Cao Yi who is the Deputy Director General of Chongqing Vocational College of City Management, Division Head Sun Xiaolei of Education Division of Wuhu Polytechnic College, Prof. Zou Jingsheng from Beijing Polytechnic College, Director Shen Haijuan from Electronic Information Department of Hangzhou Vocational and Technical College, Vice Director Yang Jing of Education Division of Xinjiang Agricultural Vocational and Technical College and Prof. Ren Junqing who is the Division Head of Research of Ningbo Polytechnic. They have made outstanding contributions to the achievements of the project.

When the Project Group was set up and during the research wok, Beijing Union University offered research conditions guarantee and fund support for the Project Group and the departments and institutes where the team members are from also guaranteed research time and conditions. At the same time, the Project Group also obtained strong support from the Secretariat of Chinese National Commission For UNESCO and specific guidance and support from Secretary-general Du Yue and Division Director Dong Jianhong. UNESCO also offered strong support and fund support and Director Min Bista of Education Division and Project Official Ms. He Pei of UNESCO Representative Office in China also offered technical support and assistance. Higher Education Division of Beijing Education Commission, Coal Vocational Education Institute, Shenzhen Institute of Information Technology, Chongqing Polytechnic College of City Management, Wuhu Institute of Technology, Hangzhou Vocational and Technical College, Xinjiang

Agricultural Vocational and Technical College, Ningbo Polytechnic and other institutes also gave strong support and aid to the Project Group.

Beijing Polytechnic College, Beijing Vocational College of Finance and Commerce, Beijing Jiaotong Vocational Technical College, Peking University Founder Technology College, Beijing Vocational College of Labor and Social Security, Beijing Political Science and Law Vocational and Technical College, Beijing Information Technology College, Beijing Vocational College of Agriculture, Beijing Youth Politics College, China Institute of Industrial Relations, Beijing Institute of Graphic Communication, Beijing Peili University, Fujian Polytechnic of Information Technology, Jiuquan Vocational and Technical College of Gansu, Ningxia Polytechnic, Heilongjiang College of Construction, Heilongjiang Institute of Industrial and Business Technology, Hegang Normal College, Liaoning Jidian Polytechnic, Vocational Technology College of Liaoning Shihua University, School of Economics and Management of Liaoning Technology University, Shenzhen Polytechnic, Heyuan Polytechnic College, Shunde Polytechnic, Tianjin Electronic Information Vocational Technology College, Tianjin Vocational Institute, Shanghai Technical Institute of Electronics and Information, Suzhou Vocational University, Wuxi Institute of Commerce, Wuhan Vocational College of Software and Engineering, Huanggang Polytechnic College, Zhejiang Institute of Mechanical and Electrical Engineering, Zhejiang Financial College, Zhejiang Institute of Communications, Zhejiang Technical Institute of Economics, Zhejiang Economics and Trade Polytechnic, Zhejiang Business Technology Institute, Zhejiang Electronic Polytechnic, Zhejiang Police Vocational Academy, Zhejiang Yuyin College of Vocational Technology, Zhejiang Water Conservancy and Hydropower College, Zhejiang Vocational College of Commerce, Chongqing College of Electronic Engineering, Chongqing Vocational Institute of Engineering, Chongqing Technology and Business Institute, Chongqing Aerospace Polytechnic College, Chongqing Vocational and Technical College for Electro-mechanics, Chongqing University of Science and Technology, Chongqing Youth Vocational and Technical College, Chongqing Business Vocational School, Chongqing Zhengda Software Institute, Chongqing Vocational Institute of Construction Engineering, Liuzhou Railway Vocational Technical College, Wuhu Vocational Institute of Information, Anqing Medical and Pharmaceutical College, Anqing Vocational and Technical College, Tongling

Polytechnic, Chizhou Vocational Technical College, Anhui College of Traditional Chinese Medicine, Tongcheng Teachers College, Bozhou Polytechnic, Bozhou Normal College, Suzhou Polytechnic College, West Anhui Health Vocational College, Liu' an Vocational Technology College, Hebei Energy Institute of Vocation and Technology, Zhengzhou Polytechnic College of Light Industry, Weihai Vocational College, Coal Engineering School of University of Datong, Shanxi Polytechnic College and Shaanxi Energy Institute and other institutions have offered great support to the research work of the Project Group. Higher Education Publishing House, People' s Posts and Telecommunications Press, Mechanical Industry Press, China Railway Publishing House, China Water Conservancy and Hydropower Press, Zhejiang Science and Technology Publishing House and Electronic Industrial Publishing House offered updated vocational education text books to the Project Group. Nearly 200 enterprises and industrial representatives offered relevant information and data to the research of the Project Group.

Bao Jie and Gao Lin were dedicated for overall arrangement of the book, and Bao Jie, Gao Lin, Wang Hong, Liu Siyuan, Zhao Nan, Sun Xiaokun, Sheng hongyu,Ni Yong and Ren Congmin also participated in the writing. The book was compiled in overall by Bao Jie and Gao Lin.

China Railway Publishing House has offered strong support for the publication of this book. Deputy Chief Editor Yan Xiaozhou, Director Qin Xuhao and Ms. Wang Chunxia and other relevant editors and staff also made efforts for the publication of this book.

Hereby, we would like to extend our heartfelt thanks to institutes, leaders, experts, teachers and faculties, scholars, students, graduates and relevant personnel who have offered support, guidance, assistance and contribution to this work.

The publication of this book also indicates the completion of the project. Despite of fruitful research achievements, due to our limitation and time limit, there certainly might be some errors or omissions. Your correction and comments are highly appreciated.

"Investigation on Curriculum Reform of Tertiary TVE in China" Project Group

Nov 5, 2011

Contents

目 录

第一部分 中国高等职业教育课程改革状况研究总报告

第二部分 中国高等职业教育课程改革状况研究子报告

第三部分 中国高等职业教育产学合作模式研究报告

Contents

Part One Research Report on Tertiary Technical and Vocational Education Curriculum Reform in China

Part Two Research Sub-report on Tertiary Technical and Vocational Education Curriculum Reform in China

Part Three Research Report on Cooperation between Industries and Colleges Mode in Tertiary TVE in China

第一部分

中国高等职业教育课程改革状况研究总报告

第二章 中国高等职业教育发展与课程改革历程

调研中国高等职业教育课程改革的现有状况，首先需要对高等职业教育的发展历程与高职课程改革的轨迹有个清楚的了解，据此做出比较分析，才能对现况的改革程度做出准确判断。为此，项目组进行了大量文献资料调研和专家访谈咨询，梳理了中国高等职业教育的发展与课程改革的历程。

一、高等职业教育诞生与稳步发展期（1980—1999年）

中国高等职业教育始于20世纪80年代初，在90年代中期确立地位并稳步发展起来，大规模发展开始于90年代末。改革开放后，为适应地方经济快速发展对技术应用型人才的迫切需求，中国经济发达地区提出创办职业大学的设想，1980年，原国家教委批准成立了南京金陵职业大学、江汉大学等13所短期职业大学，以此为标志，国家明确提出了高等职业教育发展的问题。1985年5月发布的《中共中央关于教育体制改革的决定》首次提出“积极发展高等职业技术院校”，“逐步建立起一个从初级到高级、行业配套、结构合理又能与普通教育相互沟通的职业技术教育体系”。随后几年职业大学在中国各中心城市迅速发展起来，以面向经济，服务地方，花钱少、见效快、可收费、走读为主、不包分配为特点，用较少的资源、较小的投入方式提供了更多上大学的机会，解决了当时社会人才紧缺问题。但从人才培养来看，基本沿用普通高等专科教育学科系统化的本科压缩型专业课程体系。

20世纪80年代末以及进入90年代以来，伴随着改革开放，中国高等职业教育开始稳步发展：在这一期间，进一步明确了高等职业教育的培养目标和发展定位，确定了“三改一补”和“三教统筹”发展高等职业教育的基本方针和政策。

框注1：“三改一补”和“三教统筹”

【“三改一补”是指1994年中国召开全国教育工作会议，提出了“通过现有的职业大学、部分高等专科学校和独立设置的成人高校改革办学模式，调整培养目标来发展高等职业教育。仍不能满足要求时，经批准利用少数具备条件的重点中等专业学校改制或举办高职班等方式作为补充”的高等职业教育发展思路。后统称为“三改一补”基本方针。

“三教统筹”是指1998年教育部把原来由高等教育司、职业技术教育司、成人教育司分别主管的普通高等专科教育、高等职业教育、成人高等教育全部归并到高等教育司统一管理，称为实施“三教统筹”的管理体制改革，并决定将覆盖了相关三种形式的教育实体统称为“高职高专教育”。】

中国职教法和高教法的颁布实施，确立了高等职业教育的法律地位。明确高等职业教育是高等教育的重要组成部分，层次上属于高等教育，类型上属于职业教育。1989年，教育部组团第一次赴加拿大学习国外先进职业教育思想与经验，引进了北美以能力为本位（CBE）的职业教育思想和DACUM课程模式与开发方法，之后又两次组团赴加拿大学习CBE，并在全国宣传推广，开展试点实践。

框注2：CBE

【对比当时中国高等职业教育沿袭普通高等教育学科本位学术体系的课程开发，国际上发达国家的职业教育大体都实行能力本位（Competence-Based）的课程模式。比较典型的是20世纪八九十年代北美推出的CBE（Competence-Based Education）和DACUM (Developing a Curriculum)，它们是职业岗位能力本位的模式。其能力标准（Competence Standards）来自对职业岗位十分详尽的任务分析，对每一专项能力开发一个相应的课程模块。这一模式比较适合要求操作技能较强的岗位工作，在工业化的初中期实施的职业教育有重要的学习意义，对现代以综合能力为目标的职业教育也有借鉴意义，因此迄今一些西方国家仍在不断改革完善这一以能力本位为基础的课程模式。】

随着以能力为本位的理念进入中国高等职业教育，为高职课程改革提供了重要的学习借鉴基础，而中国市场经济体制改革和经济的快速发展，对高等教育提出培养不同类型人才的需求，构建新的人才培养模式成为对高等职业教育课程改革的第一推动力，使课程改革的实践与理性思考向前迈进了一大步，对当时高职教育实施本科压缩型的课程进行了有力的冲击。许多学校的专业人才培养方案，开始贯彻理论课程以“必需、够用”为度的原则，缩减学时并进行同类课程的适度整合；在教学计划中增加了实践教学学时，尤其是集中实训环节。形成了特征突出的第一次高等职业教育课程改革，其轨迹可以在1999年11月教育部召开的第一次“高职高专教学工作会议”之后发布的文件中和典型专业课程改革方案中清楚地看到，在教育部第一个关于高职人才培养的文件——《教育部关于加强高职高专教育人才培养工作的意见》（见教高[2000]2号文件）中关于制订教学计划的基本原则指出“要以适应社会需求为目标、以培养技术应用能力为主线制订专业教学计划。基础理论教学要以应用为目的，以必需、够用为度”，“专业课教学要加强针对性和实用性”，“要加强实践教学环节，增加实训、实践时间和内容”，“实训课程可单独设置”。这一改革对本科压缩型的高职课程进行了有力的冲击，增强了学生的实践能力培养，为后续的改革奠定了基础。但整体看来，基于当时对高职教育的认识和受传统学科本位的高等教育影响，这一次的改革仍然建立在专业的学科体系基础上，沿用了基础课、专业基础课和专业课的“三段式”课程结构，是一次对传统学科体系课程的改良。

二、高等职业教育快速发展时期（1999—2005年）

进入新世纪，高等职业教育进入快速蓬勃发展阶段，1999年第三次全国教育工作会议做出大力发展高等职业教育的决定后，高职开始大扩招，规模迅速扩大，占据了高等教育的半壁江山，为全社会尤其是广大适龄青年接受高等教育提供了更多机会，较好地满足了人们群众接受高等教育的迫切需求，对中国在本世纪实现高等教育大众化的历史性跨越起到了基础性和决定性作用。

2002年7月，国务院召开了第四次全国职业教育工作会议，发布了《国务院关于大力推进职业教育改革与发展的决定》；2004年6月，第五次全国职业教育工作会议召开，发布了《教育部等七部门关于进一步加强职业教育工作的若干意见》；2005年10月，《国务院关于大力发展职业教育的决定》正式颁布，11月7日，国务院召开了第六次全国职业教育工作会议，温家宝总理在会上做了“大力发展中国特色的职业教育”的重要报告。不到四年时间，国家连续召开了三次职教工作会议，职业教育的战略地位得到极大提高，为中国高等职业教育发展提供了极好的战略机遇。

在这一大背景下，随着中国经济社会的发展，高等职业教育在扩大规模的同时，其教学改革也在不断深入，教育部启动了“新世纪高职高专教育人才培养模式和教学内容体系改革与建设项目计划”，在全国高职院校中广泛开展了专业教学改革试点工作；三次组团赴澳大利亚学习考察TP和TAFE。

框注3：TP和TAFE

【澳大利亚1995年构建的国家资格框架（AQF Australia Qualification Framework），旨在建立一个全国性的终身学习和培训的教育体系。它用了12级资格规定了基础教育、职业教育和高等教育的分立与贯通。其中由4级文凭、2级证书构成的职业资格证书体系，是以达到行业能力标准为依据，而非达到某学习年限的学历资格标准，但就继续学习来说可以相互转换。自1998年澳大利亚在此基础上建立了国家培训框架（National Training Framework，NTF），培训包（Training Package，TP），又称整体培训计划，是国家培训框架的至关重要组成部分，是由行业制订，国家认证。培训包详细规定了国家统一的资格职业能力标准和评估指南，并提供相应的教辅材料。

澳大利亚职业教育与培训由国家注册培训机构提供，其主体为技术与继续教育学院（Technical and Further Education，TAFE）】

2002年教育部批准了62个专业为第一批国家高职高专精品专业建设项目；2003年教育部将开展高职高专精品课程建设列为“高等学校教学质量与教学改革工程”的四大内容之一，并与当时劳动和社会保障部、国防科工委、信息产业部、交通部、卫生部联合发出通知优先在四类专业领域实施“职业院校制造业和现代服务业技能型紧缺人才培养培训工程”，开展两年制高职试点改革；尤其是教育部分别在2002年、2003年、2004年召开了三次全国高等职业教育产学研合作教育经验交流会，确立了高等职业教育“以就业为导向，以服务为宗旨，走产学研结合的发展道路”。强调高等职业院校要主动适应经济社会发展需要，以就业为导向确定办学目标，坚持培养面向生产、建设、管理、服务第一线需要的实践能力强、具有良好职业道德的高技能人才。2004年教育部颁布了《普通高等学校高职高专教育指导性专业目录（试行）》，同时教育部高教司还制订了《普通高等学校高职高专教育专业设置管理原则意见（建议方案）》，规范了高职专业设置与管理；2004年教育部下发了《关于全面开展高职高专院校人才培养工作水平评估的通知》，正式启动和全面开展了高职高专院校人才培养工作水平评估工作，进一步推动了高职人才培养模式与课程改革，有力地保障了人才培养质量。

这一时期在一系列政策导向、改革工程、试点项目实施的过程中，高职院校专业课程改革开始向能力本位转型，学习借鉴国外先进课程模式与开发方法，以职业分析为起点和依据开发设计课程，引入职业标准，实施毕业双证书制，一些典型的以职业能力培养为导向的课程模式和开发方法研制推出，如“宽基础、活模块（KH）”、“多元整合的课程模式”、“实践导向的职业教育课程开发”、“职业能力系统化课程（VOCSCUM）及其开发方法”等，并形成了一批高职专业课程改革的理论与实践成果，在2005年国家高等教育教学成果奖的评选中脱颖而出。

框注4：“宽基础、活模块（KH）”、“多元整合的课程模式”、“实践导向的职业教育课程开发”、“职业能力系统化课程（VOCSCUM）及其开发方法”

【在学习借鉴国际职业教育经验的基础上，自2001年以来，国内职教界的很多专家学者进行了深入研究，先后提出了具有我国职业教育特点的课程模式和开发方法。例如：北京的蒋乃平先生提出的“宽基础、活模块（KH）”课程模式，较早开始了职业教育从学科本位向能力本位转变的探索；上海市教科院的黄克孝教授，提出了针对高职教育课程体系改革的“多元整合的课程模式”，力图集成各类职业教育课程模式的优点，实现高职教育的目标；华东师范大学石伟平教授、徐国庆博士提出的“实践导向的职业教育课程开发方法”，在我国华东地区高职教学改革中颇具影响力；北京联合大学高林、鲍洁教授等提出的“职业能力系统化课程及开发方法（VOCSCUM）”纳入教育部银领工程，向全国推广。这些新的高职教育课程模式的出现，标志中国高等职业教育教学改革已走出传统学科课程的框架，开始构建以职业能力培养为基础的新课程。】

三、高等职业教育内涵发展、全面提高教育质量时期（2005—2008年）

“十一五”期间，中国高等职业教育发展转向加强内涵建设，提高教育质量为主的轨道。2006年，教育部、财政部启动实施了“国家示范性高等职业院校建设计划”，通过中央财政资金支持建设100所国家示范性高职院校，9所培育扶持高职院校和440个专业，有效带动全国1 200多所高职院校建设发展。之后，发布了《教育部关于全面提高高等职业教育教学质量若干意见》（教高[2006]16号）（简称教育部16号文件），加强对高等职业教育教学改革的全面指导，引导高职院校切实把建设和发展的重点放到强化办学特色，全面提高教学质量上，保证高职教育持续健康发展。

以北京联合大学为中方牵头学校与多国大学合作开展的欧盟亚洲联系（Asia-link）项目“关于课程开发的课程设计（DCCD）”课题组将德国先进的职业教育思想与课程开发方法引进中国并实施本土化推广，2007年6月DCCD中国课题组编写出版了中文版的介绍德国“设计导向基于工作过程的课程及其开发方法”的最新职业教育课程开发书籍——《职业教育与培训学习领域课程开发手册》（高等教育出版社），为教育部多次组织示范校教师赴德国学习培训提供了教科书，结合示范校的课程改革学习德国基于工作过程课程开发的研究与探索自此开始了。

框注5：“设计导向基于工作过程的课程及其开发方法”

【设计导向基于工作过程的课程是由德国不来梅（Bremen）大学技术与教育研究所(ITB)所长F.劳耐尔(Felix Rauner)教授及其研究团队与大众汽车公司通过典型试验于20世纪90年代后期开发出的。其设计导向的职业教育思想体现了当代先进的职业教育理念，基于工作过程的课程开发方法（BAG法），遵循设计导向的现代职业教育思想，赋予职业能力全新的内涵，它不仅打破了传统学科系统化的束缚，而且给能力本位职业教育以新的发展，将学习过程、工作过程与学生的能力和个性发展联系起来，在培养目标中强调“设计能力”的培养，而不仅仅是被动地适应能力的训练。BAG法关注工作过程的整体性和完成工作任务的创造性，并且将实践性知识提高到一个新的水平。

欧盟亚洲联系（EuropeAid Asia-Link）项目支持的“关于课程开发的课程设计（Design of a Curriculum on Curriculum Development，DCCD）”课题是由F·劳耐尔教授任课题组长，由德国、中国、马来西亚和爱尔兰等国6所大学职业教育专家共同开展的研究项目，旨在使设计导向基于工作过程课程模式和开发方法在世界上更多国家推广使用。中国项目组主要由北京联合大学和北京师范大学组成，高林教授为中国项目组组长。

这一项目研究为将设计导向基于工作过程课程模式和开发方法引入中国奠定了理论基础。】

在继续实施高等学校教学质量与教学改革工程中，开展国家级精品课程建设与评选，国家级教学名师奖与国家级教学团队评选，评审中强调了基于工作过程的课程改革标准，更加突出高职教育校企合作、工学结合的特点。引领了高职教育课程改革与师资队伍建设。

在示范院校带动下，广大高职院校贯彻教育部16号文件精神，强化职业道德，明确高素质技能型专门人才培养目标的定位，彻底摆脱“本科压缩饼干”，深化校企合作、工学结合的人才培养模式改革，订单培养，任务驱动，项目导向，顶岗实习，生产性实训，教、学、做一体，学习借鉴德国先进的课程模式与开发方法，强化学生职业能力的培养和能力本位在高职教育中的地位，并开始注重能力本位中能力内涵随经济社会发展需要和人的发展需要而提升。

四、高等职业教育可持续发展、形成中国特色的时期（2008年至今）

2008年教育部发布了新的《高等职业院校人才培养工作评估方案》，开始高职院校新一轮人才培养工作评估。新评估方案从原来的"水平评估"变为"工作评估"，明确要求"既要考察人才培养效果，又要注重人才培养工作过程，还要关注学校发展潜力"，通过对人才培养工作状态数据采集平台上的数据分析，辅以现场有重点的考查，对人才培养工作的主要方面做出分析和评价，提出改进工作的意见和建议，引导高职院校把提高人才培养质量变成学校的自觉行动。其目的是为了在新形势下，切实促进高职院校加强内涵建设，深化校企合作、工学结合的人才培养模式，推动教育行政部门完善高职院校的宏观管理，逐步形成以学校为核心、教育行政部门为引导、社会参与的教学质量保障体系。

2009年7月，教育部高教司张尧学司长在全国高等职业教育改革与发展讲座上的报告中总结了这些年高职的发展和进入新时期高职教育改革的发展方向，提出了1221发展模式。

框注6：1221发展模式

【2009年7月7日，时任中国教育部高教司司长、工程院院士的张尧学教授在"全国高等职业教育改革与发展讲座"上的报告中指出：每个国家都有自己的实际情况，比如美国、德国、澳大利亚，我们都在学它们的职业教育，但是他们的职业教育是不可能生搬硬套到我们国家的。我们需要把国外的好经验、好做法和中国的现实结合起来，创新中国特色的人才培养模式。通过这几年的工作,我们已经探索了一条适合中国国情的、具有中国特色的高等职业教育发展道路，形成了产学合作、工学结合的高等职业教育发展新模式，并概括为"1221"模式。在"1221"模式中，他强调了高职教育理论与实践结合的重要性，不能只强调实践，忘掉理论基础；也不能只强调理论基础，而忽视了实践。】

2010年国务院颁布实施了《国家中长期教育改革和发展规划纲要》为今后一个时期高职进入新一轮发展部署了行动纲领。同年教育部、财政部组织实施了高职100所骨干校建设工程，突出强调校企合作机制的创新。

各高职院校，在学习借鉴各国先进经验的基础上，在校企合作、工学结合的人才培养模式的指导下，探索具有中国国情、创新中国特色的高职人才培养模式与课程解决方案，开始了高等职业教育课程改革的一个关键性的新时期。

这一时期，结合高等职业教育示范、骨干校建设，各高职院校都提出了不少各具特点的专业人才培养方案，为探索具有中国国情、创新中国特色的高职人才培养模式积累了经验；全国高等院校计算机基础教育研究会提倡推广使用的“职业竞争力导向的工作过程-支撑平台系统化课程模式”和“学期项目课程模式”及在电子信息领域形成的专业人才培养方案，都是这一时期的创新性探索成果。

框注7：“职业竞争力导向的工作过程—支撑平台系统化课程模式”和“学期项目课程模式”

【2010年，全国高等院校计算机基础教育研究会发布了新一版《中国高等职业教育计算机教育课程体系2010（CVC）》，推荐“职业竞争力导向的工作过程-支撑平台课程模式”和“学期项目课程模式”两个课程模式，作为高职专业人才培养方案设计的典型模式。

“职业竞争力导向的工作过程-支撑平台课程模式”由北京联合大学高林、鲍洁教授等提出，是继VOCSCUM课程后针对世界职业教育理念的发展和中国国情而开发的又一课程模式，这一模式结合中国教育部高等学校高职高专电子信息类专业教学指导委员会《专业规范》的制订，经与全国各高职学院相关专业教师合作，共同优化完善并推广使用，已取得较好的实施效果。该课程模式分析了中国高等职业教育人才培养的能力体系及随着经济社会发展的需求变化，并将其概括为职业竞争力模型。该模式不仅给出了构建“职业竞争力导向的工作过程-支撑平台系统化课程模式”的理论框架，而且研制了课程开发方法，形成了“理念—模式—方法”一体化的完整课程开发框架体系。

“学期项目课程模式”是天津职业大学丁桂芝教授等在借鉴新加坡南洋理工学院先进的教育理念和课程模式基础上，结合我国经济社会发展现状和办学经历，探索出的一种面向职业岗位分析的课程模式，其特征在于基于岗位分析和学期项目主导的课程体系开发。】

第三章 高职教育中基于内部因素的课程改革现状分析

课程改革是高职教育人才培养与提高教学质量的核心。影响课程改革的因素既来自教育内部也来自于教育外部，本项目主要从高职院校实施人才培养过程中的各教育环节分析来自教育内部的影响因素；主要从高职院校实施人才培养过程中与几类群体的关系分析来自教育外部的影响因素。本章根据本项目开展的文献资料、网络信息调研，问卷调查，座谈研讨，教材抽样评审等项调研活动的结果数据，从高职人才培养中直接反映课程改革状况的几个教育环节的维度，分别对中国高职课程改革的现状进行分析。

一、专业设置

专业设置是高职院校人才培养的一个重要环节，它包括两个层次的概念，首先是国家层面的专业设置，指教育部对普通高等学校高职高专教育设置专业的规范化要求，主要体现在国家颁布的高职高专指导性专业目录中，包括高职高专专业名称总览、各专业培养目标、就业职业岗位指向、开设的主要课程等内容；其二是学校层面的专业设置，指各高职院校根据本地区经济社会发展的需求与人们求学的需要以及学校实际情况，并依据高职高专指导性专业目录，而决定学校所开办专业的全集。本部分主要从国家专业设置管理层面分析专业设置对高职课程改革的影响。

中国教育部于2004年颁布《普通高等学校高职高专教育指导性专业目录（试行）》（以下简称《目录》），开始对高职专业设置进行较系统的规范。此前，教育部没有设定针对高等职业教育的专业目录。在1998年以后，教育部将高等职业（高职高专）教育的管理权下放到省级教育行政部门，要求省级教育行政部门应支持学校根据社会需要，按照技术领域和职业岗位（群）的实际要求灵活设置专业。2000年进行的全国高职高专教育专业设置调研统计数据表明，全国共设有高职高专专业1 500余种，其中，有的套用本科或中专专业名称；有的名称不同但内涵相似；有的与社会提供的专项培训难以区分。

颁布实施的《目录》将高职高专教育专业分为19个专业大类，78个二级类，531种专业。专业的分类以职业性与学科性相结合、稳定性与灵活性相结合、普遍性与多样性相结合、适应性与针对性相结合为分类原则。采用“××技术”、“××服务”、“××维修”、“××管理”等为专业名称确定的原则，并且不在高职教育中设“××学”的专业名称。《目录》中每个专业都有专业简介，对专业内涵进行概括说明，包括专业名称、专业代码、专业培养目标、专业核心能力、专业核心课程与主要实践环节、可设置的专业方向、就业面向、可考取的职业技术证书等。为了配合该《目录》的使用，教育部还制定并颁布了《普通高等学校高职高专教育专业设置管理办法（试行）》（以下简称《办法》）。2005年，教育部通过省市教委，对全国1 500多个高职高专专业进行了大范围规范认定，在高职高专教育的专业设置管理规范化建设方面，取得了良好的效果。此后，教育部高教司分别编制出版了《2005年版中国普通高等学校高职高专教育专业概览》、《2007年版中国普通高等学校高职高专教育专业概览》（以下简称《××年版专业概览》）和《中国普通高等学校高职高专教育目录外专业概览（2005—2008年版）》（以下简称《2005—2008年版目录外专业概览》），且沿用至今。这三本书中提供的全国高校高职专业设置的相关数据信息，比较全面地反映了2004年以来中国高等职业教育专业设置的总体发展状况，项目组基于此进行了调研分析，同时还对一些高职示范院校现行的专业设置信息、麦可思公司有关高职专业调研公布的数据信息进行了收集统计和分析。

1.《目录》外专业呈快速增长趋势

《2005年版专业概览》、《2007年版专业概览》和《2005—2008年版目录外专业概览》中呈现的数据表明，自2005年以来，目录外专业数量呈快速增长态势，2007年全国目录外专业有209种，相对《目录》规定的531种专业增长了39%，其中，制造、电子信息、轻纺食品、文化教育、艺术设计传媒、法律等6个专业大类目录外新增专业比例在56%～84%之间；在19个专业大类中，只有3个大类目录外增设专业数量的变动小于20%。而2011年教育部公布的核定招生的《目录》外专业已达452种（详见《教育部关于公布2011年普通高等教育高职高专专业设置备案结果的通知》教职成函[2011]1号），相对《目录》规定的531种专业增长了85%。目录外专业增长幅度过大的现象，一方面说明了中国经济快速发展促进了高等职业教育的人才需求的变化幅度较大；另一方面，也反映了《目录》和《办法》在专业设置管理上存在不够科学和规范的问题。

2. 高职院校专业设置门类数量过多会对教学质量产生影响

来自麦可思研究院《麦可思研究》的信息显示，在其2011年元旦特刊“特别策划”栏目中分析了“高职院校的专业门类数量与就业的相关性”问题。分析数据来源于麦可思对长江三角洲地区85所高职院校6.3万名2009届毕业生离校半年后的调查数据，调查样本共覆盖了《目录》的18个高职专业大类，高职专业小类中的217个。相关性分析的主要结论是：

第一，高职院校开办的专业大类较多，其培养的毕业生在毕业半年后的就业率有所降低。所办专业大类在5个以下的高职院校半年后就业率平均为92.3%；专业大类在5～10个的高职院校为90.4%；而专业大类在10个以上的高职院校为89.4%。

第二，高职院校开办的专业大类数量越多，其培养的毕业生半年后的就业质量越低。所办专业大类在5个以下的高职院校，其毕业生半年后的月收入平均为2 109元，专业大类在5～10个的高职院校为2 035元，而专业大类数量在10个以上的高职院校下降到1 963元；所办专业大类数量在5个以下的高职院校，其毕业生专业对口率为54%，而专业大类数量为5～10个和10个以上的高职院校，分别为53%和52%。

第三，高职院校所办的专业大类数量越多，其培养的毕业生在毕业半年内的工作稳定性越低，或者说初次就业质量较低。专业大类在5个以下的高职院校，其半年内的离职率为41%，而专业大类在5～10个和10个以上的高职院校，其半年内的离职率分别上升到45%和46%。

麦可思的数据分析表明，高职院校开办专业大类数量较多，对其培养的2009届毕业生的就业数量和质量均呈现消极的影响。

3.“专业简介”内容滞后于高职院校专业教学改革实际

高职院校专业设置一直沿用《2007年版专业概览》至今，没有更新版。2006年12月以后，举办高等职业教育的院校都在积极贯彻教育部的《关于全面提高高等职业教育教学质量的若干意见》（教高[2006]16号），各高职专业按照文件要求的“高素质技能型专门人才”的目标定位，改革专业人才培养目标内涵及相关的课程设置，积极探索校企合作、工学结合人才培养模式。进入“国家示范性高等职业院校建设计划”的高职院校，专业教学改革的力度更大，与2005年相比，专业设置状态差异更显著。但是，《2007年版专业概览》的专业简介部分，专业培养目标却基本沿用了2005年版的表达，即“高级技术应用型（2005年版为‘应用性’）专门人才”，与当年教育部倡导的“高素质技能型专门人才”的目标定位不一致。专业简介中关于专业核心课程、就业面向等内容也沿用了2005年版，未作调整、修订。《2007年版专业概览》没有及时适应中国高职高专教育改革的重大变化，专业简介的内容滞后于高职院校专业教学改革实际，特别是与高职示范院校重点建设专业内涵出现偏差，在一定程度上失去了对学校专业设置的指导作用。

基于上述数据与分析，可以得出如下结论：

1.《目录》为国家加强高职专业宏观指导与管理奠定了良好基础

《目录》是在综合广大高等职业教育工作者多年实践经验基础上形成的一次理论创新，《目录》及其相应的管理办法是中国高等职业教育第一部由政府主管部门颁发的系统、全面的专业设置管理文件。2004年贯彻执行以来，有效地提升了中国高职高专教育专业设置的规范化水平，扭转了当时高职专业名称混乱、专业内涵不清、管理缺乏针对性的局面。

同时，《目录》的颁布、实施推动了高职高专教育的健康发展。教育部以《目录》关于高职高专专业分类框架为依托，在调动部分行业部委积极性的基础上，成立了各专业大类教学指导委员会，很好地发挥了行业专家和相关学者对院校专业教学改革、专业建设的研究、咨询、指导的作用，有针对性地引导高职高专教育专业教学改革等工作的深入开展。“十一五”以来，各专业大类教学指导委员会在专业规范建设、专业教学改革项目研究、精品课程建设、组织专业技能竞赛等多方面，取得了众多成果。教育部以《目录》关于高职高专专业分类框架为依托，以国家示范性高等职业院校中的重点专业建设成果形成了形式多样的专业教学资源库，这些优质资源为全国范围内的相同高职专业提供了有价值的改革经验，优质专业建设资源的辐射作用，促进了高职高专教育专业教学改革的整体水平的提升。

2．高职高专教育的专业设置管理机制需要完善

从前面的数据中得出，引发专业数量增长过快的本质原因是专业设置管理机制不健全，2005年以来，《目录》外专业申报由各省市审核后报教育部，由教育部委托各专业类的教学指导委员会负责，审核后报教育部统筹协调。由于省市间、教指委间存在新增专业审批标准的尺度不一致，教育部缺乏对新增目录外专业的审核标准与相关听证制度实施程序的统一规定，统筹协调工作又缺乏专门机构的支撑，最终导致承诺的两年一次的《目录》更新流于形式。面临高等教育生源数量逐年下降的形势，高职院校专业设置门类数量过多对教学质量影响的事实，教育部、省市教委应及时调整、完善高职专业设置管理机制，建立以教育为基础，行业为指导，教育、劳动、行业三结合的专业审核常设机构，遏止快速增长的专业数量。通过修订《目录》，总结《目录》和《办法》试行六年来的经验、问题，解决已经出现的《目录》与教育部颁布的其他高等职业教育文件不匹配的问题与不适应高职院校专业设置需求的问题，完善专业类别，引导各高职院校提高专业教学质量，提高高职高专毕业生的就业质量。构建能够促进中国高等职业教育健康发展的专业管理机制。

二、专业定位

专业定位包括两方面内容，其一是高职院校所设置专业培养人才面向的职业领域；其二是专业的教育理念和人才培养的指导思想。在专业面向的职业领域上，虽然《目录》中已有指导性要求，但必须根据实际情况进行调整，能否准确将职业领域定位在高职学生毕业后能够从事的专业技术领域和工作岗位，直接影响专业课程设置和人才培养质量；而能否坚持和在高职专业中落实能力本位的理念，是体现高职教育本质特征的定位导向，同样直接影响专业课程设置和人才培养质量。

1. 专业的职业定位

一个专业对就业领域的描述可以反映一个专业的职业领域定位。项目组从网络数据调研中获得的高职院校专业就业领域表述的评价统计数据显示如表3-1所示。

表3-1 网络数据调研——高职院校专业就业领域表述评价统计数据表

等级	评价标准	专业数量	百分比/%
A	职业领域与专业要求匹配、职业岗位明确、数量恰当、与高职培养要求相符合	57	32.39
B	职业岗位明确、数量恰当、与高职培养要求相符合	56	31.82
C	职业岗位不太明确或数量过多或与高职培养要求不太相符	39	22.16
D	职业岗位不明确和或与高职培养要求不相符	17	9.66
E	与高职培养要求完全不相符	1	0.57
总计		170	96.60
未能找到与就业领域表述有关的资料		6	3.40
合计		176	100

网络调研抽样调查176个专业，其中有170个专业对所培养的人才未来就业领域做了详细描述。在170个有详细描述就业领域的专业中，有66.5%的专业（B级以上）所描述的职业岗位明确、数量恰当，与高职培养要求相符合，这表明有超过60%的专业以就业为导向，培养人才面向的职业领域定位是比较准确的。有不到22.9%的专业（C级）就业领域的描述存在岗位不明确或数量过多的情况。如某软件技术专业就业领域描述为“IT行业、软件企业、系统集成公司、各类企事业单位、政府机关的应用软件设计开发技术领域”，主要岗位包括“应用软件与动态网站的设计与开发、各类管理信息系统的编码、数据库系统的管理与维护、软件销售与技术支持”，显示出描述的岗位工作过于宽泛，岗位定位不够清晰。有10.6%的专业（D级以下）职业岗位不明

确，如某计算机网络专业的就业领域描述为："各企事业单位计算机网络和通信的管理、维护、应用方面的工作岗位，计算机企业网络建设、网站制作"，将与网络相关的一切可能岗位都列入了就业领域。专业培养人才面向的职业领域定位准确，才能为后续的专业培养目标的确定、专业课程体系的开发、课程的设置提供基础性保障，从而为国家不同行业职业领域培养出不同岗位所需的人才。超过60%的高职专业能够比较准确定位，为人才培养奠定了基础。而近40%的专业在就业领域的描述中岗位过于宽泛，有的将中职毕业生、高职毕业生、本科毕业生甚至研究生毕业后从事的工作岗位都列入其中，导致专业未能准确定位。分析其原因，一方面反映了对高职毕业生从事的工作岗位缺乏深入细致的调研了解，另一方面反映了对高等职业教育培养什么样人才缺乏深刻认识。而定位是专业人才培养的根本性问题，40%的比例数也是不容忽视的。

2. 以能力为本位

项目组对高职院校专业人才培养方案的抽样调研数据显示，90%以上的专业已经明确高等职业教育的专业人才培养定位是以能力为本位，以就业为导向的。这反映了中国高等职业教育专业人才培养从学科本位向能力本位的转轨。但在能力本位中，能力的内涵是随经济社会发展与人的发展需求而变化的，因此高职教育在确定专业人才培养定位时，要深入进行针对当前中国经济社会发展和人的发展以及随着地方（行业）发展的不同状态和不同特点对高等职业教育培养人才能力要求的调研分析，以确定明确的能力内涵目标。

项目组在对行业企业调研的结果显示，经济发达地区，如深圳，许多企业专家在座谈时提出所需人才须具备解决工作任务中问题的综合能力，批判性反思与创造性，沟通、团队合作以及学习能力。支持高等职业教育中提出的能力本位、竞争力导向的专业人才培养定位。西部地区或经济欠发达地区，座谈会中不少企业专家强调所需人才应具备基本技术技能的熟练掌握和成熟技术的运用能力。支持高等职业教育中提出的能力本位、适应力导向的专业人才培养定位。而项目组在与不同地区学校教师座谈调研中发现，大部分教师对培养人才能力需求的变化与不同缺少敏感度，对能力本位内涵理解还不一致，致使在专业课程体系开发和教学实践中带有一定程度的盲目性。这也成为当前深化教学改革的基础性课题，有待在深层次进行研究。

3. 通路——就业与升学

项目组调研了解到，在上述定位问题存在的同时，无论从体制上，还是教学改革实践层面，尚没能解决高等职业教育就业与升学关系。为保证国家发展对高职毕业生的数量要求，国家教育管理部门严格控制普通高职教育毕业生升入本科（专升本）继续学习的比例，且近年不断下调，当前要求各高职院校专升本比例不高于应届高职毕业生的5%。这就使以就业为导向的高等职业教育为国家经济社会发展提供人才支撑的使命与部分学生升学愿望之间始终存在矛盾，在一定程度上影响了学校对高职人才培养的专业定位。如何做到坚持高等职业教育以就业为导向的人才培养专业定位，同时兼顾就业与升学两者的关系，还有待研究。

三、培养目标

培养目标是专业人才培养的总方向、总原则，是组织教学、进行课程设计的基本依据。

2006年发布的《教育部关于全面提高高等职业教育教学质量若干意见》（教高[2006]16号）（以下简称教育部16号文件）中明确提出高等职业教育培养目标为“高素质技能型专门人才”，实际上是从教学指导层面明确了高等职业教育人才培养目标的定位与表述。从认识层面，对高职院校教师（包括学校领导与教管人员、专业负责人、一线教师、教辅人员）问卷调查的统计结果看，有占76.6%的教师认为高职培养目标是“高素质技能型专门人才”，详见表3-2。

表3-2 教师及学校管理人员问卷调研——高职人才培养目标表述统计表

人 才 类 型	份 数	百分比/%
高素质技能型专门人才	109	79.6
技能型人才	5	3.6
技术型人才、实用型人才	9	6.6
应用型、复合型人才	8	5.8
总计	131	95.6
未选	6	4.4
合计	137	100.0

在问卷设计的问题中提到了四种人才培养的类型表述，其中“高素质技能型专门人才”是教育部16号文件中明确提出的高等职教育人才培养的目标表述。“技能型人才”是中等职业教育的人才培养目标表述。而“技术型、实用性人才”和“应用型、复合型人才”介乎于高职与应用性本科人才培养目标表述之间。79.6%的问卷选择了“高素质技能型专门人才”，由此可说明，绝大部分的高职教师对高等职业教育的人才培养目标还是比较清楚的。少部分老师对人才培养目标的不清楚或者

有一定程度的概念混淆，这也与多年来对高职人才培养目标的多样的提法有一定关系，如教育部《中国普通高等学校高职高专指导性专业目录》中对高职人才培养目标的提法为“应用性高级专门人才”，与教育部《关于提高高职教育教学质量的若干意见[16号文]》中对高职人才培养目标的提法就存在差异。

从实践层面，对抽样调研的专业人才培养方案来看，培养方案中将人才培养目标制定为“……高素质技能型专门人才”的表述仅占33%，对网络调研的专业人才培养方案来看，培养方案中将人才培养目标制定为“……高素质技能型专门人才”的表述也仅占38%。其他表述多数不够规范，随意性较大，不符合高等职业教育人才培养定位的表述，如应用型、复合型人才，高级技术应用型专门人才，德才兼备专门人才等。网络调研数据详见表3-3。

表3-3 网络数据调研——专业培养方案中人才培养目标表述统计表

人才类型	专业数	百分比/%
高素质技能型专门人才	68	38.6
应用型、复合型人才	54	30.7
技能型人才	35	19.9
技术型、实用型人才	18	10.2
其他	1	0.6
总计	176	100

学校教师问卷调研中，对“高素质技能型专门人才”培养目标认同度呈现比例较高，而抽样调研的专业人才培养方案中对“高素质技能型专门人才”培养目标实际表述比例偏低的情况说明，多数教师在认识上对高职培养高素质技能型专门人才的目标是清楚的，但在实际制定专业培养方案时对人才培养目标的表述就没有按规范去做，所以呈现出符合要求的比例不高的情况。这里边的原因可能会是多方面的，有不够严谨，也有主观意志，还有规范不力等。

四、职业分析

职业分析是指通过一定的分析方法将职业要求模型化。高等职业教育中所指的职业分析是专业在制订人才培养方案时要对专业面向的职业领域进行调研分析，通过产学合作，确定人才需求，职业岗位与工作要求，从而确定专业的职业定位、专业人才培养目标和规格，以此形成专业课程开发的依据。职业分析有不同的方法，不同的职业分析方法进行职业分析会有一定差异。职业分析是高等职业教育专业课程开发的起点和不可或缺的核心环节，职业对人才的要求是专业建设的依据。通过职业分析可以将职业对人才的要求转化为专业课程开发的基本需求，从而保证专业人才培养适应职业需要。

数据如下：

项目组在对高职院校教师（包括学校领导与教管人员、专业负责人、一线教师、教辅人员）问卷调查中“关于人才培养方案制订的依据”的统计结果如表3-4所示。

表3-4 教师及学校管理人员问卷调研——人才培养方案制订的依据统计表

人才培养方案制订的依据	选项次数	百分比/%
行业专家集体讨论结果	81	58.3
行业企业调研结果	44	31.7
其他学校同类方案	12	8.6
其他	2	1.4
选项总量	139	100.0

表3-4中选择以“行业专家集体讨论结果”为人才培养方案制订依据的有81人次，占选项总量的58.3%；选择以“行业企业调研结果”为人才培养方案制订依据的有44次，占选项总量的31.7%。显示了高职院校绝大多数专业是以职业分析的结果作为人才培养方案制定的依据。

在对关于“制订本专业人才培养方案，采用了哪种职业分析方法” 的统计结果显示如表3-5所示。选择使用了市场调研法的有116次，占选项总数的66.7%，显示出市场调研法作为高职专业职业分析方法被采用的普遍性。

表3-5 教师及学校管理人员问卷调研——制订人才培养方案采用的职业分析方法

制订人才培养方案采用的职业分析方法	选项次数	百分比/%
DACUM法	22	12.6
市场调研法	116	66.7
VOCSCUM分析法	11	6.3
BAG法	15	8.6
其他	5	2.9
未采用职业分析	5	2.9
合计	174	100.0

项目组网络调研的数据显示，抽样的176个专业中除有42个专业没有明确资料显示职业分析情况，在其余的134个专业中约有70%（D级以上）的专业在专业建设过程中进行了职业分析。这些专业除有大约10%（D级）左右的职业分析过程逻辑不清得不到清晰结论外，大部分的职业分析结论清楚，可以将分析结论作为课程设计基础，指导课程建设，详见表3-6。

表3-6 网络数据调研——高职院校专业进行职业分析情况评价统计表

等级	评 价 标 准	专业数量	百分比/%
A	职业分析方法正确；采用行业企业专家集体讨论形式（头脑风暴）；行业企业专家选择、分布科学；职业分析结论清楚，可为课程设计的基础	16	9.1
B	职业分析方法正确；职业分析结论清楚，可为课程设计的基础	47	26.7
C	采用职业分析方法；结论清楚，可为课程设计的基础	45	25.6
D	虽采用职业分析方法，但逻辑过程不清晰或结论不清楚	14	8.0
E	未进行职业分析	12	6.8
总计		134	76.2
没有明确资料显示职业分析情况		42	23.8
合计		176	100.0

以上调研数据显示，高职院校大多数专业在制订专业人才培养方案时把职业分析作为专业建设和课程开发的基础已经成为广泛共识和普遍采用的做法。最普遍采用的职业分析方法是“市场调研法”，较少一部分专业在人才培养方案中还能给出调研分析结果，且不乏简单明了、概括清晰之作。但以行业企业为主、校企合作进行专业人才培养需求分析研讨会（集体讨论）的形式，确定专业人才培养规格，形成课程开发的基础的专业还不多，尤其是采用科学的职业分析方法进行职业分析的专业更为鲜见。而由于对职业分析方法掌握程度和应用水平参差不齐，这在一定程度上降低了职业分析结论对课程开发的指导作用。还有少数专业不做职业分析，凭经验或仅拿来同类专业其他院校的方案作为课程开发的依据，是不可取的。

五、课程体系

课程体系是指遵循一定的教育理论和规律，将专业所开设的全部课程进行排序，构成的有规则的课程结构体系。职业分析的结果是高职课程体系开发的依据，不同的人才培养模式和课程开发方法形成不同的高职课程体系，在专业培养目标确定后，课程体系设计是制定专业人才培养方案的核心内容。

1. 课程体系设计的模式借鉴与依据

项目组在对教师及学校管理人员的问卷调研中关于对“本专业人才培养方案制订借鉴了国际上哪种人才培养模式”（统计数据见表3-7）的调查显示，多数专业都借鉴了不同的国外人才培养模式，不同的模式具有不同的理念，在此指导下将会形成不同的课程体系与人才培养方案。

表3-7　教师及学校管理人员问卷调研
——制订人才培养方案借鉴的国际人才培养模式统计表

制订人才培养方案借鉴的国际人才培养模式	选项次数	百分比/%
双元制	54	25.6
TAFE模式	26	12.3
CBE模式	17	8.1
基于工作过程	95	45.0
其他	13	6.2
无	6	2.8
合计	211	100.0

项目组网络调研对抽样的专业人才培养方案进行总体评价的数据统计见表3-8。

表3-8　网络数据调研——专业人才培养方案评价数据统计表

等级	评价标准	专业数量	百分比/%
A	有先进的人才培养模式指导；有科学的课程设计方法；以职业分析结果为课程设计依据；全面落实培养目标和培养规格要求；教学计划规范	26	14.8
B	有先进的人才培养模式指导；有科学的课程设计方法；以职业分析结果为课程设计依据；基本落实培养目标和培养规格要求；教学计划规范	89	50.6
C	有先进的人才培养模式指导；有科学的课程设计方法；教学计划规范；但未能以职业分析结果为课程设计依据，或未完全落实培养目标和培养规格要求	38	21.5
D	没有先进人才培养模式指导或科学专业课程设计方法	23	13.1
总计		176	100

表3-8显示：在对人才培养方案评价的统计中，有约占13%的专业（D级）没有先进的人才培养模式或科学专业课程设计方法指导，这部分专业的培养方案（课程体系）主要还是在学科课程体系下进行部分职业教育课程改革，处于高等职业教育发展初期的状态；超过75%的专业（C级以上）不同程度地借鉴了国外成熟的人才培养模式，如澳大利亚的TAFE模式，德国的双元制、CBE模式等。有超过60%的专业（B级以上）是以职业分析结论作为专业课程设计基础，并采用科学的专业课程设计方法制订人才培养方案（课程体系），仅就专业人才培养方案来看，逻辑上应能达到专业培养目标。

2．课程类型

课程体系是由不同类型的课程组成。从专业培养方案的调研分析来看，随着高职课程改革的推进，不仅表现在借鉴国际先进的人才培养模式采用先进的职业分析方法与课程开发方法进行人才培养方案（课程体系）设计，同时，还表现在课程体系构成的要素——设置不同类型的课程上。目前，高职各专业开设的课程可以主要分为三种类型：以掌握理论知识为主要课程目标的相对系统的理论知识性课程；以掌握作为专业和专门人才基本功的专项技能为主要课程目标的基本技术技能的训练性实践课程；以培养综合职业能力，解决专业问题学会工作为主要课程目标的理论-实践一体化的综合性课程。

在对教师及学校管理人员问卷调研的数据统计中显示（统计数据见表3-9），以上提到的三类主要的课程在高职院校中都有开设，同时还开设了职业证书认证课程、职业拓展课程等。

表3-9 教师及学校管理人员问卷调研——人才培养方案中涉及的课程统计表（1）

人才培养方案中涉及的课程	选 项 次 数	百分比/%
专业理论知识课程	107	19.9
专门技术技能训练课程	111	20.7
理论-实践一体化课程	100	18.7
职业拓展课程	89	16.6
职业证书认证课程	99	18.5
前沿应用技术课程	30	5.6
总计	536	100

项目组再进一步按照选项组合进行统计，统计结果如表3-10所示。所有的选项类型共有20种，表中列举了主要的组合。其中，组合中包含所有课程类型的选项有

31.69%，包含前三项课题类型的有60.4%，其他组合占39.6%。

表3-10 教师及学校管理人员问卷调研——人才培养方案中涉及的课程统计表（2）

人才培养方案中涉及的课程	选项组合1	选项组合2	选项组合3	选项组合4	选项组合5	选项组合6	其他组合	选项组合次数总计
专业理论知识课程	√	√	√	√	√	√		
专门技术技能训练课程	√	√	√	√	√	√		
理论-实践一体化课程	√	√	√	√	√	√		
职业拓展课程	√	√	√	√				
职业证书认证课程	√	√						
前沿应用技术课程	√		√					
总计	17	32	1	5	6	10	60	131
百分比/%	12.98	24.43	0.76	3.82	4.58	7.63	45.8	100

网络调研的数据显示（见图3-1），在抽样的176个专业培养方案调研数据中，有近七成专业包含三类课程。只有30%的专业课程类型比较单一，主要表现在：有的专业仍以学科体系下的理论知识课程为主；也有的专业反之，试图把所有课程都纳入到学习领域课程体系，包括把外语和政治等基础课纳入到通识学习领域，在学习领域概念把握上不够准确，在把握改革方向上出现偏差，难于达到理论-实践一体化的目标。

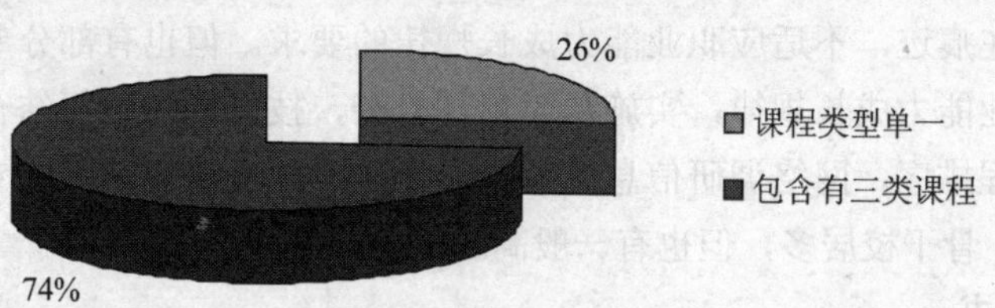

图3-1 网络数据调研——高职院校专业培养方案中开设课程类型数据统计分布图

进一步的调研数据显示如图3-2所示。

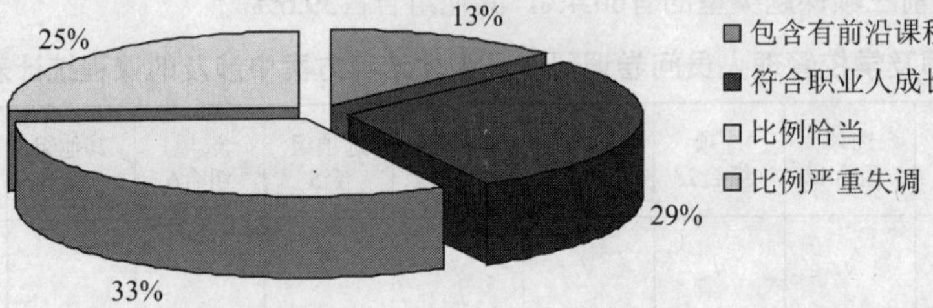

图3-2 网络数据调研——高职专业培养方案中三类课程分布图

在已包含三类课程的123个专业中，课程类型比例严重失调的占25%，主要表现是理论-实践一体化课程在整个课程体系中太少，有的专业只有毕业实习，导致三类课程比例严重失调，不利于学生综合职业能力的培养。能够按照技能型专门人才的职业成长规律安排课程体系的占到29%，而有近60%的专业（比例恰当的和比例失调的总和）还不能按人的职业成长规律即从初学者到专家的过程设计课程体系。这可能反映出课程设计者对职业人成长规律，的掌握还不够好，或对职业发展过程了解不多。这说明在高等职业教育中，基于学科的专业课程体系被解构以后，专业课程体系设计的理论依托尚未形成。有13%的专业开设有意义的拓展课程或反映前沿应用技术的课程或有职业资格认证课。这些课程能与行业企业要求对接，给学生更好的职业发展内容。

3．课程体系结构

在人才培养方案制订中，三类课程应以职业分析为依据、以高职教育规律和人的职业成长规律形成一个结构合理的课程体系。对课程体系结构的调研分析结果显示，国家示范校、骨干校和教育部高职专业教学指导委员会推出不少好的专业课程体系典型范例，这些典型范例对推动专业教学改革具有一定的示范和引导意义。但大多数专业课程体系构建仍然是依据专业负责人的经验，基本上采用理论知识性课程、训练性实践课程在前，综合性课程在后的课程排序，显然这样的课程排序仍存在学科系统化课程排序的潜在痕迹，不适应职业能力成长规律的要求。但也有部分专业能够遵循技能型人才的职业能力成长规律，实施从简单到复杂，技能和知识相结合，以综合性课程为主线的课程排序，网络调研信息的数据显示，按此类课程排序的专业占到29%，以国家示范校、骨干校居多，但也有一般高职院校的专业。

4．职业证书

调研显示，在对“本专业教学中学生如何获取职业资格（技术等级）证书”的教师问卷调查中（统计数据见表3-11），绝大多数的高职院校都按照教育部要求实行双证书制，对学生取得各种职业证书或技能证书都有所要求。从培养方案的课程体系设计中和教学的角度来看，证书课程已部分融入人才培养过程当中。以何种方式获得职业证书或技能证书，与学校的重视程度、教学力量、组织方式也有很大关系，学校之间的差异导致了多种取证方式并存。

表3-11 教师及学校管理人员问卷调研——专业教学中学生取证方式统计表

取证方式	选项次数	百分比/%
取证所需知识融入日常教学	74	30.7
培养方案有单独培训课程	80	33.2
课外组织学生培训和考试	74	30.7
只组织学生考试	10	4.2
不要求获取证书	3	1.2
选项总量	241	100.0

六、课程与教学

课程（科目课程）是教学的最小单元，所有的知识学习、能力培养都落实在每一门课程的实施中；而教学就是课程的实施。高职科目课程设置和教学是整体课程改革的重要内容。

1. 科目课程

随着教育部“高等学校教学质量与教学改革工程”的深入推进，自2003年开始启动国家级精品课程建设，2007年以后专门制定了高职精品课程评审标准，引导高职院校与行业企业合作开展工学结合的课程建设，着力学生职业能力的培养，突出高职教育特色。本次调研发现，经过近年来的建设已涌现出一批高职课程改革的优秀课程和教材，截至2009年底，已评出高等职业教育国家级精品课程800余门，国家精品课程、教材覆盖高职教育的所有专业，在国家精品课程、教材建设带动下，各地、各高职院校加强了课程、教材建设的力度，形成了国家级、省市级（教指委级）、校级精品课程建设体系，这些优秀成果是多年全面进行高职课程改革的代表和结晶，提升了高职院校整体课程改革与建设水平。

高职精品课程建设多侧重于专业课程领域，而公共课程的改革在高等职业教育教学中也越来越受到重视，大多以学习基本理论知识为主的方法性、工具性公共课程，不仅要明确高职人才培养目标，理解高职人才培养规律，认识在高职人才培养中的作用和定位，而且要真正承担起为学生学好专业知识与提升整体素质打下基础的重要责任。在本次调研中对高职院校教师的问卷调查统计数据反映了公共课改革的情况，如表3-12所示。

表3-12 教师及学校管理人员问卷调研
——本专业公共课是否进行了课程改革统计表

专业人才培养方案中的公共课程改革情况	份　数	百分比/%
全部进行了课程改革	32	23.4
部分进行了课程改革	93	67.9
未进行课程改革	8	5.8
合计	133	97.1
未填	4	2.9
总计	137	100.0

表3-12中的数据显示：本专业人才培养方案中的公共课部分进行了课程改革的问卷占抽样调查问卷的67.9%；选择全部进行了课程改革的问卷占抽样调查问卷的23.4%；选择未进行课程改革的问卷占抽样问卷的5.8%。说明当前高职公共课程改革已经得到大部分教师的重视并开展起来，但改革效果还有待考察，改革还有待深入。

基本技术技能训练课程是高职教育培养学生实践能力的主要课程，从对学生的调研问卷来看，学生对在校学习中最感兴趣的是实践性很强，可以进行实际操作，动手训练的课程，这一选项的百分比远远高于其他类型课程，可见，学生对基本技术技能训练课程的喜好远远大于其他的课程。这一结果提示我们课程改革要注重对培养对象的分析认识，基本技术技能训练课程应更加注意改革，提升课程质量与效果。

提高教学质量，对课程和教学的改革是重中之重的任务。在本次调研中对学校教师的问卷调查中，在“是否有本专业教学改革前后的对比评价及其评价结果”的问题调查中，选择“是”的问卷占抽样调查问卷的49.6%，选择“否“的问卷占抽样调查问卷的43.1%，另有未做选择的问卷，占抽样调查问卷的7.3%。这一统计结果说明只有近一半的院校教师进行了改革前后的对比评价，改革的全面推动，改革效果的评价与反思还有待深入进行。

2. 教学方法与考核方法

课程内容确定后，教学改革的重点是课程实施过程中教学方法的改革，高职课程改革如得不到教学方法改革的支持，很难实现既定的课程改革目标。

本次对网络信息进行调研的数据显示如表3-13所示。抽样的176个专业中有26个专业没有明确资料显示教学改革情况。在有资料显示其教学改革情况的150个专业中，超过90%的专业（D级以上）都进行了教学方法和考核方式的改革，如采用项目教学、任务引领等现代教学方法，利用信息技术等先进教育技术建立教学资源库，课堂教学逐步向着以学生为中心的教学方式转变。尽管教师在教学方法改革和考核方式改革方面做了很多努力，但只有不到40%的专业取得了较好效果，究其原因可能是教师自身的专业实践经历还有待加强，把握现代教学法和教育技术的功力还有待提高。

表3-13　网络数据调研——教学方法和考核方法评价表

等级	评　价　标　准	专业数量	百分比/%
A	采用现代教学方法和先进教育技术；以学习为主的教学方式；不同性质的课程采用不同的考核方式；效果较好	54	30.6
B	采用现代教学方法和先进教育技术；以学习为主的教学方式；不同性质的课程基本可以采用不同的考核方式	60	34.1
C	部分课程采用现代教学方法和先进教育技术；以学习为主的教学方式；部分不同性质的课程采用不同的考核方式	18	10.2
D	能注意教学与考核方法改革（有改革设想但未实施）	8	4.6
E	基本未进行教学方法与考核方法改革	10	5.7
有效总计		150	85.2
没有明确资料显示教学改革情况		26	14.8
合计		176	100.0

对教师问卷调研的数据（见表3-14）显示出考核方式改革的信息。

表3-14　教师及学校管理人员问卷调研——是否对课程的考核方式进行了改革

考　核　方　式　的　改　变	份　数	百分比/%
不同性质的课程采用不同的考核方式	76	55.4
部分不同性质的课程采用不同的考核方式	53	38.7
能注意考核方法改革，但未在实际教学中实施	2	1.5
基本未进行考核方法改革	2	1.5
合计	133	97.1
未填	4	2.9
总计	137	100.0

教学方式发生了改变，对考核方式也提出了要求。从统计中看出，绝大部分不同性质的课程在改革后都能注意对考核方式进行变化，通过探索调整或找到相应的考核方法，对考核效果也需要进行反思评价。

以上的数据显示，大多数院校的任课教师对教学方法、考核方式的改革已有所认识，无论是在课程设计，还是教案制订中都提出了运用现代教学方法的要求，并已在学校的试点课程教学中探索应用，探索不同类型的课程采取不同的考核方式。但在深入高职院校调研中发现，在教师的实施层面这些教学方法与考核方式的改革还有待落实。大部分教师对职业教育中经常使用的现代教学方法不熟悉，所以从整体上看，大部分课程中的教学方法尚传统，落实“以学为主”还任重道远，全面实施教学方法改革尚有不少困难。而从学生的调查问卷来看，学生最喜欢的教学方式是启发式与行动导向式，这也是高职教育规律要求的主要教学方法，因此教师教学需改革传统教学方式，特别注重这些教学方法的学习与使用。

3. 教材

教材是课程内容的载体，是课程进行教学实施的指导书，对课程内容、教学方法、考核方法的改革起着至关重要的作用，也是课程改革固化的成果。

本次调研项目组从出版高职教材比较多的7家出版社随机抽调了近三年出版的教材，以2010年出版的教材为主（60%以上），涉及财会、汽车、电子、数控、机械、计算机等专业，共93个品种，组织相关专家进行评审分析，采取了如下评审步骤：

第一步，根据我国职业教育课程改革的不同发展阶段的特点，将教材分为以下五类：

Ⅰ. 突出综合职业能力，面向解决问题能力培养的教材（职业竞争力导向、设计导向型）；

Ⅱ. 突出岗位技能培养的教材（技能导向型）；

Ⅲ. 知识体系未变，增强实践教学的教材（学科系统化改良型）；

Ⅳ. 未进行改革的教材（传统学科系统化型）；

Ⅴ. 概念与内容不符的教材（偷换概念型）。

第二步，根据教材编写的质量，主要从内容是否陈旧和作品质量（概念是否正确、逻辑是否清楚、文字是否流畅）的情况将教材分为质量好和质量一般的两种。

第三步，根据教材内容侧重点的不同，按讲述理论知识、基本技术技能还是面向综合能力培养，将教材分为主要阐述理论知识的A类教材、讲解技术技能的B类教材和以实际工作任务引领的培养综合职业能力的C类教材。

专家评审结果如表3-15所示。

表3-15 抽样高职教材专家评审结果统计表

类号	类型	质量好			质量一般			合计
		A	B	C	A	B	C	总数/%
Ⅰ	突出综合职业能力，面向问题解决能力培养的教材（职业竞争力导向、设计导向）	0	1	3	0	1	2	7/(7.5%)
Ⅱ	突出岗位技能培养的教材（技能导向）	2	6	0	1	12	1	22/(23.7%)
Ⅲ	知识体系未变，增强实践教学的教材（学科系统化改良）	0	1	1	6	8	2	18/(19.4%)
Ⅳ	未进行改革的教材（传统学科系统化）	3	3	0	29	4	1	40/(43%)
Ⅴ	概念内容不符的教材（偷换概念）	1	0	0	0	3	2	6/(6.4%)
合计		6	11	4	36	28	8	93/(100%)

表中数据显示：确有符合当前课程改革需要的比较好的教材，但数量不多。属于第Ⅰ类，突出综合职业能力培养，面向问题解决能力培养的教材，仅有7本（占7.5%），其中质量比较好的仅有3本。第Ⅲ类，知识体系未变，增强实践教学的教材（学科系统化改良）教材和第Ⅳ类，未进行改革的（传统学科系统化）教材，这两类的教材合计达58本（占62.4%），反映出大部分教材还属于基本上遵循学科体系，单纯以掌握理论知识为目标编排教材内容，缺乏职业教育能力本位特征的教材；而在能体现课程改革的第Ⅰ类和第Ⅱ类教材中，多为强化专项技能培养和实训内容的教材（B），有20本，占第Ⅰ类和第Ⅱ类教材总数（29本）的69%。此外，无论是属于哪一类的教材，从编写的质量来看，质量好的较少，为21本（占22.6%）。

专家评审中反映的问题有：从印刷数量来看，改革教材的用量不大，反而是传统教材销量很大，从一个侧面反映了在高职院校中课程改革实施的情况；传统教材中选题雷同严重，从内容到编写都有相似或相同之处；从教材的内容上可以看出作者的实践经验比较少，缺少企业参与教材编写，编写教材人员多为较少实际岗位经验的教师；在教材中，针对高职学生在知识学习与实际工作能力培养内容的取舍方面，把握得不准确。在少数属于第Ⅴ类的教材中，概念与内容不符，主要表现在教材中用了目前课程改革最流行的名词概念，如基于工作过程、项目、任务……但在这些名词下的实际内容还是原有的知识体系内容。

综上，反映出教材的改革，特别是在如何编写确能体现能力本位，提高职业能力，使学生感兴趣的高质量教材上，还要下大功夫，继续努力。

第四章 高职教育中基于外部关系的课程改革现状分析

人才培养的质量由用户来评判是最有说服力的，那么，课程改革的状态、成效也不能仅从教育内部来分析，还必须从教育的外部因素进行分析。本章主要从四个维度来分析高职人才培养过程中涉及的几类群体（方面）对课程改革状况的反映。

一、课程与学生要求

高职学生是高职教育的对象，高职课程是否满足学生的需求，能否调动学生学习的积极性，也是反映课程改革状况的一个视角。本部分通过对高职在校生的调研和高职毕业生的调研，分析高职课程满足学生要求的情况。

1. 在校学生最感兴趣的课程

在本次对高职在校学生调研中，在调查“最感兴趣的三门课程”时，共有247人参加了对本问题的调查，其中18人没有填写该题目或填写无效，有效百分比为92.7%。被调查学生来自不同院校不同专业，填写的感兴趣的课程种类繁多，为便于统计，我们对学生所填写的课程进行了归类，按分成的四类进行统计，详见表4-1和表4-2。在校学生最感兴趣的课程排名前三位的是：基本技术技能训练课程，占有效调查对象（229人）的101.7%；专业理论知识课程，占有效调查对象的84.3%；理论-实践一体化课程，占有效调查对象的33.2%。

表4-1 高职在校生问卷调研——最感兴趣课程调查的信息统计表

数量分布					
有效值		缺失值		合计	
数量	百分比/%	数量	百分比/%	总数	百分比/%
229	92.7	18	7.3	247	100.0

表4-2 高职在校生问卷调研——最感兴趣的课程频数统计表

课程类型	数量	百分比/%	有效百分比/%
通识理论知识课程	185	26.9	80.8
专业理论知识课程	193	28.1	84.3
基本技术技能训练课程	233	33.9	101.7
理论-实践一体化课程	76	11.1	33.2
总计	687	100.0	300.0

从以上数据上可以看出，在三类课程的排名中，基本技术技能训练课程排名第一，学生对这类课程产生的兴趣要大于对理论课程产生的兴趣，说明高职学生对实践性很强，可以进行实际操作、动手训练的课程最感兴趣。但是并未远远超过对理论知识课程的产生的兴趣，说明高职学生对理论知识还有比较高的需求。高职学生对通识理论课程和专业理论课程的兴趣程度差别不大。

从以上数据还可以看出，学生对理论-实践一体化课程的认同度还不够高。工学结合、理论-实践一体化的课程是近年我国在高等职业教育领域大力倡导、推广的课程，是课程改革的方向，高职院校特别是示范性高职院校的教师做出许多探索，取得了一些成果，但总体来讲，虽然在某些方面也有亮点，但可能理论-实践一体化课程的改革者在还没有领悟到此类课程的精髓的时候，却追求以最快的速度完成课程改革而导致由于某些基础层面的工作不够扎实，未能取得预想中的效果。

2. 高职毕业生认为在校期间最感兴趣的课程

本次对高职毕业生调研中，在调查“高职毕业生认为在校期间最感兴趣的课程”时，共有173人参与调查，其中25人没有填写该题目或填写无效，有效百分比为85.5%。被调查高职毕业生毕业于不同院校不同专业，填写的感兴趣的课程种类繁多，为便于统计，我们对毕业生所填写的课程进行了归类，按分成的四类进行统计，详见表4-3和表4-4。毕业生在校期间最感兴趣的课程，排名前三位的是：基本技术技能训练课程，占有效调查对象（148人）的160.8%；专业理论知识课程，占有效调查对象的85.1%；理论-实践一体化课程，占有效调查对象的41.9%。

表4-3 高职毕业生问卷调研——对在校期间最感兴趣课程调查的信息统计表

	调查对象数量分布					
	有效值		缺失值		合计	
	数量	百分比/%	数量	百分比/%	总数	百分比/%
\$set1[a]	148	85.5	25	14.5	173	100.0

注：\$set1[a]是指将高职毕业生“对在校期间最感兴趣课程”的调查题目看做一个整体的标识。

表4-4 高职毕业生问卷调研——在校期间最感兴趣的课程频数统计表

		选择次数		占有效值百分比/%
		数量	百分比/%	
高职毕业生认为在校期间最感兴趣的课程	通识理论知识课程	18	4.0	12.2
	专业理论知识课程	126	28.4	85.1
	基本技术技能训练课程	238	53.6	160.8
	理论-实践一体化课程	62	14.0	41.9
总计		444	100.0	300.0

从表中显示数据分析，高职毕业生最感兴趣的也是实践性强、实际动手操作的训练性课程，对专业理论知识课程也比较感兴趣，对理论-实践一体化课程有一定认同度，而对通识理论知识课程不太感兴趣，排名在最后。

3. 高职在校生最感兴趣的教学方法与考核方法

在本次对高职在校学生调研中，在调查“最感兴趣的教学法”时，被抽样的247份问卷中，学生最喜欢的是启发式教学法，共有83份，占被抽样问卷总量的33.6%；第二位为行动导向法，共有63份，占被抽样问卷总量的25.5%；第三位为训练法，共20份，占被抽样总量的8.5%。第四位为讲授法，共20份，占被抽样总量的8.1%。其他60份问卷由于回答不够明确，未被归纳，占总量的24.3%。数据统计如表4-5所示。

表4-5 高职在校生问卷调研——最感兴趣的教学法调研统计表

教 学 法	抽样/份	百分比/%
启发式教学法	83	33.6
行动导向法	63	25.5
训练法	21	8.5
讲授法	20	8.1
其他	60	24.3
总计	247	100

在本次对高职在校学生调研中，在调查“最感兴趣的考核方式”时，被抽样的247份问卷中，学生最喜欢的考核方式为过程与结果考核兼顾形式，共有88份，占被抽样问卷总量的35.6%；第二位为偏重过程考核形式，共有63份，占被抽样问卷总量的25.5%；第三位为偏重结果考核方式，共25份，占被抽样总量的10.1%。其他29份问卷

由于回答不够明确，未被归纳，占总量的11.7%。未填项的有42份，约为17%。数据统计见表4-6。

表4-6 高职在校生问卷调研——最感兴趣的考核方式调研统计表

考核方式	抽样/份	百分比/%
偏重考核过程	63	25.5
偏重结果的考核	25	10.1
过程与结果考核兼顾	88	35.6
其他方式	29	11.7
合计	205	83.0
未答	42	17.0
总计	247	100.0

总体来看，以上调研数据反映了学生对课程的感受，结合实地调研与座谈反馈的信息，可以进一步分析认为：

第一，培养学生实际动手能力的实践性课程已广泛在高职院校中开设，广受学生欢迎，取得较好的效果。而理论-实践一体化课程，如学习领域课程，尽管是课程改革的重点，也是我们学习借鉴国际先进经验并结合自身实际的创新点，且迄今各高职学院，尤其是示范校、骨干校已结合自身专业完成了很多理论-实践一体化课程的开发，但从实践层面看还未收到理想的效果，其原因值得分析。在实地调研的座谈会中，我们也与高职院校的领导和教师讨探了这方面的问题，发现现有资师对理论-实践一体化课程的理解和这类课程与现有教师队伍执教能力要求的差距可能是重要原因。

第二，学生对现代教学方法和考核方式的期望与教学改革的方向是一致的，但座谈会反映出能采用现代教学方法和考核方式的课程目前主要还在一些重点专业和试点课程中。因此要全面推广现代教学方法和考核方式，比如理论课程多采用启发式的教学方法，理论-实践一体化课程多采用过程与结果考核兼顾形式的考核方式，还存在不少困难，但无疑它应成为今后课程改革和教学实践的努力方向。

二、课程与工作要求

我国高等职业教育是以就业为导向的，课程的设置、内容安排，课程体系的构建等都需与工作要求相吻合。满足用人单位（雇主）的需要，满足工作岗位的要求，是课程开发的起点，也是课程改革的终极目标。本部分通过对行业企业和高职毕业生的问卷调研，获得他们的看法，用以分析高职人才培养的质量和课程改革的状况。

1. 企业对高职毕业生所需知识和应具备能力的看法

本次对行业企业调研中，在调查高职毕业生是否需要专业知识时，94.9%的被调查者认为，需要专业知识；3.1%的被调查者认为不需要，还有1.9%认为不一定。而最应具备哪类知识的调研数据见表4-7和表4-8。由于该项调查是开放性题目，所以表中统计数据是将问卷结果归类整理后得出的。

表4-7 行业企业问卷调研——企业对高职毕业生最应具备的专业知识的调查统计表

	数量分布					
	有效值		缺失值		合计1	
	数量	百分比/%	数量	百分比/%	数量	百分比/%
$set1[a]	186	71.8	73	28.2	259	100.0

注：$set1[a]是指“高职毕业生最应具备的专业知识”的调查题目作为多选题时的整体的标识。

表4-8 行业企业问卷调研——高职毕业生最应具备的专业知识调查情况频数统计表

		选择次数		占有效值的百分比/%
		数量	百分比/%	
企业认为最应具备的知识	通识理论知识	50	9.0	26.9
	专业理论知识	159	28.5	85.5
	工作过程性知识	349	62.5	187.6
总计		558	100.0	300.0

表4-7和表4-8显示，认为工作过程性知识是最应具备的，共有349人次，占有效调查者（186人）187.6%；其次为专业理论知识，共159人次，占有效调查对象（186人）85.5%；最后为通识性理论知识，共涉及50人次，占有效调查对象（186人）26.9%。

这些表明企业不仅需要高职毕业生具备实践动手能力，还需要“专业知识”的支持，这被绝大多数行业企业人员认同。而最看重的是工作过程性知识和专业理论知识，这是毕业生能够完成工作任务，为企业创造利润的重要基础。

2. 企业对毕业生所需能力的看法

在项目组对行业企业的调研中，几乎所有参加座谈的行业企业专家都提出在行业企业实际用人中，职业态度和关键能力（社会能力和方法能力）是首要聘用标准，同时也指出职业态度和关键能力是当前高职毕业生主要缺欠的方面。在问卷调研中89.5%

行业企业人员认为高职毕业生最应具备的能力排名第一位的是社会能力；80.3%的行业企业人员认为方法能力排名第二位；53.7%的行业企业人员认为职业态度与素养排名第三位。排名第四位和第五位的能力分别为职业专项能力和职业综合能力，分别占受访者的41%和35.4%。而在调查高职毕业生最缺乏的能力时，行业企业人员认为最缺乏能力的排序是社会能力、方法能力，以及职业态度与素养，分别占有效调查对象的91.1%、85.4%、51.6%。其他两种能力分别为职业综合能力和专项能力，分别占47.1%和24.8%。这表明行业企业人员认为高职毕业生最应具备的能力：社会能力、方法能力及职业态度与素养也正是目前高职毕业生最缺乏的。其他两类能力：职业专项能力和综合能力中，最缺乏的是综合能力。

框注8：能力和职业态度与素养

【本项目在调研中对高职毕业生应具备能力或培养高职学生的能力主要是指从事职业工作应具备的职业能力，参考诸多能力概念，将其内涵分类界定如下：职业能力由专业能力（包括专项能力和综合能力）、方法能力和社会能力构成。专业能力中的专项能力是指完成某一方面工作任务的专门技能；专业能力中综合能力是指完成某一方面工作任务而需要的综合性工作能力；方法能力是指独立地获取新知识、新技能的能力以及独立地完成复杂工作任务的能力；社会能力是指在社会的工作、学习中与其他人交往联系及合作的能力。而社会能力与方法能力还通常被称为关键能力。同时，高职毕业生除应具备职业能力外，还要具备应有的职业态度与素养。职业态度是指工作的责任心、敬业精神、诚实守信、遵纪守法等，素养是指作为一个社会人应具备的基本素质：如基本文化素质、身心素质、社会公德等。】

3. 高职毕业生认为在校期间所学的最有用的课程

本次对高职毕业生的问卷调研中，在回答“经过毕业后工作的反思，认为在校期间什么课程或哪类课程最有用”时，共有155人为有效调查者。其中，认为排名第一的为专业理论知识课程，共有84人，占有效调查者（155人）的54.2%；认为排名第二的课程为基本技术技能训练课程，占有效调查者的32.2%；认为排名第三的课程为理论-实践一体化课程，占有效调查者的7.1%；排名第四位的课程为通识理论知识课程，占有效调查者的6.5%。详见表4-9。

表4-9 高职毕业生问卷调研——认为在校期间哪类课程最有用的数据统计表

		数量	百分比/%	有效百分比/%	累计百分比/%
有效值	通识理论知识课程	10	5.7	6.5	6.5
	专业理论知识课程	84	48.6	54.2	60.6
	基本技术技能训练课程	50	28.9	32.2	92.9
	理论-实践一体化课程	11	6.4	7.1	100.0
	总计	155	89.6	100.0	
缺失值	9	18	10.4		
合计		173	100.0		

4. 高职毕业生认为工作岗位最需要能力及职业态度与素养

本次对高职毕业生的问卷调研中，在调查“现在工作岗位最需要能力及职业态度与素养”时，共有12名调查者没有填写该项或者填写不符合要求，161名调查者为有效调查者，有效百分比为93.1%。经统计调查，毕业生认为现在工作岗位最需要的能力中，排名第一位是社会能力，占有效调查者的110.6%；第二位的是综合能力，占有效调查者的56.5%；第三位的是专项能力，占有效调查者的54.7%。详见表4-10和表4-11。由于该项调查是开放性题目，所以表中统计数据是将问卷结果归类整理后得出的。

表4-10 高职毕业生问卷调研——现工作岗位最需要能力及职业态度与素养的调查统计表

	调查对象数量分布					
	有效值		缺失值		总计	
	数量	百分比/%	数量	百分比	数量	百分比/%
$set2[a]	161	93.1	12	6.9%	173	100.0

注：$set2[a]是指将高职毕业生认为现工作岗位“最需要能力及职业态度与素养”的调查题目看做一个整体的标识。

表4-11 高职毕业生问卷调研——现工作岗位最需要能力及职业态度与素养的频数分布表

		选择次数		占有效值的百分比/%
		数量	百分比/%	
高职毕业生认为工作岗位最需要的能力	专项能力	88	18.2	54.6
	综合能力	91	18.8	56.5
	方法能力	85	17.6	52.8
	社会能力	178	36.9	110.6
	职业态度与素养	41	8.5	25.5
总计		483	100.0	300.0

数据显示说明实际工作岗位上，社会能力对岗位工作具有最重要的作用，排名第一；专业能力中的综合能力排名第二，说明在社会能力满足的条件下，专业能力中的综合能力是工作岗位所需能力中最重要的，这也是职业核心竞争力的体现。而作为企业最看重的“职业态度和素养”被放在了最末一位，反映了高职毕业生对此重视程度还不够。

总体来看，以上调研数据反映了工作对课程的要求，结合实地调研与座谈的反馈的信息，可以进一步分析认为：

第一，行业企业对工作过程性知识是从业工作中最重要的知识的高度认同，反映出我国经济社会发展已步入较高度的现代化阶段，对高技能人才的工作要求已出现转移，这与高等职业教育教学改革的方向是一致的，把基于工作过程的课程改革和开设理论-实践一体化课程作为教学改革重点是正确的。但从前一部分学生对课程的感受的分析中说明，以及理论-实践一体化课程在教学实施中还未取得理想效果的实际情况看，认识理论-实践一体化课程在高职教学改革中的重要性，并争取尽快落实更是十分重要的。

第二，高技能的展现需要专业知识的支持是行业企业对高技能人才从业工作要求的又一高度认同，说明高技能人才需要具有相对系统的理论知识。这对前期“高职课程改革是否要取消专业理论课”的讨论得出正确结论可能会有帮助，但同时也将面对高职理论课程应如何开发和改革的新问题。

第三，在现代社会中对职业人的基本素质要求越来越重要，在实地调研座谈会中，几乎所有企业都把“职业态度与素养”等反映职业人基本素质方面的考量作为聘用的首要选择，这点对刚刚步入社会的高职毕业生和在校生都有必要进一步提高认识。

三、课程与就业要求

本次调研对课程与就业要求的分析，主要参考了麦可思公司的一些调研报告。麦可思《高等职业院校2009届毕业生就业状况与就业能力分析报告》显示：

2009届毕业生半年后就业率为85.2%，高于2008届（83.5%）1.7个百分点，高于2007届（84.1%）1.1个百分点，全国示范性高职院校2009届毕业生的半年后就业率（88.1%）已经不低于非“211”本科院校（87.4%），高于非示范性高职院校（84.3%）。各专业就业率中较高的专业大类是：资源开发与测绘大类（89.5%）、轻纺食品大类（89.4%）、交通运输大类（88.9%）；较低的专业大类是：法律大类（73.2%）和公共事业大类（ 81.2%）。工作与专业对口的比例为57%。

对于最有助于职业发展的能力，在对2009届高职院校毕业生工作最重要的5项基本工作能力中，学习方法能力的掌握水平最能满足社会初始岗位工作要求，为85%，其次为有效沟通（84%）和积极学习（84%）；而疑难排解（82%）和谈判技能（82%）的能力满足度较低。

2009届高职院校毕业生对母校教学中认为最应该改进的地方是“实习和实践环节不够”（41%）。

麦可思公司对中国2007届大学毕业生三年后职业发展调查显示，受益于“课堂上所学的知识和技能”对职位晋升有帮助的2007届高职毕业生三年内平均获得职位晋升的次数为1.8次，认为 “课堂上所学的知识和技能”活动对职位晋升有帮助的2007届高职毕业生三年后的月收入涨幅比例为105%。（月收入涨幅比例计算方法为：三年内月收入涨幅比例=（三年后月收入-半年后月收入）/半年后月收入）。

总体来看，从这几方面的数据可以反映课程对就业的影响，进一步分析认为：

第一，总体看高职学生就业情况较好，这与高职教学改革坚持“以就业为导向”而取得的效果不无关系。而“课堂上所学的知识和技能”对高职毕业生三年内平均获得职位晋升的次数和月收入涨幅提升都有极大促进作用。反映课程改革的成效，所学课程对就业与职业发展的影响正相关。

第二，就业率中较高的专业，如资源开发与测绘类、轻纺食品类、交通运输类等，不是我们通常印象的热门专业；相反到是印象中的热门专业，如法律类专业是就业率较低的专业；还有一些学生报名首选的专业，未显示出预期的高就业率。这可能说明经济社会发展对人才需求与学生职业预期之间的差异，也提示学校要平衡好各类需求和处理好当前与长远的关系，更科学的设置专业。

第三，对职业工作满足度较低的疑难排解、谈判技能等能力都属于核心职业竞争力范畴，需要通过人才培养过程解决，尤其是理论-实践一体化课程提高。因为理论-实践一体化课程目标就在于培养疑难排解、谈判技能等解决工作中实际问题的能力，这再一次说明，理论-实践一体化课程对高职课程改革的重要性和当前课程改革的差距所在。

四、课程与产学合作

产学合作是高职教育发展的根本途径，高职课程从课程开发到教学实施以及结果评价的全过程都应贯穿产学合作，才能有效保证人才培养的质量。

在对高职院校教师及管理人员的调研中，对“企业参与本专业建设的环节有哪些”的问题调查时，选项总和有417次。其中选择企业人员作为兼职教师上课的有121次，占选项总量的29%，排名第一；选择共同制订培养方案的有119次，占选项总量的28.5%，排名第二；选择提供实习和就业岗位的有113次，占选项总量的27.1%，排名第三；选择企业为学校培养专业教师的有48次，占选项总量的11.5%，排名第四；选择参与招生的有11次，占选项总量的2.6%；排名第五。有5份未做选择，占选项总量的1.2%，详见表4-12。

表4-12 企业参与本专业建设的环节统计表（1）

企业参与专业建设的环节	选项次数	百分比/%
共同制订人才培养方案	119	28.5
参与招生	11	2.6
企业为学校培养专业教师	48	11.5
企业人员作为兼职教师	121	29.0
提供实习和就业岗位	113	27.1
其他	5	1.2
选项总量	417	100.0

按照选项组合进行统计（统计结果见表4-13），所有的选项类型共有19种，共被选取了133次。表4-13中列举了主要的组合。其中，包含所有类型的选项的组合仅有5.26%；由“共同制订人才培养方案”、“企业人员作为兼职教师”和“提供实习和就业岗位”的组合有53次，占39.85%，这三项被选择的次数是最多的，数量基本相当，这三种校企合作方式也是最常见的。参考表4-12，这些也是企业与学校进行交流合作最常见的项目；而“企业为学校培养专业教师”和“参与招生”，在校企合作中还开展的不够普遍。为学校培养教师对企业来讲需要付出相当大的人力资源和物力资源成本，对企业来说短期内无法获得利益，所以企业还不太愿意采用这种合作方式。应设法从国家层面制定相应的扶植政策，鼓励企业参与学校专业教师的培养，提高企业的合作积极性。

表4-13 企业参与本专业建设的环节统计表（2）

企业参与专业建设的环节	选项组合1	选项组合2	选项组合3	选项组合4	选项组合5	其他组合	选项组合次数总计
共同制订人才培养方案	√	√	√	√			
参与招生				√			
企业为学校培养专业教师		√		√			
企业人员作为兼职教师	√	√	√	√			
提供实习和就业岗位	√	√	√	√	√		
总计	53	32	9	7	6	26	133
百分比/%	39.85	24.06	6.77	5.26	4.51	19.55	100

从网络调研的数据上看，抽样调查的专业数据中，有1/4的专业没有明显数据显示产学合作情况。只有不到10%的专业有小部分课程设计和实施环节的产学合作。部分课程设计和课程实施环节产学合作的专业占16%，课程设计和课程实施全过程产学合作的专业同样占到16%。从课程设计到课程实施全过程有深度产学合作的专业占到1/3（A级），主要是示范校和骨干校，如表4-14和表4-15所示。

表4-14 网络调研——产学合作情况评价统计表

等级	评价标准	专业数量	百分比/%
A	课程设计和课程实施全过程深度产学合作	58	33
B	课程设计和课程实施全过程产学合作	28	16
C	部分课程设计和课程实施环节产学合作	28	16
D	只有小部分课程设计和课程实施环节产学合作	16	9
E	基本无产学合作	0	0
总计		130	74
没有明确资料显示产学合作情况		46	26
合计		176	100

表4-15 有深度产学合作的学校类型和分布地区

学校类型	地区
示范校	北京、江苏、辽宁、天津、浙江、重庆
骨干校	北京、江苏、天津、浙江、重庆
一般高职	北京、江苏、浙江、重庆

总体来看产学合作成为促进实践教学的重要手段，但各专业合作深度和广度不同。有些专业的产学合作还只能停留在较浅的层面，如聘请企业专家兼职授课或是企业提供实习岗位。深度的产学合作是学校和企业双方建立机制和体制的保障体系，保证企业能够参与到学生从招生到就业的整个过程中。有这样深度产学合作的专业主要集中在北京、天津、重庆和江浙一带经济发达地区，主要是示范校和骨干校，也包括这些地区的一些普通高职院校。能做到深度的产学合作与这些地区经济高度发达以及对高职的正确认识有直接关系。

在本次调研中，尤其是在各类座谈会中，无论是学校教师还是企业专家，对高等职业教育必须依赖于产学合作进行，都已表现出高度认同；但实际工作中还存在不少困难，影响产学合作的全面持久开展。

将产学合作作为发展高等职业教育的根本途径，确立“产学合作”、“工学结合”的高等职业教育人才培养模式，足见产学合作在高等职业教育中的重要地位和作用。对于高职课程改革来说，产学合作是实现改革目标的基础和保证，如何在高职人才培养过程中，实现全方位的可持续的产学合作，需要有大环境和体制机制的保障。产学合作的合作方是教育和产业，具体合作双方是学校和企业。对于教育方，无论是教育管理部门还是高职院校，目前对于产学合作都有高度认同、努力推进，并且迫切希望企业在教育事业中发挥作用；但对于产业方，作为以经济效益为第一目标的企业，在当前中国社会主义市场经济条件下，要求企业在主要不谋求经济回报条件下，积极参与教育事业是不切实际的。因此尽管学校努力推进产学合作，在不少产学合作试点项目中也都取得了积极的进展，创造了不少好的产学合作形式，但对于产学合作的可持续发展和全面推开还存在很多困难。这些困难可归结于两个方面，一方面是政府层面的产学合作国家框架制定，包括制度、法律、政策和管理机构等方面，目前有关方面已关注到这一问题，启动了产学合作国家框架制定的前期研究；另一方面，随着中国经济快速发展，一些企业，尤其是大型企业已开始体现出参与产学合作的积极性，并将产学合作作为企业责任的一部分，而高职院校的不断发展以社会服务为重点的科研开发工作也成为产业发展的组成部分。因此，产学合作双方利益平衡点的出现，为建立以互利互惠为基础的产学合作新机制奠定了基础。

第五章 高职教育课程改革现状的综合分析

二、三、四章从不同层面对高职课程改革的现状进行了分析，本章旨在综合上述分析结果，从高等职业教育教学改革的整体层面，对高职课程（科目课程）和专业人才培养方案这两个课程改革的重点进行综合分析，以便更全面地把握高职课程改革的整体状态。

一、课程（科目课程）改革现状综合分析

从第二章分析可见，高等职业教育课程与教学改革可追朔到20世纪90年代，通过学习借鉴以北美CBE为主的国际先进的职业教育经验，从理念上认识到职业教育应是能力本位的教育，在实践中大幅度增加了实践教学比重，开设了以掌握专项技能为目标的实训课程，开始了实训基地建设。对实训课程和支撑实训课程的实训基地建设的研究与实践成为当时教学改革的主要内容，实训课程模式和课程建设是高职人才培养模式创新的主题。

新世纪以来，中国又先后学习借鉴澳大利亚和德国的职业教育经验，尤其是引进国际最先进的德国职业教育基于工作过程的课程理念和方法，进一步认识到职业教育不仅应是能力本位的教育，而且能力本位的内涵是不断发展的。这一认识在专业和课程的教学改革方面集中体现在，人才培养方案设计中以培养综合职业能力，解决专业问题，学会工作为主要课程目标的理论-实践一体化的综合性课程的出现，尤其是学习领域课程的设计及其配套环境要求的研究与实践成为2006年以来高职教学改革的主要内容。

中国以开放的视野、改革的精神，先后学习了世界各国职业教育的理念和精神，2008年以后，开始反思中国高等职业教育的教学改革，学习借鉴国际先进理念经验，在教学改革中为高等职业教育带来了全新的课程类型，使20年前高职发展初期，专业教学中以单纯理论知识学习为目标的单一课程类型，发展到现在的三种不同性质的课程的相互配合，进而又学习引进了新的课程开发方法和新的教学方式与方法。

纵观高职课程改革的发展，结合本次调研的情况可以了解到，高等职业教育的课程改革在科目课程改革方面已经取得了很大的成功，但也面临三类课程改革的挑战。相对系统的理论知识性课程的改革实际已经进行多年，而且从来没有放弃在高等职业教育教学中开设理论课程，但由于其间存在学习借鉴国际经验和教师认识上的差异，目前此类课程改革的方案仍较多，认识上的偏差较大，相对规范的模板难于形成，在实际教学中基本沿袭传统课程模式，适度压缩理论内容的课程和教材仍较普遍；基本技术技能的训练性实践课程的改革也可沿袭到20年前加强实践教学的课程改革状态，现在各高职院校都普遍重视实训课程和实训基地建设，但调研中也有行业企业反映高职毕业生的基本技术技能不扎实，分析表明这类课程还须深度改革，在课程标准中重视技术技能标准，更要重视技术技能训练标准，以提高课程和教材质量；理论-实践一体化的综合性课程是国际高等教育和职业教育中的重要课程形式，在人才培养中发挥了重要作用。也是我国近年借鉴国际先进职业教育课程模式基础上，结合中国国情提出的课程形式，目前有约70%的专业都设置了此类课程，但大多数尚处于综合实训、综合实践、顶岗实习的初级阶段，缺乏理论-实践一体化的和谐融合，比较优秀的课程设计尚不多，一些示范校采用基于工作过程的学习领域课程，在设计方法和逻辑过程上尚存在需要深入讨论的问题。尤其是调查显示，此类课程在教学实践中效果并不理想，无论是在校学生、毕业生，还是用人部门都不认同此类课程在工作实际中的作用。对于理论-实践一体化的综合性课程，在理论和实践中的反差，中外实施效果的不同，值得我们深入反思和总结。

在如何把几类课程组织成课程体系，排列构成人才培养计划，以实现专业培养目标的专业课程体系设计，实践证明，单纯学习国外经验是不成功的。原因是专业课程体系设计是与各国的国情，尤其是经济社会发展的阶段、方式、特点等因系密不可分的，专业课程体系设计的思想直接反映专业人才培养的导向性，而不仅是课程体系的具体形式，同时专业课程体系的设计又影响到三类课程内容的设计，引起对课程内容的进一步改革。在引进德国基于工作过程的课程的初期，曾出现过只追求课程的形式而忽视专业导向性的偏差，调研结果表明，虽然这种影响至今已大为减少，但仍然存在。综上，启示我们专业和课程改革必须结合中国国情，强调中国特色、高职特色，有所创新。

课程改革状态综合体现的载体是人才培养方案，以上课程改革发展趋势和现实状态，集中反映在人才培养方案中，因此本研究对人才培养方案进行了专题抽样调研分析。

二、典型人才培养方案分析

专业人才培养方案是学校专业教学的基本文件，是学校层面的课程标准，整体教学活动的指南。高职教育中基于内部因素的课程改革现状调研分析，从不同侧面反映了改革的基本情况，在此基础上进行人才培养方案的分析，将对高职院校人才培养整体层面的课程改革有一个把握和估计。项目组从不同地区、不同院校中的“计算机应用技术、计算机网络技术、软件技术；应用电子技术、信息安全技术；数控技术、汽车检测与维修技术；市场营销、会计电算化等9种专业中收取了73份目前正在各院校中实施的专业人才培养方案，涉及北京、天津、重庆、浙江、广东、福建、安徽、湖北、辽宁、甘肃、宁夏、黑龙江等12个省（自治区、直辖市），注意选取学校中的国家级示范校、国家级骨干校、省市级示范校和非示范、骨干校的比例，以能更好地反映总体情况。由于各院校实施的专业人才培养方案是各校内部执行的教学文件，一般都不对外，项目组能够获得73份培养方案已相当不易，为了减少偏差，照顾地区、各类院校和专业的分布与比例，项目组从73份培养计划中抽取了69份进行分析与评价，其中包括了国家级示范校17所、国家级骨干校20所、省市级示范校4所、非示范骨干校28所的9种专业。

依据教育部2006年16号文件精神和高职教育发展与课程改革的脉络，特别是课程与教学改革的特点项目组设计了分析评价方案，将专业人才培养方案大体分为四个类型，即四种专业定位或人才培养的导向，具体如下：

第1类，以基本技术技能与综合职业能力培养相结合的能力本位专业人才培养方案。这类方案应能满足中国经济发达地区新技术领域或现代生产技术和计算机自动化技术广泛推广的行业与职业工作对高职人才的需求。

对该类型再按照A（优秀）、B（良好）、C（一般）、D（较差）四个等级进行评价，分别为：

A：必须满足以下四方面条件的要求。

（1）专业课程体系开发时的职业分析说明行业、企行需要具有基本技能与综合职业能力相结合的人才；

（2）专业人才培养方案包含以掌握基本理论知识为主要课程目标的知识性课程、以掌握基本技术技能为主要课程目标的训练性课程，与掌握综合职业能力学会工作为主要课程目标的理论-实践一体化综合性课程的三类课程（简称三类课程）；

（3）专业课程体系逻辑结构清晰，符合高等职业教育人才培养规律；

（4）有专业和课程设计方法，保证专业和课程设计的科学性和规范性。

B：必须满足上述A级四方面条件的前三条，且三类课程要设计较好，尤其是有设计较好的理论-实践一体化综合性课程。

C：在必须满足上述A级四方面条件的前三条外，与B级的区别在于对理论-实践一体化的综合性课程设计的要求适当放宽，如综合实训、顶岗实习、综合毕业实践等理论-实践一体化不很突出的课程也可视为准综合性课程。

D：在A级四方面条件上都有不足。

第2类，以更强调突出基本技术技能培养或以基本技术技能培养为主的能力本位专业人才培养方案，这类方案更适合中国发展中的地区，更强调在工作中熟练运用基本技能的工作岗位。

第3类，以更突出强调综合职业能力培养或以综合职业能力培养为主的专业人才培养方案，这类方案主要是从国际上引进的，适应一些发达国家，但不完全适应中国当前的国情，中国在高职教学改革过程中曾有过直接引进，本次调研目的在于了解目前这类人才培养方案的实际状态。

第4类，以中国高等专科曾用过的以知识为本位的人才培养方案，这类人才培养方案是高职课程改革的对像，经过近20年的改革，仍然使用这类方案的专业已经较少了，但不排除个别存在，这次调研目的也在于了解目前使用这类人才培养方案的实际状态。

其中，第2、3、4类中每种类型都类似第1类，按照A（优秀）、B（良好）、C（一般）、D（较差）四个等级，并给出相应标准。

按照以上方案对69个专业人才培养方案从培养目标、人才规格、课程体系结构、课程性质内容、教学方法的要求、考核方法的要求、课程实施进程计划、产学合作的体现、培养模式的概括等进行了全面考察、分类和评定等级。结果如表5-1所示。

表5-1 培养方案评价结果统计表

类　别	A（优秀）	B（良好）	C（一般）	D（较差）
1类	2	21	29	0
2类	0	1	4	0
3类	0	0	0	7
4类	0	1	2	2

1A=2个：国家示范校1个，非示范骨干校1个。

1B=21个：国家示范校4个，国家骨干校9个，省示范校1个，非示范骨干校7个。

1C=29个：国家示范校8个，国家骨干校7个，非示范骨干校14个。

2B=1个：非示范骨干校1个。

2C=4个：国家示范校1个，非示范骨干校3个。

3D=7个：国家示范校3个，国家骨干校4个。

4B=1个：省示范校1个。

4C=2个：非示范骨干校2个。

4D=2个：省示范校2个。

分析评价结果反映了如下情况：

（1）以基本技术技能与综合职业能力培养相结合的能力本位的专业人才培养方案评价比较优秀的（1A）仅有2个，占抽样调查培养方案的2%。说明仅有少数专业真正能满足经济社会发展与人的自身发展需求，落实工学结合、校企合作，实现这一专业定位与人才培养目标。而改革能做到这个程度的国家示范校仅有1个专业，非示范骨干校能有1个专业是非常不易的。

大多数专业是处在1B和1C的状态，分别占抽样调查培养方案的30.4%和42%。说明大多数专业都在按照教育部2006年16号文件精神，朝着校企合作、工学结合的人才培养模式努力，适应经济社会发展对高职教育人才培养的能力需求，注意了基本技术技能与综合职业能力培养相结合的能力本位的专业定位与人才培养导向，开设了三类课程，但在运用科学的职业分析方法、课程开发方法设计合理的课程体系结构、开设能够支撑能力培养目标实现的课程方面还显薄弱，特别是占42%的专业开设了综合实训、顶岗实习、综合毕业实践等准综合性课程，与实现综合职业能力培养的理论-实践一体化课程要求还有差距。

而属于第1类的专业共有52个（1A、1B、1C数量总和），占抽样调查培养方案的75.4%，也从一个方面反映了不少区域的经济社会发展与人的自身发展已提出了对高职教育培养具备基本技术技能与综合职业能力兼备的人才需求。

（2）处于第2类的专业培养方案为数不多，2B有1个，占抽样调查培养方案的1.4%，2C有4个，占抽样调查培养方案的5.8%，是以基本技术技能培养为主的能力本位的专业定位与人才培养导向，这些专业虽然为数不多，但反映了这种人才需求的区域存在，但这类中多数专业（2C）在课程体系设计、课程开发方面特别是培养基本技术技能的训练性课程的设计方面还不很精致，能力目标、训练标准还不够清晰准确。

（3）在第3类中只有属于3D状态的7个专业培养方案，占抽样调查培养方案的10%，这些专业全部是学习引进德国基于工作过程的课程模式，从形式上完全套用，以培养综合职业能力的学习领域课程设计形成课程体系，但基本概念混淆，将以学习基本理论知识与基本技能的课程也都冠以学习领域的课程名称，典型工作任务分析与学习领域课程转换的逻辑关系不清。学习任何其他国家的经验都必须考虑国情，不能照搬；同时学习不能套用形式，而不搞清本质，所以这7个专业培养方案处在了3D的位置，这也反映了中国在2006年起开展学习引进德国的课程模式中出现偏差的情况还存在。

（4）第4类是以知识为本位的专业人才培养方案，有5个专业培养方案属于此类，其中处于4B状态的有1个，占抽样调查培养方案的1.4%，之所以处于4B状态是这一培养方案虽是以学科知识系统化为主形成课程体系，但在开设的课程中增加了实训环节，增大了实践教学学时，以满足经济社会对人才的需求，对学科系统化课程进行了改良，本质上还没有跳出知识本位的框架；处于4C和4D状态的各有2个，分别占抽样调查培养方案的2.9%，这些培养方案基本就是学科系统化的本科压缩型培养方案，是高职课程改革的主要目标，属于第4类的专业培养方案总计占抽样调查培养方案的7.2%，说明高职发展到现阶段仍然还有小部分专业处于课程改革的初始状态。

第六章 结论与愿景

一、高等职业教育课程与教学改革已经取得的成果与实效

1. 普遍提高了对高等职业教育的认识，明确了课程与教学改革的方向

明确了高等职业教育是高等教育领域中的职业教育；专业人才培养应以能力为本位、就业为导向；认识到能力本位中的能力内涵是随技术进步、经济发展而变化的，研究当前中国经济社会发展状态和特点，确定能力内涵是高等职业教育课程与教学改革的基础和前提；产学合作是发展高等职业教育和课程与教学改革的根本途径。

在专业建设与课程与教学改革方面，明确了高等职业教育的专业培养目标是高素质技能型专门人才；提高人才培养质量是高等职业教育的核心任务；加强教学基本建设，深化教学改革是提高人才培养质量的两个重要方面，必须统筹兼顾、共同推进。

2. 开始探索创新中国特色高等职业教育人才培养模式

经过十多年向发达国家职业教育的学习和先进职业教育经验的借鉴，为中国高等职业教育带来了新的教育理念、模式、方法，进一步解放了思想，有力地推动了高等职业教育的发展，也为新的发展奠定了理论和实践基础。现在中国的高等职业教育已经进入了一个新的发展阶段，开始探索创新中国特色高等职业教育人才培养模式。

3. 深化课程与教学改革，提高教学质量

在探索创新中国特色高等职业教育人才培养模式过程中，经过课程与教学改革实践，已经形成了诸多各具特色的专业人才培养方案；探索了满足高素质技能型人才可持续发展，将雇主需求、职业标准与专业课程相衔接的职业分析方法与课程开发方法；创新了高等职业教育课程类型；开发了新的课程，探索了教学方法、考试方式改革。这些课程与教学改革以高职国家级示范校、骨干校、教育部高等学校高职高专教学指导委员会为先导，从方案设计到试点实践，正在全国范围内逐步展开。

自2006年开始的高等职业教育国家示范校工程建设项目、国家精品课程、优秀教学团队、教学名师等质量工程项目，已经开始结出硕果，已建成一批国家级精品课程、精品教材；师资队伍、实训基地建设取得的成果为高等职业教育课程与教学改革

提供了有效的保障；近年开始的高等职业教育教学资源库建设，是又一项支持高等职业教育课程与教学改革的建设项目，对提高教学质量具有重要意义。

4．大力推进产学合作

过去几年，各高职学院结合高等职业教育课程与教学改革，开展了多种形式的产学合作实践，取得了十分可贵的经验，在此基础上开始从深层次探索产学合作机制。

二、当前高等职业教育课程与教学改革存在的问题

1．课程与教学改革面临的三方面问题

1）急需建设我国的职业资格框架体系

作为制订高等职业教育专业人才培养方案的基础，急需深入搞清高职人才培养的能力内涵和中国当前经济社会发展状态决定的人才需求之间的关系。由于一定的职业形成后具有与经济社会发展状态相关，又相对稳定的能力要求，这一能力要求决定相应高职学校专业人才培养的基本能力内涵，从职业的能力要求到专业人才培养能力内涵目标的转换，需要从国家层面给出相对规范的指导性要求；但同时，当前中国经济发展的区域性特征和不平衡性状态的存在，相同职业在不同地区、不同行业间对专业人才培养所需具备的能力要素以及各要素之间的关系，可能存在着不同的要求，因此还必须结合地方或行业经济发展的现状和特点，确定专业人才培养的能力内涵。目前还不能全面摸清职业和专业的关系，缺乏专业定位中对能力内涵与当前中国经济关系的准确把握。这实质上是一个建立职业资格框架体系问题，目前的高等职业教育专业目录还不能解决这一问题，教育和劳动部门必须联手，制定国家职业资格框架体系，搞清当前中国高等职业教育人才培养的能力内涵，为深化课程与教学改革打好基础工作。

2）尚待形成中国特色高等职业教育课程与教学的主流模式

“产学合作”、“工学结合”已成为中国当前高等职业教育主导的人才培养模式，产学合作、工学结合反映了职业教育的普遍规律，所以世界各国的职业教育都是产学合作、工学结合的，这就说明产学合作、工学结合本身并不反映各国的职业教育特色，也不体现高等职业教育在职业教育中的层次特点。因此在一定意义上，产学合作、工学结合既是具有普遍意义的职业教育人才培养模式，又是职业教育的指导思想和实现途径。而各国的职业教育特色很多是在产学合作、工学结合指导思想下，通过“课程与教学模式”体现的，同时能直接指导职业教育课程与教学改革和人才培养方案制定的也是课程与教学模式，如北美、欧州普遍采用的CBE、MES、BTIC、双元制等都是产学合作、工学结合的课程与教学模式。近年学习的澳大利亚TAFE学院采

用了基于国家培训包TP的模式，德国基于工作过程的学习领域课程模式等，也都是产学合作、工学结合的课程与教学模式，这些模式体现了职业教育的共同规律，又各具特色。中国在高等职业教育课程与教学改革过程过中，提出大力推行“产学合作”、“工学结合”的人才培养模式，体现了高等职业教育本质特征，指明了教学改革的大方向，但仅有这一模式还难于直接指导课程与教学改革，如专业人才培养方案的制订、课程内容的设计、教学实践等，也没有突出体现高等职业教育的中国特色。目前已经提出了不少具有一定特点的高等职业教育专业人才培养方案，其中优秀的可以从不同侧面或视角反映高等职业教育的中国特色或体现高等职业教育的层次特征，但还不能从总体上把握高等职业教育的共同特征，从理论与实践结合的高度建构高等职业教育的“课程与教学模式”；一些研究机构的学者、专家也提出了一些有理论高度和实际应用价值的高等职业教育“课程与教学模式”，但还局限于某些专业领域或一定的地区范围的试点应用，尚未形成中国特色高等职业教育课程与教学的主流模式。

3）高等职业教育课程与教学改革成果尚未整体落实、全面推广

一方面，调研结果显示，教育行政管理部门和学校的领导层面对课程与教学改革的状态和取得的成果估计一般较为乐观；而一线教师往往认为要取得较好的改革效果，还要做很多工作；学生对改革的感受还不突出；行业企业对改革效果尚不能全面肯定。另一方面，调研结果反映，具有学校对外宣传作用的网络信息，对课程与教学改革状态表现的最为乐观；而仅在校内使用的专业人才培养方案、课程大纲中，则可看出不少还存在问题；而与教师的直接交流则可以感受到更多来自一线课程与教学改革的困难。如国外经验如何结合中国国情落实；实践、理论如何有效融合；产学合作、工学结合如何全面实施；中国高职学生的主动学习积极性如何有效调动等。

这说明高等职业教育课程与教学改革是从点到面逐步展开的，不少成果还停留在小规模试点层面，甚至是试点的方案设计层面，理念、模式还有形式化、表面化、概念化的倾向，缺乏深刻的内涵解读和实施的可操作性，还需要从设计到实施、从试点到推广的逐步落实；另一方面，也说明国外的先进经验还需要结合国情给予落实，体现中国特色还有很多工作，才能充分显现高等职业教育人才培养质量的提升。

2. 突破推进课程与教学改革实施中的瓶颈问题

1）产学合作制度和机制建设亟待完善

对产学合作在高等职业教育中的重要地位和作用，已经有了充分的认识和广泛的共识，多年进行的实践探索，为建立产学合作制度和机制积累了经验。尽管已开展了很多工作，取得了很好的实际效果，有效支持了课程与教学改革，但从整体上看，目前的产学合作还是以个案形式出现的居多，缺乏稳定和可持续的有效保障。在中国社

会主义市场经济体制下，如何建立稳定可靠的产学合作制度和产学合作机制，是当前发展高等职业教育需要研究解决的重大课题，也是课程与教学改革的基本保障。

2）教师队伍建设的机制亟待制定

调研结果反映出：随着课程与教学改革的深入，教师队伍建设的瓶颈问题逐步凸现。高等职业教育对教师的要求主要表现在如下方面：首先是学历层次，主要是要逐步以研究生学历教师为主体；第二是继续学习，主要是要求教师跟上专业领域技术发展的趋势；第三是工作经历层面，主要是要求教师本人具备专业工作经验。随着高等教育大众化，教师队伍整体学历层次提高，尤其是青年教师队伍高学位比例已大为改善，教师队伍学历层次问题得以缓解；如果说第二方面涉及的新技术掌握问题还可通过短期培训加以解决的话；则第三方面可能成为最难解决的瓶颈。但常言道：只有认识不到的问题，没有解决不了的问题。因此，只要高度重视教师专业实际工作经验积累问题，对这一问题采取切实有利措施，建立职业教育教师标准和培养机制，尤其是专业工作经验积累机制，就可以用较短时间建设好一支符合高等职业教育教学要求的教师队伍。

3）学生学习的积极性亟待提高

调研显示，总体来看学生报考高等职业院校和在高职院校中学习的积极性有待提高。影响学生学习积极性的因素可以概括为两个方面：其一来自外部的因素，如中国传统文化影响人们对职业教育的价值取向；其二来自内部的因素，如进入高等职业院校学习的学生大部分不是基础教育的成功者，对学习职业教育缺少思想准备，在学习态度上表现为对学习缺少热情和动力。因此要落实课程改革成果，如何提升学生学习的积极性成为亟须解决的问题。

三、对高等职业教育课程与教学改革的建议与愿景

1. 构建高等职业教育人才培养的理论体系

在职业教育学的理论体系基础上，结合中国高等职业教育的课程与教学改革实践，构建高等职业教育人才培养的理论体系，给出高等职业教育基本问题的理论解读；解决当前高等职业教育实践中遇到的诸多实际问题，从理论高度探寻其答案，将对引领课程与教学改革具有重要意义。

构建高等职业教育人才培养的理论体系，必须打破只在教育领域研究教育理论的传统模式，站在保障和推动经济社会发展的高度，站在促进人的成才与人的可持续发展的高度，依据经济发展对职业工作的新要求，社会发展对人才可持续发展的新要

求，使教育规律服从经济社会发展的要求，不断创新高等职业教育人才培养的理论体系，引领课程与教学改革。

2. 创新中国特色高等职业教育“课程与教学模式”

在已经提出的工学结合高等职业教育人才培养指导思想和模式指导下，在已形成的各具特色的专业人才培养方案和教学实践基础上，以已经取得的中国特色高等职业教育“课程与教学模式”经验为基础，进一步凝炼提升，从理论和实践层面创新适合中国国情、体现中国特色的高等职业教育“课程与教学模式”，这是当前中国高等职业教育课程与教学改革需解决的重要问题和工作方向。由于中国特色的高等职业教育“课程与教学模式”的构建，将会使高等职业教育课程与教学改革理论与实践中的诸多具体问题迎刃而解，建议高度重视，组织力量，加大投入，全力解决。

3. 努力解决影响高等职业教育课程与教学改革的瓶颈问题

以解决高等职业教育课程与教学改革瓶颈问题为切入点，推动改革成果的落实，还有赖于全面提升高职教学基本能力和各项保障措施条件的建设。放在首位的应是能适应高等职业教育课程与教学改革需要的教师队伍建设，针对中国高等职业教育课程与教学改革与现有教师队伍的实际情况，建议从教师队伍建设策略这一重点方向着手解决；产学合作已有坚实的前期工作基础，建议产学合作制度和机制建设应提上日程，前者应从国家层面解决，后者要由产学合作双方在实践探索中研究形成；此外教学资源建设、校内外实践环境建设、评价方案和机制建设等都是推动落实课程与教学改革成果的重要教学基本建设；调动学生学习积极性的问题具有中国特点，而且在专业课程改革理论和实践层面都研究较少。建议设置专项课题，研究其深层次原因，针对中国高等职业教育学生的实际情况，提出切实可行的解决方案和行动路线，并开始试点实践。

4. 提升中国高等职业教育的国际影响力

构建高等职业教育人才培养的理论体系，创新中国特色高等职业教育人才培养模式和课程与教学模式，深化课程与教学改革，全面落实课程与教学改革成果，将使中国特色高等职业教育的国际影响力大为提升。通过广泛的国际交流与合作，相互学习和借鉴，中国的高等职业教育将为世界职业教育发展做出应有的贡献，实现中国高等职业教育课程与教学改革的愿景。

第二部分

中国高等职业教育课程改革状况研究子报告

第七章 基于专业目录调研数据的统计与分析

一、基于专业目录调研分析的研究方案设计

1. 研究目的

“基于专业目录调研分析”是《中国高等职业教育课程改革状况调研》项目的子项目之一。子项目是从中国高等职业教育专业设置管理的视角，研究教育部2004年颁布的《中国普通高等学校高职高专指导性专业目录（试行）》对高等职业教育课程改革的影响，为总项目提供基于专业目录的调研数据。

2. 研究意义

经过十几年的快速发展，中国的高等职业教育取得了长足进步，作为中国高等教育发展中的一种新兴的教育类型，高等职业教育的特征初步显现。自2006年教育部启动实施“国家示范性高等职业院校建设计划”以来，高职院校积极探索校企合作、工学结合的人才培养模式；强化实践教学，通过生产性实训和顶岗实习增强学生就业能力，提高了毕业生就业率和企业的认可度；强化以服务为宗旨、以就业为导向的办学理念，提升了服务社会的能力和水平。国家示范性高职院校建设计划有效地引导中国高等职业教育院校进行人才培养模式改革，有效地促进各高职专业进行课程改革。

由于中国地域辽阔，区域经济建设发展不平衡，以服务地方经济建设为目标的高等职业教育也存在区域性差异，其中发展不平衡的显著标志之一体现在高等职业教育课程改革方面。为此，《中国高等职业教育课程改革状况调研》项目要对中国高等职业教育课程改革的状况进行一个全面的调研，通过从不同维度，选取不同领域的典型案例进行分析研究，对中国高等职业教育课程改革的状况有一个清楚的了解和把握，为落实《国家中长期教育改革和发展规划纲要（2010—2011年）》，推动新一轮高等职业教育内涵建设、改革发展提供咨询意见，也为中国高等职业教育在课程与教学领域深入开展国际交流与合作提供一份基本材料。

“基于专业目录调研分析”子项目针对2005年以来中国高等职业教育专业设置管理主题，调查分析不同地区普通高校执行《中国普通高等学校高职高专指导性专业目录

（试行）》的状况，可以从高等职业教育专业设置方面，提出有意义的改革发展建议。

3. 研究方案的框架

1）调研分析的数据来源

高等职业教育专业目录的调研分析数据主要来源是教育部高等教育司编制的三本书：《2005年版中国普通高等学校高职高专教育专业概览》、《2007年版中国普通高等学校高职高专教育专业概览》（以下简称《××年版专业概览》）和《中国普通高等学校高职高专教育目录外专业概览（2005—2008年版）》。三本书比较全面地反映了2004年以来中国高等职业教育专业设置的总体发展状况，三本书都是教育行政主管部门主持编制的，数据来源于政府官方正式出版物，数据的可靠性强。

2）调研任务

本子项目研究任务是从专业设置的视角分析高等职业教育课程改革的态势，总结归纳专业设置管理对高等职业教育课程改革的影响作用。基于专业目录的调研分析将按照总课题设定的专业调研对象（9个典型专业，涉及6个专业类）和调研地区（北京、天津、重庆、江苏、浙江、广东、福建、山东、安徽、辽宁、新疆、西藏、河南、黑龙江共14个省、自治区、直辖市），从专业设置管理、专业内涵界定、专业分布三个方面进行调研分析，其中，专业设置管理以调研现状为主；专业内涵界定主要是在课题设定的调研范围内对比分析2005版和2007版相同专业名称下专业内涵的变化。

3）统计分析任务

根据上述三方面的调研数据，分析专业设置与管理对高等职业教育课程改革的影响，总结出现行高等职业教育专业目录对高等职业教育课程改革的影响（促进、制约）作用。

4. 研究工作计划

（1）课题组布置子项目调研任务；

（2）按照课题组的分工，研究确定子项目的工作目标、调研任务，形成子项目研究工作的初步设想方案；

（3）课题组集体讨论子项目研究工作的初步设想，进一步明确子项目的研究任务；

（4）按照课题组的要求，修改子项目的设想方案，形成子项目的研究方案初稿；

（5）与总课题负责人讨论子项目的研究方案，确定研究方案；

（6）完成调研数据收集、整理，形成调研文档；

（7）完成统计分析，形成子项目报告初稿；

（8）与总课题负责人讨论报告初稿；

（9）修改报告，形成研究报告。

5. 调研数据文档的格式设计

1）基于专业目录的高职高专专业设置数据统计表格式（见表7-1）

表7-1 基于专业目录的高职高专专业设置数据统计表格式

专业代码	专业类	目录设计专业数量	2005年高职高专专业实际分布			2007年高职高专专业实际分布		
			核定专业总数	增减数	增减专业明细	核定专业总数	增减数	增减专业明细

2）典型高职高专专业内涵界定数据统计表格式（见表7-2）

表7-2 典型高职高专专业内涵界定数据统计表格式

专业简介来源	专　业	专业培养目标	专业核心课程	就业面向
专业概览	（典型专业名称及代码）			
（典型专业所在学校）	（典型专业名称）			

二、中国高等职业教育专业设置管理机制的沿革

“高等职业教育”的提法在中国诞生于20世纪80年代，高等职业教育作为高等教育的一种类型，由教育部高等教育司管理。1998年以前，高等职业教育的专业设置管理，以普通高等教育的专科身份，与本科专业设置属于相同的申报、审批范畴，专业设置的审批由教育部统一控制。与本科教育不同，教育部没有设定针对高等职业教育的专业目录，有的学校专业名称类比本科专业目录；有的学校则类比中等职业教育专业名称。

1998年，实施“三教统筹”的管理体制改革，把原来由高等教育司、职业技术教育司、成人教育司分别主管的普通高等专科教育、高等职业教育、成人高等教育全部归并到高等教育司统一管理，并为此专门成立了高职高专教育处。由此，“高职高专”的提法就成为“高等职业教育”的别名，在专业设置上，高职高专的提法则成为一种规范的称谓。1998年以后，教育部将高职高专教育的管理权下放到省级教育行政部门，要求省级教育行政部门应支持学校根据社会需要，按照技术领域和职业岗位（群）的实际要求灵活设置专业。

21世纪初，北京、上海等地教育行政主管部门组织专家分析研究高等职业教育的本质规律，针对当时高等职业教育专业设置存在的问题，根据高等职业教育的内在规

律，研究制订了适用于本地区的普通高校高职高专教育指导性专业目录，在专业设置与管理上率先做出了规范化、科学化的尝试，并取得了宝贵的经验，为教育部出台相应的政策奠定了坚实的基础。2004年，教育部发布了《普通高等学校高职高专教育指导性专业目录（试行）》。2005年，教育部通过省市教委，对全国1 500多个高职高专专业进行了大范围规范认定。

1. 普通高等学校高职高专教育指导性专业目录产生的背景

在教育部组织制定普通高等学校高职高专教育指导性专业目录之前，北京、上海等地在2000年前后已经开始研究制定适用于本地区的高职高专指导性专业目录，其中北京地区的指导性目录为教育部颁布中国高等职业教育专业指导性专业目录发挥了良好的促进作用。

北京高等学校高职高专指导性专业目录以主动适应首都经济结构调整和产业结构变化为原则，构建以实用性、技术应用性为主旨的专业结构体系，突破了专业按学科体系分类的传统模式。该目录由12个专业大类、53个专业类别、258个专业构成，12个专业大类分别是：现代农业类、电信息类、光机电与自动化类、生物工程与新医药类、新材料能源与石化类、环保与资源综合利用类、文化教育体育类、医疗文生类、经贸金融保险类、交通旅游服务休闲类、房地产与土建类、行政与司法类。该目录对于高职高专教育科学地划分专业类别、规范专业名称、反映培养人才的业务规格、安排招生、指导毕业生就业、进行教育统计、信息处理和人才需求预测等工作，能够起到一定的指导性作用。

2002年7月，《北京高等学校高职高专指导性专业目录（试行）》正式发布，同年9月，北京地区普通高校的高职高专专业对原有1 600余个专业按照该“指导性目录”进行了调整；同时，教育部高教司将《北京高等学校高职高专指导性专业目录（试行）》发至各省、自治区、直辖市教育厅（教委）高教处，在全国范围内引起了较大反响，为教育部出台国家层面的相应政策奠定了坚实的基础。

2.《普通高等学校高职高专教育指导性专业目录 (试行)》的结构

2004年，教育部发布了《普通高等学校高职高专教育指导性专业目录 (试行)》（下面简称《目录》），2005年，教育部对全国1 500多个高职高专专业进行了大范围规范认定。《目录》采用19个专业大类，78个专业类和531种专业三层架构；与本科专业设置相仿，所有专业采用6位编码。同时，《目录》中的每个专业，都附有“专业简介”，描述各专业人才培养目标、核心能力与课程及相关职业资格证书，专业简介可以为广大高等院校在设置新专业或进行专业改革时提供一定的参考（专业简介的示例见图7-1）。

专业简介

计算机应用技术（590101）

专业培养目标

培养掌握计算机软件设计和开发、硬件接口的设计与编程，计算机硬件的安装、配置、管理和运行操作技术的高级技术应用型专门人才。

专业核心能力

硬件接口的设计与编程能力、计算机软件的设计和开发能力、计算机硬件的安装、配置能力。

专业核心课程与主要实践环节

微机原理与应用、数据库原理与应用、数据结构、VB 程序设计、 Java 程序设计、网络操作系统、Web 技术、计算机网络基础、网络应用软件、计算机接口技术、数据库综合应用实训、计算机网络集成实训等，以及各校的主要特色课程和实践环节。

可设置的专业方向

计算机技术、计算机网络技术、电子商务、计算机信息管理技术等。

就业面向

在地方政府、企事业单位，从事计算机应用软件研发、系统管理、技术维护和运行等技术或管理工作。

其　他

本专业可获取劳动部计算机操作员中级职业技术证书、劳动部计算机维修工中级职业技术证书；教育部计算机应用技术 NIT 证书；美国微软公司 MCSE 系统认证工程师证书。

图7-1 计算机应用技术专业简介示例

《目录》的制订遵循了如下原则：

（1）职业性与学科性相结合。《目录》以产业或行业为主要依据，兼顾学科性质，对高职专业进行专业大类的划分。

（2）稳定性与灵活性相结合。《目录》中专业大类与专业类相对稳定，专业名称具有相对灵活性。学校和各地教育行政部门在设置专业和审核备案时可参考使用，学校可在相关的专业类中增设目录外的专业，也可依据专业目录中的专业名称，以（）

的形式标出专业方向或本校该专业内涵的特色。

（3）普遍性与多样性相结合。除此目录外，各省市还可以采用具有地方特色的补充目录。而且《目录》中同一名称的专业，不同地区、不同院校可以有不同的外延和内涵，提倡有不同的侧重与特点，来设置具有本校特色的课程和实习实训环节。

（4）适应性与针对性相结合。专业设置实行“宽窄并存”，该宽则宽，该窄则窄，宽窄适度。

《目录》是进一步完善高等职业教育体系的重要基础性工作，与本科目录相比”除“哲学”“ 历史学”和“理学”三个十分强调知识体系的学科，其他均有涉及，这也为下一步考虑设立高职高专教育学位提供了有力参考。《目录》的三级架构为高职高专教育专业建设与改革提供了一个三维坐标，在保证必要规范性的同时，给予广大高等院校广阔的创新空间。《目录》为进行质量监控提供了基本依据，同时为广大院校广泛开展国内外交流与合作提供了指南。

3. 高职高专教育指导性专业目录的指导作用

自1998年以来，中国高职高专教育发展迅速，至2003年底，在校生已达到480万人，占普通高等教育在校生总人数的一半左右，而且基本形成了每个地市都有一所高等职业院校的布局。为引导高职高专教育持续健康发展，扩大高等学校办学自主权，尽快形成高职高专教育专业管理的科学运行机制，2004年，教育部印发了中国第一个全面系统的《普通高等学校高职高专教育指导性专业目录（试行）》，为了配合该目录的使用，教育部还制定并颁布了《普通高等学校高职高专教育专业设置管理办法（试行）》（下面简称《办法》）。指导性目录和相应的管理办法，直接为广大高等院校紧密结合地方经济和社会发展需求，科学合理地调整和设置专业，以及优化管理方式等方面发挥重要的指导作用。

高职高专教育指导性专业目录和相应的管理办法，有效地解决了当时高职高专专业设置上的三个突出问题：

1）专业名称混乱

2000年进行的全国高职高专教育专业设置调研统计数据表明，全国共设有高职高专专业1 500余种，其中，有的套用本科或中专专业名称；有的名称不同但内涵相似；有的与社会提供的专项培训难以区分。

2）专业内涵不清

2004年以前，由于中国一直未制定系统的专科层次教育的专业目录，高等院校在设置高职高专教育专业时，多数参照了本科专业设置，很多学校把高职高专教育专业办成本科的“压缩型”，高职高专教育人才培养强调技术应用的特征无法体现。

3）管理缺乏针对性

高职高专教育的专业管理方式地方教育行政部门审批色彩浓重，高等学校自主权发挥有限，管理模式影响了高职高专教育专业灵活设置的可行性。在招生、就业统计等方面，高职高专教育只能套用本科专业名称，在一定程度上造成管理缺乏针对性，有关部门也难于向社会提供人才供求状况或引导人才培养方向的有用信息。

《目录》是中国第一次在专科层次颁布全国系统的专业目录，填补了中国缺少高职高专教育专业目录的空白。规范后的高职专业设置强化了与产业、行业、职业的对应关系；提高了信息化程度与宏观调控功能；体现了就业导向作用；构建了公用课程平台；实现了教育资源共享；加强了同行间相互交流；增强了社会对高职教育的了解。《目录》的制定，不仅有利于国家加强对专业设置的宏观指导和管理，也会帮助高职高专院校更好地行使办学自主权，正确引导人才培养模式、教学内容、教学方式的改革，不断提高教育质量。同时，《目录》也将指导学生妥善选择专业，并指导用人部门正确选择、使用人才。

三、基于专业目录调研数据的分析

1. 基于中国普通高等学校高职高专教育专业概览的数据统计

按照子项目的设计方案，基于专业目录的调研数据分为两组，一组数据是比较2005年和2007年中国普通高校高职高专专业设置分布状况；另一组是比较《2005年版专业概览》和《2007年版专业概览》典型高职专业与高职院校相应专业的专业内涵界定的对比数据。在数据收集过程中，发现2005年版和2007年版专业概览中典型高职专业简介基本相同，只是在专业培养目标的表述中有“性”与“型”的一字之差，《2005年版专业概览》中的专业培养目标定位于培养“高级技术应用性专门人才”；《2007年版专业概览》中的专业培养目标定位于培养“高级技术应用型专门人才”。因此，在专业内涵界定对比数据表中只列出了《2007年版专业概览》中调研专业的相关内容。

2005年与2007年中国普通高等学校高职高专教育专业设置对比的详细数据见表7-3（基于专业目录的高职高专专业设置数据统计表）；2007年版典型专业简介与高职院校专业简介对比数据见表7-4（典型高职高专专业内涵界定数据统计表）。

2. 基于中国普通高等学校高职高专教育专业概览的数据分析

依据表7-3的统计数据，以19个专业大类作为统计口径，形成了表7-5所示的2005年与2007年高职高专教育专业设置变化的分析数据。表7-5中“增加栏”中数字表示某专业大类中的新增专业数；“减少栏”中的数字表示某专业大类中所含专业在高等学校中未设置的专业数；（）中的数字分别表示增加或减少的百分比。表7-3～表7-5中的数据反映出如下问题：

1）专业设置管理方式未见实效

专业设置管理中的突出问题表现在对高职院校专业设置数量控制不力，导致多数高职院校专业数量过快增长的问题，在一定程度上影响了高职院校的教学质量。

表7-3和表7-5的数据表明：自2005年以来，目录外专业数量的呈快速增长态势，2007年全国目录外专业有209种，相对《目录》规定的531种专业增长了39%，其中，制造、电子信息、轻纺食品、文化教育、艺术设计传媒、法律等6个专业大类目录外新增专业比例在56%～84%之间；在19个专业大类中，只有3个大类目录外增设专业数量的变动小于20%。目录外专业增长幅度过大的现象，一方面说明了中国经济快速发展促进了高等职业教育的人才需求的变化幅度较大；另一方面，也反映了《目录》和《办法》在专业设置管理上存在不科学、不规范的问题。

围绕专业数量对高职院校办学质量影响的问题，麦可思研究院在《麦可思研究》2011年元旦特刊“特别策划”栏目分析了“高职院校的专业门类数量与就业的相关性”问题，提出了值得思考的观点。分析数据来源于麦可思对长江三角洲地区85所高职院校6.3万名2009届毕业生离校半年后的调查数据，调查样本共覆盖了《目录》的18个高职专业大类，高职专业小类中的217个。相关性分析的主要结论如下：

第一，高职院校开办的专业大类较多，其培养的毕业生在毕业半年后的就业率有所降低。所办专业大类在5个以下的高职院校半年后就业率平均为92.3%；专业大类在5～10个的高职院校为90.4%；而专业大类在10个以上的高职院校为89.4%。

第二，高职院校开办的专业大类数量越多，其培养的毕业生半年后的就业质量就越差。所办专业大类在5个以下的高职院校，其毕业生半年后的平均月收入为2 109元，专业大类在5-10个的高职院校为2035元，而专业大类数量在10个以上的高职院校下降到1 963元；所办专业大类数量在5个以下的高职院校，其毕业生专业对口率为54%，而专业大类数量为5～10个和10个以上的高职院校，分别为53%和52%。

第三，高职院校所办的专业大类数量越多，其培养的毕业生在毕业半年内的工作稳定性越低，或者说初次就业质量较低。专业大类在5个以下的高职院校，其半年内的离职率为41%，而专业大类在5～10个和10个以上的高职院校，其半年内的离职率分别上升到45%和46%。

麦可思的数据分析表明，高职院校开办专业大类数量较多，对其培养的2009届毕业生的就业数量和质量均呈现消极的影响。

2）专业更新机制尚需完善

教育部在《办法》中明确规定："原则上，高等学校可在核定的专业类中自主设置和调整目录内专业，也可依据专业目录中的专业名称以'（）'形式标出专业方向或本校该专业内涵的特色。学校依法自主设置的专业应报所属省级教育行政部门备案。省级教育行政部门指导院校设置和调整高职高专教育专业时，还应注意：根据有关规定制定《目录》外专业设置标准与听证制度，以保证专业设置的科学性和规范性。""对新增设的《目录》外专业，省级教育行政部门应按照目前的代码序列顺序编制相应的专业代码，并在代码后用本省份简称（如'冀'、'鲁'）标出，供本省份使用。教育部将对上报的《目录》外专业进行统筹协调，每两年对《目录》进行一次更新。对于设置较普遍的《目录》外专业，根据举办情况给予正式专业代码并予以公布。"

2005年以来，《目录》外专业审核工作是由教育部委托各专业类的教学指导委员会负责，审核后报教育部统筹协调。审核工作缺乏《办法》中要求的《目录》外专业设置标准与听证制度。因此，在各教学指导委员会之间存在审核标准不一致的问题；教育部统筹协调工作又缺乏专门机构的支撑，最终，导致教育部承诺的两年一次的《目录》更新流于形式，以教育部名义出版的《2005年版专业概览》和《2007年版专业概览》，两部概览发布时间间隔为两年，但是，两部书中并没有反映两年一次的专业更新的印记。《目录》外专业增长过快，影响了专业设置管理的科学性和规范性。

3）"专业简介"滞后于高等职业教育专业教学改革的发展

同样的专业名称，不同地区、不同学校专业培养目标、专业核心课程、就业面向等与"专业概览"中的"专业简介"存在较大差异。在试行《目录》两年后出版的《2007年版专业概览》中，其专业简介的内容没有反映高职院校当年落实教育部《关于全面提高高等职业教育教学质量的若干意见》的教学改革动态。

2006年11月，教育部颁发了《关于全面提高高等职业教育教学质量的若干意见》，要求高等职业教育"要全面贯彻党的教育方针，以服务为宗旨，以就业为导向，走产学结合发展道路，为社会主义现代化建设培养千百万高素质技能型专门人才，为全面建设小康社会、构建社会主义和谐社会作出应有的贡献。"该文件将高职教育人才培养目标的定位于"高素质技能型专门人才"。2006年12月以后，举办高等职业教育的院校都在积极贯彻教育部的《关于全面提高高等职业教育教学质量的若干意见》（教高2006年16号），各高职专业按照文件要求的“高素质技能型专门人才”的目标定位，改革专业人才培养目标内涵及相关的课程设置，积极探索校企合作、工学结合人才培养模式。进入“国家示范性高等职业院校建设计划”的高职院校，专业教学改革的力度更大，与2005年相比，专业设置状态差异更显著。但是，《2007年版专业概览》的专业简介部分，专业培养目标却基本沿用了2005年版的表达，即“高级技术应用型（2005年版为‘性’）专门人才”，与当年教育部倡导的“高素质技能型专门人才”的目标定位不一致。专业简介中关于专业核心课程、就业面向等内容也沿用了2005年版，未作调整、修订。《2007年版专业概览》没有及时适应中国高职高专教育改革的重大变化，专业简介的内容滞后于高职院校专业教学改革实际，在一定程度上失去了对学校专业设置的指导作用。

4）《目录》规定的专业类尚需完善

在2005年第一次高职专业的核定中，分别在52交通运输大类和66文化教育大类中增加了目录外专业：520801交通运营管理和660411听力语言康复技术专业（参见表7-3），但是，在《2005年版专业概览》和《2007年版专业概览》中，均没有明确规定与这两个专业相应的专业类的名称（即《目录》中缺失5208和6604专业类的名称）。

四、研究结论

从2005年与2007年中国普通高等学校高职高专教育专业设置对比的详细数据和《2007年版专业概览》中典型专业简介与高职院校专业简介对比数据调查分析中得出如下结论：

1.《目录》为国家加强高职专业宏观指导与管理奠定了良好基础

《目录》是在综合广大高等职业教育工作者多年实践经验基础上形成的一次理论创新，进一步完善了高职高专教育的理论体系，《中国普通高等学校高职高专教育指导性专业目录（试行）》及其相应的管理办法是中国高等职业教育第一部由政府主管部门颁发的系统、全面的专业目录。2005—2006年，《目录》在全国范围内得到各高等职业教育院校的充分认可，各省市、自治区、直辖市的教育主管部门组织各高职院校深入贯彻落实《目录》，有效地提升了中国高职高专教育专业设置的规范化水平，扭转了当时高职专业名称混乱、专业内涵不清、管理缺乏针对性的局面。

2.《目录》的颁布推动了高职高专教育的健康发展

1）为教育主管部门构建高职专业的专家组织提供了参照依据

《目录》颁布后，教育部以《目录》关于高职高专专业分类框架为依托，在调动部分行业部委积极性的基础上，成立了各专业大类教学指导委员会，很好地发挥了行业专家和相关学者对院校专业教学改革、专业建设的研究、咨询、指导的作用，有针对性地引导高职高专教育专业教学改革等工作的深入开展。“十一五”以来，各专业大类教学指导委员会在专业规范建设、专业教学改革项目研究、精品课程建设、组织专业技能竞赛等多方面，取得了众多成果。

2）为建设高职高专优质资源库提供了规范化基础

精品专业资源建设是高职高专教育优质教育资源的重要组成部分，《目录》的颁布与实施为高职高专教育的专业建设建立了科学、规范的坐标，2006年以后，国家示范性高等职业院校中的重点专业建设成果形成了形式多样的资源库，这些优质资源为全国范围内的相同高职专业提供了有价值的改革经验，优质专业建设资源的辐射作用，促进了高职高专教育专业教学改革整体水平的提升。

3. 高职高专教育的专业设置管理机制需要完善

从前面关于“基于中国普通高等学校高职高专教育专业概览的数据分析”中得出，引发专业数量增长过快的本质原因是专业设置管理机制不健全，省市间，存在新增专业审批标准尺度的不一致的问题，教育部缺乏对新增目录外专业的审核标准与相关听证制度实施程序的统一规定。面临高等教育生源数量逐年下降的形势，教育部、省市教委应及时调整、完善高职专业设置管理机制，建立以教育为基础，行业为指导，教育、劳动、行业三结合的专业审核常设机构，遏止快速增长的专业数量。通过修订《目录》，引导各高职院校提高专业教学质量，提高高职高专毕业生的就业质量。

综上所述，《中国普通高等学校高职高专教育指导性专业目录（试行）》已经出现与教育部颁布的其他高等职业教育文件不匹配的问题，同时，也存在不适应高职院校专业设置需求的问题，建议教育部适时启动修订目录工作，总结《目录》和《办法》试行六年来的经验、问题，构建能够促进中国高等职业教育健康发展的专业管理机制。表7-3列出了基于专业目录的高职高专专业设置数据统计，表7-4列出了典型高职高专专业内涵界定数据统计，表7-5所示为高职高专专业设置数据变化分析表。

表7-3 基于专业目录的高职高专专业设置数据统计表

专业代码	专业类	目录设计专业数量	2005年高职高专专业实际分布			2007年高职高专专业实际分布		
			核定专业总数	增减数	增减专业明细	核定专业总数	增减数	增减专业明细
51	农林牧渔大类							
5101	农业技术类	11	14	增加3	510112茶艺 510114绿色食品生产与检测 510130药用植物栽培加工	15	增加4	510112茶艺 510113绿色食品生产与经营 510114绿色食品生产与检测 510131食药用菌
5102	林业技术类	10	11	减少3 增加4	510205野生动物保护 510208林产化工技术 510210森林采运工程无设置; 510211商品花卉 510213城市园林 林产工业 园林花卉技术	11	减少1 增加2	510210森林采运工程无设置; 510211商品花卉 510213城市园林
5103	畜牧兽医类	8	12	增加4	510310动物医学 510350蚕桑技术 510351动物科学与技术 动物科学	14	增加6	510310动物医学 510315实验动物养殖 510320宠物养护与疫病防治 510323宠物医学 510350蚕桑技术 510351动物科学与技术
5104	水产养殖类	4	4	0		5	减少1 增加2	510403海洋捕捞技术无设置; 510405城市渔业 510406水族科学与技术

续表

专业代码	专业类	目录设计专业数量	2005年高职高专专业实际分布			2007年高职高专专业实际分布		
			核定专业总数	增减数	增减专业明细	核定专业总数	增减数	增减专业明细
5105	农林管理类	5	9	增加4	510506农业技术与管理 510551都市林业资源与林政管理 农业信息管理 农业管理	8	减少1 增加4	510503乡镇企业管理无设置； 510506农业技术与管理 510507林业信息工程与管理 510551都市林业资源与林政管理 510599农村行政与经济管理
52	交通运输大类							
5201	公路运输类	10	17	增加7	520112公路机械化施工技术 520113公路工程管理 520114公路工程造价管理 运输动力机械管理 城市轨道交通技术 船舶舾装 海洋船舶驾驶	13	增加3	520111工程机械技术服务与营销 520112公路机械化施工技术 520113公路工程管理
5202	铁道运输类	8	7	减少1	520201高速铁道技术无设置	10	减少1 增加3	520201高速铁道技术无设置； 520210高速动车组检修技术 520211高速动车组驾驶 520212高速铁路工程及维护技术
5203	城市轨道运输类	4	4	0		4	0	
5204	水上运输类	8	7	减少1	520408航道工程技术无设置	7	减少1	520408航道工程技术无设置

续表

专业代码	专业类	目录设计专业数量	2005年高职高专专业实际分布			2007年高职高专专业实际分布		
			核定专业总数	增减数	增减专业明细	核定专业总数	增减数	增减专业明细
5205	民航运输类	13	10	减少5 增加2	520502飞行技术 520508民航特种车辆维修 520509航空通信技术 520510空中交通管理 520512航空油料管理与应用无设置； 520520航空发动机装配与试车 航空机务	14	减少2 增加3	520502飞行技术 520512航空油料管理与应用无设置； 520516K飞机维修 520520航空发动机装配与试车 520521民航空中安全保卫
5206	港口运输类	5	8	增加3	520606港口与航运管理 港口机械应用技术 外轮理货与港口业务	8	增加3	520606港口与航运管理 520607港口机械应用技术 520608港口物流管理
5207	管道运输类	3	1	减少2	520702管道工程施工 520703管道运输管理无设置	2	减少1	520703管道运输管理无设置
			1	增加1	520801交通运营管理	1	增加1	520801交通运营管理
53	生化与药品大类							
5301	生物技术类	4	7	增加3	生物工程 生物科学 生物技术	4	0	

续表

专业代码	专业类	目录设计专业数量	2005年高职高专专业实际分布			2007年高职高专专业实际分布		
			核定专业总数	增减数	增减专业明细	核定专业总数	增减数	增减专业明细
5302	化工技术类	9	20	增加11	530211化工设备与机械 530221花炮生产与管理方向 化工工艺 化工过程装备技术 化工过程检测与控制 应用化学 材料化学 精细化工技术 化学工程 化工工艺及设备 珠宝技术与工艺	13	增加4	530211化工设备与机械 530221S花炮生产与管理 530222S火工工艺技术 530223S烟花爆竹安全与质量技术
5303	制药技术类	6	6	0		6	0	
5304	食品药品管理类	4	4	0		5	增加1	530406技术监督与商检
54	资源开发与测绘大类							
5401	资源勘查类	10	6	减少4	540105水文地质与勘查技术 540106金属矿产地质与勘查技术 540107铀矿地质与勘查技术 540108非金属矿产地质与勘查技术 无设置	8	减少4 增加2	540104油气地质与勘查技术 540106金属矿产地质与勘查技术 540107铀矿地质与勘查技术 540108非金属矿产地质与勘查技术 无设置； 540111宝玉石鉴定与营销 540113珠宝鉴定与营销

续表

专业代码	专业类	目录设计专业数量	2005年高职高专专业实际分布			2007年高职高专专业实际分布		
			核定专业总数	增减数	增减专业明细	核定专业总数	增减数	增减专业明细
5402	地质工程与技术类	7	8	减少1 增加2	540207地球化学勘查技术无设置； 540208地质灾害与防治技术 540251岩土工程技术	11	减少1 增加5	540207地球化学勘查技术无设置； 540208地质灾害与防治技术 540209环境地质工程技术 540210K工程地震与工程勘察 540219地质信息技术 540251岩土工程技术
5403	矿业工程类	9	8	减少2 增加1	540304固体矿床露天开采技术 540305沙矿床开采技术无设置； 540310冶金工艺与设备	9	减少2 增加2	540304固体矿床露天开采技术 540305沙矿床开采技术无设置； 540310冶金工艺与设备 540311S矿山安全技术与监察
5404	石油与天然气类	6	9	增加3	540407石油工程技术 540411宝玉石鉴定与营销 煤炭深加工技术	7	减少1 增加2	540404油气藏分析技术无设置； 540407石油工程技术 540408瓦斯综合利用技术
5405	矿物加工类	6	4	减少2	540502选矿技术 540506选矿机电技术无设置	5	减少1	540506选矿机电技术无设置
5406	测绘类	7	8	减少1 增加2	540603摄影测量与遥感技术无设置； 540608测绘与地理信息技术 540609测绘工程技术	10	增加3	540608测绘与地理信息技术 540609测绘工程技术 540610测绘与地质工程技术

续表

专业代码	专业类	目录设计专业数量	2005年高职高专专业实际分布			2007年高职高专专业实际分布		
			核定专业总数	增减数	增减专业明细	核定专业总数	增减数	增减专业明细
55	材料与能源大类							
5501	材料类	6	9	增加3	550107无机金属材料工程技术 550108建筑材料工程技术 550109磨料磨具制造	9	增加3	550107无机金属材料工程技术 550109磨料磨具制造 550119首饰设计与工艺
5502	能源类	4	5	增加1	550205制冷与空调技术	7	增加3	550205制冷与空调技术 550206工业热工控制技术 550209节能工程技术
5503	电力技术类	11	10	减少2 增加1	550307电网监控技术 550310农村电气化技术无设置； 550312输变电工程技术	11	减少1 增加1	550310农村电气化技术无设置； 550314电力客户服务与管理
56	土建大类							
5601	建筑设计类	6	6	0		6	0	
5602	城镇规划与管理类	2	6	增加4	560203城镇建设 土地管理与城镇规划 建筑施工技术 交通土建工程实验与测试	3	增加1	560203城镇建设
5603	土建施工类	3	3	0		4	增加1	560304土木工程检测技术

续表

专业代码	专业类	目录设计专业数量	2005年高职高专专业实际分布			2007年高职高专专业实际分布		
			核定专业总数	增减数	增减专业明细	核定专业总数	增减数	增减专业明细
5604	建筑设备类	4	8	增加4	560405工业设备安装工程技术 560411机电安装工程 工业设备安装 智能化楼宇及设备管理	5	增加1	560405工业设备安装工程技术
5605	工程管理类	4	8	增加4	560505电力工程管理 施工技术与管理 土木工程施工与管理 工程项目管理	6	增加2	560505电力工程管理 560507建筑工程项目管理
5606	市政工程类	5	11	增加6	560606建筑水电技术 市政工程施工与管理 给水与排水 给水排水技术 房地产经营与管理 物业经营管理	5	0	
5607	房地产类	3	3	0		3	0	
57	水利大类							
5701	水文与水资源类	4	3	减少1	570102水文自动化测报技术无设置	3	减少1	570102水文自动化测报技术无设置
5702	水利工程与管理类	10	11	减少1 增加2	570206河务工程与管理无设置； 570212水利工程造价管理 570211农业水利技术	9	减少2 增加1	570206河务工程与管理 570210水利工程监理无设置； 570213水利工程实验与检测技术

续表

专业代码	专业类	目录设计专业数量	2005年高职高专专业实际分布			2007年高职高专专业实际分布		
			核定专业总数	增减数	增减专业明细	核定专业总数	增减数	增减专业明细
5703	水利水电设备类	3	3	0		2	减少1	570303机电排灌设备与管理无设置
5704	水土保持与水环境类	2	2	0		1	减少1	570402水环境监测与分析
58	制造大类							
5801	机械设计制造类	12	28	增加16	580114激光加工技术 580115飞行器制造工艺 580116钢结构建造技术 580117家具设计与制造 580119机械质量管理与检测技术 580120内燃机制造与维修 580150电线电缆制造技术 580151锁具设计与工艺 机械电子工程 机械制造工艺与设备 精密医疗器械 医疗器械监测技术 农业机械化及其自动化 铸造技术 数控技术应用 工业设计技术	28	增加16	580113光电制造技术 580114激光加工技术 580115飞行器制造工艺 580116钢结构建造技术 580117家具设计与制造 580119机械质量管理与检测技术 580120内燃机制造与维修 580121药剂设备制造与维护 580122服装机械及其自动化 580123武器制造技术 580124机械制造工艺及设备 580125机械制造生产管理 580126特种加工技术 580150电线电缆制造技术 580151锁具设计与工艺 580153乐器制造技术

续表

专业代码	专业类	目录设计专业数量	2005年高职高专专业实际分布			2007年高职高专专业实际分布		
			核定专业总数	增减数	增减专业明细	核定专业总数	增减数	增减专业明细
5802	自动化类	9	21	增加12	580210包装自动化技术 电气工程 工业网络 机电技术应用 电气技术 自动化技术 自动化 热工过程自动化技术 电气工程及其自动化 工业电气自动化 机电一体化 工业网络控制	10	增加1	580210包装自动化技术
5803	机电设备类	5	11	增加6	580306医疗电子工程 580311冶金设备应用与维护 580312电气设备应用与维护 药剂设备 医学影像设备 医用电子仪器	10	增加5	580306医疗电子工程 580308医用治疗设备应用技术 580311冶金设备应用与维护 580312电气设备应用与维护 580313物流工程技术
5804	汽车类	6	10	增加4	580408摩托车制造与维修 580407汽车运用与维修 汽车运输与维修 车辆保险与理赔	10	增加4	580407汽车运用与维修 580408S摩托车制造与维修 580409汽车营销与维修 580410农业机械应用技术

续表

专业代码	专业类	目录设计专业数量	2005年高职高专专业实际分布			2007年高职高专专业实际分布		
			核定专业总数	增减数	增减专业明细	核定专业总数	增减数	增减专业明细
59	电子信息大类							
5901	计算机类	10	33	增加23	590111计算机网络与安全管理 590113游戏软件 590116软件开发与项目管理 590117广告媒体开发 Web应用程序设计 网络与多媒体技术 游戏软件艺术设计 信息管理与信息系统 网站设计与维护 计算机科学与技术 计算机美术设计 计算机软件技术 多媒体制作 多媒体与网络技术 计算机信息技术 网络构建技术 数据库管理 可视化程序设计 软件测试 移动设备应用开发 计算机办公应用 网络系统安全 计算机游戏开发	18	增加8	590112网站规划与开发技术 590113游戏软件 590115K航空计算机技术与应用 590116软件开发与项目管理 590118三维动画设计 590119计算机音乐制作 590120软件测试技术 590121嵌入式技术与应用

续表

专业代码	专业类	目录设计专业数量	2005年高职高专专业实际分布			2007年高职高专专业实际分布		
			核定专业总数	增减数	增减专业明细	核定专业总数	增减数	增减专业明细
5902	电子信息类	13	30	增加17	590214光电子技术 590215智能产品开发 590216信息技术应用 590217音响工程 590219电子产品质量检测 590220飞行器电子装配技术 590223无损检测技术 590224电子信息技术及产品营销 590225电子表面组装技术 嵌入式系统应用开发 智能电子技术 数字媒体技术 信息与计算科学 信息管理与信息系统 精密电子电路技术 信息安全 电子与信息技术	23	减少1 增加11	590213有线电视工程技术无设置； 590214光电子技术 590216信息技术应用 590217音响工程 590218电光源技术 590219电子产品质量检测 590220飞行器电子装配技术 590222数字媒体技术 590223无损检测技术 590225电子表面组装技术 590226嵌入式系统工程 590227电子电路设计与工艺
5903	通信类	6	8	减少1 增加3	590304程控交换技术无设置； 590309光纤通信 590350通讯工程设计与管理 通信技术与运营管理	8	减少1 增加3	590304程控交换技术无设置； 590308通信线路 590309光纤通信 590350通讯工程设计与管理

续表

专业代码	专业类	目录设计专业数量	2005年高职高专专业实际分布			2007年高职高专专业实际分布		
			核定专业总数	增减数	增减专业明细	核定专业总数	增减数	增减专业明细
60	环保、气象与安全大类							
6001	环保类	8	15	增加7	600109环境工程技术 环境保护与检测 环境规划与管理 环境工程 生态信息工程与管理 农业资源与环境 环境监测与治理	9	增加1	600109环境工程技术
6002	气象类	4	4	0		4	0	
6003	安全类	3	3	0		4	增加1	600304安全保卫
61	轻纺食品大类							
6101	轻化工类	5	4	减少2 增加1	610104香料香精工艺 610105表面精饰工艺无设置; 610151皮革制品设计与工艺	4	减少2 增加1	610104香料香精工艺 610105表面精饰工艺无设置; 610151皮革制品设计与工艺
6102	纺织服装类	8	12	减少1 增加5	610203丝绸技术无设置; 610209纺织品设计 610210服装工艺技术 610211服装设计与加工 610214服用材料设计与应用 610251鞋类设计与工艺	14	减少1 增加7	610203丝绸技术无设置; 610209纺织品设计 610210服装工艺技术 610211服装设计与加工 610212服装制版与工艺 610214服用材料设计与应用 610215服装营销与管理 610251鞋类设计与工艺

续表

专业代码	专业类	目录设计专业数量	2005年高职高专专业实际分布			2007年高职高专专业实际分布		
			核定专业总数	增减数	增减专业明细	核定专业总数	增减数	增减专业明细
6103	食品类	7	16	增加9	610308食品卫生检验 610312食品检测及管理 610313酿酒技术 610315乳品工艺 610316发酵技术 610317食品工艺与检测 610314粮食储藏与检测技术 610318营养与食品卫生 油脂工程	15	增加8	610308食品卫生检验 610312食品检测及管理 610313酿酒技术 610314粮油储藏与检测技术 610315乳品工艺 610317食品工艺与检测 610318营养与食品卫生 610321畜产品加工与检测
6104	包装印刷类	5	11	增加6	610408电子出版技术 610409版面编辑与校对 610410出版信息管理 610411出版与电脑编辑技术 编辑出版学 出版商务	10	增加5	610408电子出版技术 610409版面编辑与校对 610410出版信息管理 610411出版与电脑编辑技术 610412丝网工艺
62	财经大类							

续表

专业代码	专业类	目录设计专业数量	2005年高职高专专业实际分布			2007年高职高专专业实际分布		
			核定专业总数	增减数	增减专业明细	核定专业总数	增减数	增减专业明细
6201	财政金融类	12	22	增加10	620121机动车辆保险实务 投资经济管理 金融 财政与税收 企业税务会计 统计学 经济代理 现代物流技术 国际货运代理 东南亚贸易	16	增加4	620113产权交易与实务 620114信用管理 620115农村合作金融 620121机动车辆保险实务
6202	财务会计类	8	8	0		8	0	
6203	经济贸易类	6	6	0		6	0	
6204	市场营销类	5	7	增加2	620406广告经营与管理 汽车商务	6	增加1	620406广告经营与管理
6205	工商管理类	5	10	增加5	620551项目管理 工商管理 采购与供应链管理 生产运作与质量管理 文化市场经营与管理	8	增加3	620509招商管理 620510采购供应管理 620551项目管理
63	医药卫生大类							

续表

专业代码	专业类	目录设计专业数量	2005年高职高专专业实际分布			2007年高职高专专业实际分布		
			核定专业总数	增减数	增减专业明细	核定专业总数	增减数	增减专业明细
6301	临床医学类	9	8	减少1	630104蒙医学无设置	7	减少2	630104蒙医学 630105藏医学无设置
6302	护理类	2	2	0		2	0	
6303	药学类	2	6	增加4	630303维药学 麻醉学 预防医学 护理学	5	增加3	630303S维药学 630304中药鉴定与质量检测技术 630305现代中药技术
6304	医学技术类	10	16	减少1 增加7	630409呼吸治疗技术无设置; 630411医疗仪器维修技术 口腔工艺技术 口腔卫生 中医营养 临床工程技术 妇幼卫生	13	减少1 增加4	630409呼吸治疗技术无设置 630411医疗仪器维修技术 630413实验动物技术 630415康复工程技术 630416临床工程技术
6305	卫生管理类	4	4	0		4	0	
64	旅游大类							
6401	旅游管理类	6	13	增加7	640107会展策划与管理 640151旅游服务与管理 东南亚经贸旅游 旅游策划 风景区建设与管理 饭店管理 烹饪工艺	9	增加3	640107会展策划与管理 640108历史文化旅游 640161休闲服务与管理

续表

专业代码	专业类	目录设计专业数量	2005年高职高专专业实际分布			2007年高职高专专业实际分布		
			核定专业总数	增减数	增减专业明细	核定专业总数	增减数	增减专业明细
6402	餐饮管理与服务类	2	2	0		3	增加1	640221S西餐工艺
65	公共事业大类							
6501	公共事业类	8	11	增加3	650110体育场馆管理 文化事业管理 社区管理	10	增加2	650109妇女工作与管理 650110体育场馆管理
6502	公共管理类	8	12	增加4	650209电子政务 650251国际质量管理体系认证 公共行政管理 社会保障事务	11	增加3	650209电子政务 650210社会救助 650251国际质量管理体系认证
6503	公共服务类	8	7	减少1	650306职业中介服务无设置	8	0	
66	文化教育大类							
6601	语言文化类	16	27	增加11	660119应用西班牙语 660120应用阿拉伯语 660130应用越南语 660131应用泰国语 660132应用缅甸语 导游英语	27	增加11	660119应用西班牙语 660120应用阿拉伯语 660122应用意大利语 660130应用越南语 660131应用泰国语 660132应用缅甸语

续表

专业代码	专业类	目录设计专业数量	2005年高职高专专业实际分布			2007年高职高专专业实际分布		
			核定专业总数	增减数	增减专业明细	核定专业总数	增减数	增减专业明细
					意大利语 文秘与办公自动化 商务越南语 彝汉双语 秘书			660133应用柬埔寨语 660134应用老挝语 660135中国少数民族语言文化 660136书法教育 660137茶文化
6602	教育类	18	50	增加32	660219综合文科教育 660220综合理科教育 660221计算机教育 660222应用心理学 660224中国少数民族语言文化 660225书法教育 660240武术 660241民族传统体育 660243科学教育 660244茶文化 物理学 应用物理学 音乐学 美术学 现代信息技术教育 朝鲜语言文学教育 蒙古语言文学教育	26	增加8	660219综合文科教育 660220综合理科教育 660221计算机教育 660222应用心理学 660227舞蹈教育 660230心理咨询与心理健康教育 660242艺术教育 660243科学教育

续表

专业代码	专业类	目录设计专业数量	2005年高职高专专业实际分布			2007年高职高专专业实际分布		
			核定专业总数	增减数	增减专业明细	核定专业总数	增减数	增减专业明细
					应用数学 数学与应用数学 政史教育 小学教育 政治与法律教育 生化教育 历史学 新闻学 地理科学 心理学教育 军事体育 体育产业经营与管理 高尔夫球运动 体育健身与休闲 高尔夫球技术与管理			
6603	体育类	5	5			6	增加1	660308武术
6604			1	增加1	660411听力语言康复技术	2	增加2	660411听力语言康复技术 660412音乐康复技术
67	艺术设计传媒大类							

续表

专业代码	专业类	目录设计专业数量	2005年高职高专专业实际分布			2007年高职高专专业实际分布		
			核定专业总数	增减数	增减专业明细	核定专业总数	增减数	增减专业明细
6701	艺术设计类	13	29	增加16	670114应用艺术设计 670116广告与会展 670118美术 雕刻艺术设计 珠宝首饰设计与制作 广告艺术设计 广告学 公共艺术设计 广告装潢与电脑美术设计 壁画 网页设计 动画设计 平面艺术设计 游戏程序艺术设计 动漫艺术设计 园林景观设计	21	增加8	670114应用艺术设计 670115陶瓷艺术设计 670116广告与会展 670118美术 670119舞台艺术设计 670121钟表设计 670123首饰设计 670124皮具设计
6702	表演艺术类	7	14	增加7	670210乐器维修技术 670211钢琴调律 舞蹈学 旅游艺术表演与策划 配音 曲艺表演 时装表演与策划	11	增加4	670208模特与礼仪 670211钢琴调律 670213乐器维护服务 670214钢琴伴奏

续表

专业代码	专业类	目录设计专业数量	2005年高职高专专业实际分布			2007年高职高专专业实际分布		
			核定专业总数	增减数	增减专业明细	核定专业总数	增减数	增减专业明细
6703	广播影视类	10	20	增加10	670311新闻与传播 670312信息传播与策划 670313传媒策划与管理 广告与广告管理 广播电视新闻学 影视艺术与动漫画 动画 现代传播 录音艺术 媒体传播与策划	19	增加9	670311新闻与传播 670312信息传播与策划 670313传媒策划与管理 670315影视灯光艺术 670318数字传媒艺术 670330电视摄像 670331摄影 670332作曲技术 670334录音技术与艺术
68	公安大类							
6801	公安管理类	14	22	减少1 增加9	680112边防检查无设置； 国防经济管理 保卫与文秘 特种安全保卫 特警 监狱管理 侦察 法学 律师事务 法律事务类	12	减少2	680104警卫 680112边防检查无设置

续表

专业代码	专业类	目录设计专业数量	2005年高职高专专业实际分布			2007年高职高专专业实际分布		
			核定专业总数	增减数	增减专业明细	核定专业总数	增减数	增减专业明细
6802	公安指挥类	7	3	减少4	680202边防指挥 680205消防指挥 680206参谋业务 680207抢险救援无设置	3	减少4	680202边防指挥 680205消防指挥 680206参谋业务 680207抢险救援无设置
6803	公安技术类	5	4	减少1	680302警犬技术无设置	3	减少2	680304船艇技术 680305边防机要无设置
6804	部队基础工作类	3	1	减少2	680401部队政治工作 680402部队财务会计无设置	1	减少2	680401部队政治工作 680402部队财务会计无设置
69	法律大类							
6901	法律实务类	5	5	0		8	增加3	690106K海关国际法律条约与公约 690107K检查事务 690108K经济法律事务
6902	法律执行类	3	3	0		5	增加2	690204K监狱管理 690205K劳教管理
6903	司法技术类	5	8	增加3	690306应用法制心理技术 690307罪犯心理测量与矫正技术 690309毒品犯罪矫治	8	增加3	690307K罪犯心理测量与矫正技术 690308K司法会计 690309K涉毒人员矫治
	总计	531	791			699		
			253		双专科专业			

表7-4 典型高职高专专业内涵界定数据统计表

专业简介来源	专业	专业培养目标	专业核心课程	就业面向
专业概览（2007年版）	计算机应用技术（590101）	培养掌握计算机软件设计和开发、硬件接口的设计与编程，计算机硬件的安装、配置、管理和运行操作技术的高级技术应用型专门人才	微机原理与应用、数据库原理与应用、数据结构、VB程序设计、Java程序设计、网络操作系统、Web技术、计算机网络基础、网络应用软件、计算机接口技术、数据库综合应用实训、计算机网络集成实训	在地方政府、企事业单位，从事计算机应用软件研发、系统管理、技术维护和运行等技术或管理工作
深圳职业技术学院（首批国家级高职示范校）	计算机应用技术	与ARM、Intel、微软合作，培养生产和服务一线所需的，具备计算机硬件技术能力、低层软件技术能力、嵌入式计算机系统应用能力以及良好的工程技术能力的高技能应用型专业人才	Intel结构32位计算机技术、计算机接口技术、USB系统体系、PC汇编编程技术及调试、嵌入式系统技术、Windows CE嵌入式系统、DSP嵌入式系统技术、嵌入式编程	嵌入式应用开发工程师、初级程序员、嵌入式电子产品生产技术员、单片机开发助理工程师、计算机系统及外设板卡调试工、维护工、检测工、硬件助理工程师、网站网页设计程序员等
天津职业大学（2006年国家级示范性高等职业院校建设单位）	计算机应用技术（示范校中央重点建设专业）	主要培养具有扎实的嵌入式技术理论与实践基础、熟练的嵌入式产品软件开发、嵌入式产品测试、嵌入式产品销售及技术服务技能，灵活应用IT英语及跟踪嵌入式技术发展能力的高素质技能型人才	C语言与数据结构、Java程序设计与数据库、模/数电路基础、嵌入式单片机技术与应用、嵌入式操作系统、ARM系统结构与应用、Linux操作系统下C语言程序设计、嵌入式软件开发技术与C/C++编程实践、嵌入式GUI应用开发训练、基于ARM的嵌入式Linux下C应用程序开发训练、嵌入式产品测试训练、技术支持与服务项目训练	可在电子信息产品行业，特别是消费电子、电子安防产品，以及工业自动控制等领域，从事嵌入式技术产品的软硬件系统开发、生产、安装、调测、销售、维护及技术支持等工作

续表

专业简介来源	专业	专业培养目标	专业核心课程	就业面向
专业概览（2007年版）	计算机网络技术（590102）	培养掌握计算机网络基本理论和基本技能，具有计算机网络硬件组网与调试，网络系统安装与维护，以及网络编程能力的高级技术应用型专门人才	组网技术与网络管理、网络操作系统、网络数据库、网页制作、计算机网络与应用、网络通信技术、网络应用软件、Java编程基础、服务器配置与调试、网络硬件的配置与调试、计算机网络软件实训	在地方政府、企事业单位，从事计算机网络操作管理与维护，计算机网络软件编制、网络软硬件产品的销售与服务等工作
深圳职业技术学院（首批国家级高职示范校）	计算机网络技术（国家首批高职示范专业）	与Cisco、H3C等企业合作，培养既具有良好的综合素质，又掌握网络的先进技术知识，更具有很强的网络建设、网络维护管理和网络应用开发等实际操作能力的高技能应用型专业人才	Windows Server网络管理、网页制作、服务器管理、局域网技术、网络安全技术、网络互联技术、网络工程、网络操作系统、信息工程管理、网络管理与维护、网络编程技术等	网络系统设计与施工、网络工程监理、网络安全防范、网络管理与维护、网络应用软件的开发与维护、软件产品测试的工程师和技术员，以及网络设备销售与技术支持人员等
重庆工程职业技术学院（2007年国家级示范性高等职业院校建设单位）	计算机网络技术（国家示范建设重点专业）	面向IT行业和煤炭行业，针对计算机网络、煤矿安全、产量监控网络，培养掌握计算机网络基本理论与技术，具有较强“建网”、“管网”及“用网”能力，	在第一学期修完计算机操作系统应用、C程序设计、Office高级应用三门专业基础课后，从以下三个方向任选其一进行专业学习。 （1）网络工程：计算机网络基础应用、计算机组装与维护、计算机网络组建、笔记本电脑维修、Linux服务器配置与管理、网络综合布线、数据库管理、网络设备安装与调试、矿井生产与安全、数据安全防护、局域网络管理与维护、煤矿监控网络系统安装与维护	本专业主要面向IT行业和煤炭行业信息网络建设、应用、管理、开发等岗位，从事信息网络设计与网络工程建设的基础性工作；网站建设和网络应用软件开发中程序编制、

续表

专业简介来源	专业	专业培养目标	专业核心课程	就业面向
重庆工程职业技术学院（2007年国家级示范性高等职业院校建设单位）	计算机网络技术（国家示范建设重点专业）	能从事计算机网络与煤矿监控网络规划、组建、应用、管理与维护等工作，能迅速跟踪计算机新技术发展的德、智、体、美等方面全面发展的高素质技能型人才	（2）软件开发：程序基础应用、数据结构实现、ASP.NET初级应用开发、数据库应用开发、计算机组装与维护、软件工程实施、ASP.NET高级应用开发、软件UI界面设计、Java程序设计、3G终端软件开发、工控程序设计、计算机网络组建、软件团队开发、软件测试 （3）平面设计：平面设计理念应用、电脑美术构成应用、电脑美术平面设计、互联网基础应用开发、计算机组装与维护、网页设计、广告设计、CAD施工图绘制、3D效果图和动画设计、计算机网络组建、网页动画设计、广告材料工艺应用	程序测试工作；网络建设、开发、管理工作；基于B/S模式下的软件的开发工作；数字化安全监控网络系统的安装、维护、管理工作；广告设计、平面设计、网页设计等工作
专业概览（2007年版）	软件技术590108	培养掌握数据库的应用技术，具备计算机软件编程、测试、系统支持等方面技能的高级技术应用型专门人才	汇编语言、软件工程与项目管理、计算机网络与应用、数据库原理与应用、数据结构、实用操作系统技术、多媒体制作技术、软件测试技术、网页制作技术、Java程序设计、C语言程序设计、汇编语言程序设计实训、数据库应用程序设计实训、软件测试技术实训	在企事业单位从事计算机软件开发、编程及计算机系统维护等工作
深圳职业技术学院（首批国家级高职示范校）	软件技术（广东省示范性专业）	培养掌握软件项目开发方法和实践技能，掌握网络游戏与手机游戏开发技术，电子商务网站系统开发、管理与维护技术，软件测试技术，具有团队协作能力的高技能应用型专业人才	面向对象程序设计、大型数据库、Windows程序设计、网页制作、图像制作与处理、动态Web技术、游戏开发技术、移动应用开发技术、中间件技术、软件测试技术及测试工具、面向对象程序设计实训、综合应用开发项目实训	网络游戏与手机游戏程序员，Web程序员、网页编辑师、网站设计师、移动开发程序员、桌面应用程序开发员、电子商务系统的开发、管理与维护，网站管理员、软件测试工程师、技术文档管理员、售前售后工作师

续表

专业简介来源	专业	专业培养目标	专业核心课程	就业面向
大连职业技术学院（2007年国家级示范性高等职业院校建设单位）	软件技术	本专业培养适应地区经济发展需要，德、智、体、美全面发展，具有良好职业道德修养和创新精神，掌握软件开发的基本工作过程及规范，具备程序代码编写、数据库应用开发、软件项目测试、文档编写等技能的高级应用型人才	VB程序设计、基于.NET的项目开发、Web网站开发、Java面向对象高级编程、数据库构建与管理、Oracle开发与管理、软件开发与质量管理、软件测试、数据结构、软件项目开发综合训练	毕业生可从事软件开发、软件系统管理与服务、软件测试等工作。就业部门涉及领域众多：政府、教育、金融机构及软件开发与测试公司、软件服务与咨询公司等
专业概览（2007年版）	应用电子技术（590202）	培养掌握电子仪器测量技术、可编程逻辑控制器应用技术、微电子组装（SMT）技术，具有电子产品生产过程管理、质量检测及设备维护能力的高级技术应用型专门人才	自动测试与检测技术、电子器件与电子线路、信号处理技术、电子组装工艺及设备、电子设计自动化（EDA）、电工电子技术、计算机接口技术、微机控制技术、网络基础、电子组装工艺及设备实训、智能仪器使用实训、电子CAD实训	在各生产制造企业，从事微电子组装工艺、设备维护、电子测量、电子仪器设备维护及生产过程管理等工作
深圳职业技术学院（首批国家级高职示范校）	应用电子技术	本专业面向电子信息及相关行业培养德、智、体全面发展，具有电子与信息技术基本应用能力，能独立承担任务并善于与团队合作，适应于研发、生产及服	电工技术、模拟电子技术、数字电子技术、单片机应用技术、电子线路板设计、Visual Basic编程技术、机械制图与计算机绘图、创新制作、传感器技术、	适合于在LED产品研发、生产企业任职，也适合在工业控制领域就业，职位包括电子开发工程师、电子产品销售工程师、

续表

专业简介来源	专业	专业培养目标	专业核心课程	就业面向
		务第一线需要，适合在LED照明、工业控制领域从事研发或研发辅助、生产管理、设备维护、质量管理、技术支持、市场营销等工作的应用型高技能人才	AVR单片机项目开发、可编程逻辑器件及其应用、新型电源技术、PLC技术、仪器仪表技术、LED照明工程等	项目管理人员、生产管理人员、电子产品售后服务人员、工艺培训人员等
宁波职业技术学院（2006年国家级示范性高等职业院校建设单位）	应用电子技术（示范校中央重点建设专业）	培养学生能从事电子信息类行业中电子产品生产、质量管理及产品设计，从事通信线路施工、通信设备维护、通信产品销售和制造等工作。培养企业欢迎的、具有良好的合作精神、实践能力强、职业道德好、可持续发展与适应能力的高素质技能型专门人才	计算机应用技术，电路分析和安装，模拟电子技术与实践、数字电子技术与实践，电子产品分析与制作，单片机产品开发，电子新技术，通信终端设备维护技术，移动通信技术，通信线路设计与施工，光纤通信与程控交换技术，通信产品营销	在电子信息类行业中，从事电子产品生产、质量管理及产品设计；从事通信线路施工、通信设备维护、通信产品销售和制造等工作
专业概览（2007年版）	数控技术(580103)	培养掌握数控原理、数控编程和数控加工等方面的专业知识及操作技能，从事数控程序编制、数控设备的操作、调试、维修和技术管理的高级技术应用型专门人才	机械制图、机械设计基础、数控加工技术、数控加工编程与操作、数控原理与系统、CAD/CAM应用、数控机床使用及维修、数控机床电气控制、工业企业管理、制图测绘、PLC实训、机加工实习、CAM实训、数控机床操作技能实训、专业课程的课程设计、毕业实习（设计）	在工业企业，从事数控程序编制、数控设备的使用、维护与技术管理，数控设备销售与售后服务等工作

续表

专业简介来源	专业	专业培养目标	专业核心课程	就业面向
深圳职业技术学院（首批国家级高职示范校）	数控技术	培养熟悉典型数控系统的功能与接口，了解常用数控机床的结构、性能和工作原理，具有现代数控机床的操作、管理、维护与检修技能，适应现代机械制造业生产、管理一线需要的高等技术应用性专门人才	数控机床接口与PLC应用、数控机床拖动与控制、数控机床与系统、数控机床故障诊断与维修、车铣床加工实训、数控机床操作实训、加工中心加工实训、数控机床装调实训、数控机床维修实训、数控机床梯图编程实训、数控机床维修高级工训练	毕业生可在相关企业从事数控机床的装配、调试、维护、检修；数控机床的编程与加工操作；数控机床的管理和营销等工作
北京工业职业技术学院（2007年国家级示范性高等职业院校建设单位）	数控技术（北京市级重点专业）	培养德、智、体全面发展，具有良好的文化素质、职业道德和创新精神，获得计算机辅助设计、数控加工等专业训练，具备从事数控技术应用所需的知识和岗位技能。熟练掌握数控机床的操作、编程、维护与维修及CAD / CAM一体化技术，能适应生产和管理第一线需要的高素质、高技能人才	机械识图与制图、机械零件设计、电工与电子、数控刀具与工装、数控机床编程操作与加工、数控自动编程、液压气压传动系统安装及调试、数控机床电气控制系统安装与调试、数控机床的安装调试与维修、CAD/CAM技术、数控专业英语	数控机床编程操作、数控加工工艺设计、数控设备的调试维修、CAD/CAM软件应用、数控加工技术管理及数控设备销售与售后服务

续表

专业简介来源	专业	专业培养目标	专业核心课程	就业面向
专业概览（2007年版）	汽车检测与维修技术(580402)	培养具有汽车等各类机动车的检测、运行、维修与技术管理能力的高级技术应用型专门人才	机械制图、工程材料与成型工艺基础、机械设计基础、电工电子基础、汽车结构、汽车制造工艺学、汽车维修、汽车检测技术、汽车电子技术、金工实习、机械设计基础课程设计、汽车制造工艺与装备课程设计、汽车制造与维修综合实训、毕业实习与毕业设计	汽车制造厂、汽车改装厂及汽车维修企业从事汽车等各类机动车的检测、运行、维修等技术与管理工作
北京工业职业技术学院（2007年国家级示范性高等职业院校建设单位）	汽车检测与维修技术（北京市级重点专业）	本专业通过基于工作过程的项目教学，培养学生掌握汽车电控发动机维修，汽车底盘维修，汽车自动变速箱维修技术等汽车核心维修技术，掌握相关的专业技能，达到毕业就能上岗的技术水平并获得相应职业资格证书的高技能应用性技术人才	汽车发动机维修、汽车底盘维修、汽车自动变速箱维修、汽车电子控制系统维修、汽车车身修复、汽车检测与维修技术、汽车维护与保养、汽车维修企业管理、汽车装饰与美容、汽车保险与理赔、旧机动车鉴定与估价、汽车租赁、汽车专业英语	毕业生就业主要面向汽车销售公司、汽车保险公司、汽车零配件公司、旧机动车车经纪公司等，从事汽车销售、汽车保险与理赔、汽车售后服务、汽车配件的销售管理及二手车销售与拍卖等技术工作
大连职业技术学院（2007年国家级示范性高等职业院校建设单位）	汽车检测与维修技术（辽宁省品牌专业）	面向汽车维修及相关行业生产、管理和服务一线，培养懂得汽车专业知识，能够正确运用设备和仪器进行车辆检测和维修，适应经济社会发展与建设需要的德、智、体、美全面发展的，有良好职业道德和创新精神的可持续发展的高技能应用性人才	汽车零部件识图，汽车机械基础，汽车拆装与调整，汽车传动系统检修，汽车行驶，转向和制动系统检修，发动机机械系统检修，汽油发动机电控系统检修，柴油发动机电控系统检修，汽车电气系统检测与修复，自动变速器诊断与修复，汽车维护与保养，汽车车身控制系统诊断与修复，汽车舒适系统诊断与修复，检测设备运用与数据分析，汽车综合故障诊断，汽车专业英语，汽车整车与配件管理，汽车保险与理赔，汽车市场营销	汽车制造企业、汽车4S店、汽车维修企业、汽车销售公司等从事制造装配、检测维修以及技术管理等工作

续表

专业简介来源	专业	专业培养目标	专业核心课程	就业面向
专业概览（2007年版）	会计(620203)	培养具有诚信、敬业的良好职业素质，熟悉国家经济法律法规，系统掌握会计理论与会计实务的高级技术应用型专门人才	经济学基础、会计基础、经济法、税法、财务会计、成本会计、财务管理、管理会计、企业审计、会计电算化、会计制度设计、手工会计分岗综合模拟实训、电算会计综合实训、企业实践、毕业论文	企事业单位和服务机构，从事会计、审计及经济管理工作。
芜湖职业技术学院（首批国家级高职示范校）	会计	本专业培养掌握现代会计基本理论和熟练的会计专业技能，能独立进行财务核算、财务分析和财务管理的高技能人才	经济应用数学、英语、计算技术、会计学原理、公共关系学、财政与金融、特你估计学原理、财经应用写作、市场营销学、管理学原理、国家税收、财务会计、成本会计、财务管理、管理会计、预算会计、会计电算化、经济学等课程	工商企业、行政事业单位、中外合资企业等单位，从事会计、审计、财务管理等工作
大连职业技术学院（2007年国家级示范性高等职业院校建设单位）	会计（涉外）	本专业培养适应地区经济发展需要，德、智、体、美全面发展，具有良好职业道德修养和创新精神，掌握会计核算与会计监督的基本理论，具备会计岗位群所需要的实际操作技能的高级应用型人才	会计实务、出纳实务、纳税实务、会计专业英语、财务软件运用与维护、成本会计、财务管理、会计报表编制与分析、涉外会计、审计实务	本专业毕业生就业面宽，可以胜任商贸企业、工业企业、金融企业、会计师事务所等各类型单位的会计工作，主要就业单位有大商集团、福佳集团、正源地产、神通电器、君安会计师事务所、中国银行、民生银行等企事业单位

续表

专业简介来源	专业	专业培养目标	专业核心课程	就业面向
专业概览（2007年版）	市场营销(620401)	培养掌握市场营销管理理论，具有较强市场营销实践能力，在工商企业或相关行业从事营销业务及管理工作的高级技术应用型专门人才	经济学、管理学、经济法、会计基础知识、消费心理学、市场营销学、市场调查与预测、广告学、推销技术、商务谈判、商务礼仪、市场营销策划、工商企业认识实习、主要专业课程校内实验实训、毕业实习、毕业论文	工商企业或相关行业的市场营销业务与管理岗位
深圳职业技术学院（首批国家级高职示范校）	市场营销(620401)	培养具有良好的综合素质和现代市场营销的理论知识及技能，具有较强的创新能力和营销能力，适应市场营销第一线需要的高技能应用型专业人才	市场营销、市场调查与预测、国际市场营销、营销策划实务、网络营销实务、谈判与推销技术、营销心理学、公共关系、财务管理实务	本专业毕业生能在各类制造企业、服务企业及其市场中介机构从事市场调研、营销策划、产品推销、客户服务、营销管理等工作
大连职业技术学院（2007年国家级示范性高等职业院校建设单位）	市场营销	本专业培养适应地区经济发展需要，德、智、体、美全面发展，具有良好职业道德修养和创新精神，掌握现代市场营销的理论知识与技能，具有市场调研、销售服务与管理和营销策划等能力的高技能型应用人才	市场营销导论、市场调查与预测、产品开发、消费者行为分析、广告策划、促销管理、顾客满意管理、国际贸易实务、公关原理与实务、电子商务、商务谈判等	本专业的毕业生可在各类大中型工商企业中从事市场调查与预测，市场开发与营销管理，以及市场营销策划等工作。本专业近几年的就业去向主要为各类大中型工商企业，具体从事经理助理、业务主管和卖区长、店长等工作

表7-5 高职高专专业设置数据变化分析表

专业代码	专业类	目录设计专业数量	2005年高职高专专业实际分布			2007年高职高专专业实际分布		
			核定专业总数	增加专业数	减少专业数	核定专业总数	增加专业数	减少专业数
51	农林牧渔大类	38	50	15(39%)	3(8%)	53	18(47%)	3(8%)
52	交通运输大类	51	55	13(25%)	9(18%)	59	13(25%)	5(10%)
53	生化与药品大类	23	37	14(61%)	0	28	5(22%)	0
54	资源开发与测绘大类	45	43	8(18%)	10(22%)	50	14(31%)	9(20%)
55	材料与能源大类	21	24	5(24%)	2(10%)	27	7(33%)	1(5%)
56	土建大类	27	45	18(67%)	0	32	5(19%)	0
57	水利大类	19	19	2(11%)	2(11%)	15	1(5%)	5(26%)
58	制造大类	32	70	38(119%)	0	58	26(81%)	0
59	电子信息大类	29	71	43(148%)	1(3%)	49	22(76%)	2(7%)
60	环保、气象与安全大类	15	22	7(47%)	0	17	2(13%)	0
61	轻纺食品大类	25	43	21(84%)	3(12%)	43	21(84%)	3(12%)
62	财经大类	36	53	17(47%)	0	44	8(22%)	0
63	医药卫生大类	27	36	11(41%)	2(7%)	31	7(26%)	3(11%)
64	旅游大类	8	15	7(88%)	0	12	4(50%)	0
65	公共事业大类	24	30	7(29%)	1(4%)	29	5(21%)	0
66	文化教育大类	39	83	44(113%)	0	61	22(56%)	0
67	艺术设计传媒大类	30	63	33(110%)	0	51	21(70%)	0
68	公安大类	29	30	9(31%)	8(28%)	19	0	10(34%)
69	法律大类	13	16	3(23%)	0	21	8(62%)	0
合计		531	805	315(59%)	41(8%)	699	209(39%)	41(8%)

第八章 基于网络调研数据的统计与分析

一、基于网络数据的调研分析的研究方案设计

1. 研究目的

《基于网络调研数据的统计与分析》是“中国高等职业教育课程改革状况调研”项目的子项目报告之一。子项目将通过互联网获取各专业的课程改革信息，将这些信息按照评价标准进行评价。依据评价统计数据，分析我国高等职业教育课程改革状况，为总项目提供基于网络的调研数据。

2. 研究意义

经过十几年的快速发展，中国的高等职业教育已经取得了长足进步，由于中国地域辽阔，整体发展不平衡，高等职业教育在近年的发展也不平衡，特别是高等职业教育课程改革的推进还不尽一致。为此，“中国高等职业教育课程改革状况调研”项目要对中国高等职业教育课程改革的状况进行一个全面的调研，通过从不同维度，选取不同领域的典型案例进行分析研究，以期对中国高等职业教育课程改革的现实状态有一个清楚的了解和把握。为落实《国家中长期教育改革和发展规划纲要（2010—2020年）》，推动新一轮高等职业教育内涵建设、改革发展提供咨询意见，也为中国高等职业教育在课程与教学领域深入开展国际交流与合作提供一份基本材料。

“基于网络数据的调研分析”子项目通过互联网获取高等职业教育课程改革信息，调查分析不同学校不同专业的课程改革状况，可以从专业设置、人才培养目标、人才培养模式和方案、课程改革、教学改革、实践教学条件、校企合作等方面，提出有意义的改革发展建议。

3. 研究方案设计

1）调研任务

本子项目研究任务是利用互联网，进行网络信息收集，将收集到的信息依据总课题组专家制定的评价标准进行评价，了解中国高等职业教育课程改革状况。基于网络

数据的调研分析将按照总课题设定的专业调研对象和调研地区，从专业设置、人才培养目标、人才培养模式和方案、课程改革、教学改革、实践教学条件、校企合作等方面进行调研分析。

2）统计分析任务

根据上述几方面的调研数据，进行以下几方面分析：

分析人才培养目标的定位是否符合高等职业教育的培养要求；分析职业分析对人才培养方案的指导作用；分析人才培养方案制订的科学性；分析课程改革和教学改革的现状；分析实践教学条件能否满足高等职业教育的教学需求；分析产学合作对课程改革的影响。

最后得出高等职业教育课程改革现状的初步结论。

4．研究工作计划

（1）课题组布置子项目调研任务；

（2）按照课题组的分工，研究确定子项目的工作目标、调研任务，形成子项目研究工作的初步设想方案；

（3）课题组集体讨论子项目研究工作的初步设想，进一步明确子项目的研究任务；

（4）按照课题组的要求，修改子项目的设想方案，形成子项目的研究方案初稿；

（5）与总课题负责人讨论子项目的研究方案，确定研究方案；

（6）完成调研数据收集、整理，形成调研文档；

（7）完成统计分析，形成子项目报告初稿；

（8）与总课题负责人讨论报告初稿；

（9）修改报告，形成研究报告。

5．调研数据文档的格式设计

1）专业信息收集要求

各专业的信息将利用互联网收集，将收集到的信息按照统一的格式标准整理成原始数据文档，对信息收集要求详见附件1。

2）网络调研数据评价标准

根据网络调研数据评价标准对各专业的原始数据进行评价。具体评价标准参见附件2。

3）评价数据汇总格式

所有评价数据将按表8-1的格式要求汇总，以便统计分析。

表8-1 评价数据汇总格式

编号	专业名称	专业类别	地区	学校名称	学校类型	人才培养类型	就业领域	职业分析	人才培养方案	课程类型	课程设计	教学方法与考核方法	实训基地	产学合作

二、基于网络的数据收集

1. 确定专业分类

本子项目的调研对象为总课题设定的9个专业。依据《中国普通高等学校高职高专教育专业概览》（简称《专业概览》）这9个专业分布在6个专业类别中（见表8-2）。

表8-2 《专业概览》中的专业与专业类

专业编号	专业名称	专业类	专业大类
590101	计算机应用技术	计算机类	电子信息大类
590102	计算机网络技术		
590108	软件技术		
590202	应用电子技术	电子类	
590208	信息安全		
580103	数控技术	机械制造类	制造大类
580402	汽车检测与维修技术	汽车类	
620401	市场营销	市场营销类	财经大类
620203	会计	财务会计类	

为方便数据收集和统计分析，本子项目将以上9个专业划分为4个专业类别（见表8-3）。

表8-3 本项目中的专业与专业类

专业编号	专业名称	专业类别
590101	计算机应用技术	计算机类
590102	计算机网络技术	
590108	软件技术	

续表

专业编号	专业名称	专业类别
590202	应用电子技术	电子类
590208	信息安全	
580103	数控技术	机械类
580402	汽车检测与维修技术	
620401	市场营销	管理类
620203	会计	

2. 确定学校类型

教育部发布的具有高等学历教育招生资格的普通高等学校大约有2 400所，其中招收全日制高职学生的院校大约有一半。在本项目将这些院校分为高职示范院校，高职骨干院校，非示范、骨干高职院校（独立设置的高职院校），本科大学办高职的院校和民办高职院校五种类型。

2006年教育部、财政部落实《国务院关于大力发展职业教育的决定》精神，启动实施了“国家示范性高等职业院校建设计划”，遴选100所高职院校进行重点建设。这些高职院校在本项目中列为示范校类型。

计划于2006—2010年实施，按年度、分地区分批推进，稳步发展，在全国高等职业院校中树立改革示范。为贯彻落实《国家中长期教育改革和发展规划纲要（2010—2020年）》，根据《教育部财政部关于实施国家示范性高等职业院校建设计划 加快高等职业教育改革与发展的意见》精神，教育部、财政部决定继续推进“国家示范性高等职业院校建设计划”实施工作，扩大国家重点建设院校数量，新增100所左右骨干高职建设院校，加快高等职业教育改革与发展。这些高职院校在本项目中列为骨干校类型。

除了100所国家示范校和100所左右骨干高职建设院校以外，还有近1 000所非示范、骨干院校。这些院校在本项目中被分为三类，本科办高职、民办高职和一般高职。本科办高职界定为既培养本科生也培养高职生的院校，民办高职界定为非国家投资办学的院校，除了以上两类的院校界定为一般高职。

从全国具有招收高职学生的院校中，抽样国家示范校10所，骨干校10所，非示范校20所，本科办高职校10所。具体名单见附件3。

3. 数据来源

1）中国高职高专教育网

在中国高职高专教育网（http://www.tech.net.cn/）上有介绍示范校和骨干校示范校

建设情况的专栏。提供了各学校对示范专业的详细建设方案，对于已经验收的示范校建设单位还有验收方案。通过这些方案获得调研专业的信息。

2）各校校园网

随着教育信息化的不断推进，几乎所有学校都建设了自己的网站。通过这些网站可以了解学院建设的很多信息。从学院招生网或招生专栏中获得招生简章，通过招生简章收集专业信息。从专业介绍和教学系部介绍等专栏中收集专业信息。从课程建设等专栏中收集课程改革和教学改革方面的信息。

3）其他

利用百度（www.baidu.com）等搜索引擎收集专业建设信息，利用国家精品课资源网（http://www.jingpinke.com/）收集课程建设信息。

4．数据总体情况

此次网络调查在63所高校中进行，覆盖范围包括全国14个省、自治区、直辖市，抽样数据总量达176个。调查覆盖地区为北京、天津、重庆、江苏、浙江、广东、福建、山东、安徽、辽宁、新疆、西藏、河南、黑龙江等地。包括示范校21所、骨干校14所、一般高职院校28所、本科办高职3所、民办高职院校4所。从示范校中选取专业54个，骨校中选取专业45个，一般高职院校选取专业56个，本科办高职选取专业7个，民办高职院校选取专业14个。

选择专业分为机械类、电子类、计算机类和管理类四个专业大类。其中机械类专业45个，占26%；电子类专业31个，占18%；计算机类专业74个，占41%；管理类专业26个，占15%。选择专业办学点状态为：软件技术专业27个，计算机网络技术专业25个，计算应用技术专业22个；汽车检测与维护技术专业21个，数控技术专业24个；应用电子技术专业28个，信息安全专业3个；会计专业8个，市场营销专业18个。

通过各种网站中收集有关专业设置、人才培养目标、人才培养模式和方案、课程改革、教学改革、实践教学条件、校企合作等方面的信息。按照网络信息调研收集资料规范与要求整理收集信息。将所有数据收集整理好后，根据调研数据评价标准进行数据评价，将所有评价结果存入评价数据库，以便统计分析。

三、基于网络数据的统计与分析

1．人才培养目标

1）统计

各专业对人才培养目标表述不同，有68个专业表述为高素质技能型专门人才，占抽样专业总量的38%；有18个专业表述为技术型、实用型人才，占抽样专业总量的10%；有54个专业表述为应用型、复合型人才，占抽样专业总量的31%；35个专业表述为技能型人才；占抽样专业总量的20%。抽样数据中只有1个专业没有明确表述人才培养类型，占抽样专业总量的1%（见表8-4）。

表8-4 高职院校专业培养方案中人才培养目标表述统计表

人才类型	专业数	百分比/%
高素质技能型专门人才	68	38.6
应用型、复合型人才	54	30.7
技能型人才	35	19.9
技术型、实用型人才	18	10.2
其他	1	0.6
总计	176	100

2）分析

在网络数据评价标准中提到了四种人才培养的类型，其中“高素质技能型专门人才”是教育部《关于提高高职教育教学质量的若干意见[16号文]》中明确提出的高等职教育人才培养的目标表述。“技能型人才”是中等职业教育的人才培养目标表述。而“技术型、实用性人才”和“应用型、复合型人才”介于高职与应用性本科人才培养目标表述之间。只有不到40%的专业的人才培养类型表述为“高素质技能型专门人才”，对人才培养目标有比较清楚的表述。大部分的专业对人才培养目标的表述不清楚或者有一定程度的概念混淆，原因主要有以下两个方面：一方面，这与多年来对高职人才培养目标的多样提法有一定关系，如教育部《中国普通高等学校高职高专指导性专业目录》中对高职人才培养目标的提法为“应用性高级专门人才”，与教育部《关于提高高职教育教学质量的若干意见[16号文]》中对高职人才培养目标的提法就存在差异。另一方面，与数据获取方式有一定关系，网页排版中的错误和网站的更新速度都会影响信息获取的即时性。

2．就业领域

1）评价统计

抽样的176个专业中有170个专业对所培养的人才未来就业的行业和岗位做了详细描述，只有6个专业未能找到与就业领域表述有关的资料。评为A级的专业有57个，占抽样专业总量的32.39%，这些专业的就业领域符合专业要求、职业岗位数量恰当、符合高职要求；评为B级的专业有56个，占抽样专业总量的31.82%，这些专业的职业岗位明确、数量恰当、符合高职要求；评为C级的专业有39个，占抽样专业总量的22.16%，这些专业的职业岗位不太明确、数量过多或不太符合高职要求；评为D级的专业有17个，占抽样专业总量的10%，这些专业的职业岗位不明确或不符合高职要求；评为E级的专业只有1个，占抽样专业总量的1%，这个专业的就业领域完全不符合高职培养要求（见表8-5）。

表8-5 高职院校专业就业领域表述评价统计数据表

等级	评价标准	专业数量	百分比/%
A	职业领域与专业要求匹配、职业岗位明确、数量恰当、与高职培养要求相符合	57	32.39
B	职业岗位明确、数量恰当、与高职培养要求相符合	56	31.82
C	职业岗位不太明确或数量过多或与高职培养要求不太相符	39	22.16
D	职业岗位不明确和或与高职培养要求不相符	17	9.66
E	与高职培养要求完全不相符	1	0.57
总计		170	96.6
未能找到与就业领域表述有关的资料		6	3.40
合计		176	100

2）分析

在170个有详细描述就业领域的专业中，有67%的专业（B级以上）所描述的职业岗位明确、数量恰当，这表明以就业为导向的高等职业教育理念已被人们接受，经过职业教育培养出的毕业生就是要能胜任岗位工作。有不到25%的专业（C级）就业领域的描述存在岗位不明确或数量过多的情况。如某软件专业就业领域描述为“IT行业、软件企业、系统集成公司、各类企事业单位、政府机关的应用软件设计开发技术领域”，主要岗位包括“应用软件与动态网站的设计与开发、各类管理信息系统的编码、数据库系统的管理与维护、软件销售与技术支持”，描述的岗位工作过于宽泛，岗位定位不够清晰。有10%的专业（D级以下）职业岗位不明确，如某计算机网络专业的就业领域描述为：“各企事业单位计算机网络和通信的管理、维护、应用方面的工作岗位，计算机企业网络建设、网站制作”。与网络相关的一切可能岗位都被列入就业领域。

3．专业和专业方向

1）统计

调研的专业中，除信息安全和会计两个专业类别的抽样数量较少外，其他7个专业类别的抽样数量均在20个左右。从设置专业方向的情况和数量上看，只有计算机应用技术、计算机网络技术和会计三个专业有专业方向。计算机应用技术的22抽样专业中包含了7个专业方向（见表8-6）。

表8-6 专业方向统计表

专业代码	专业名称	专业数量	方向个数
590101	计算机应用技术	22	7
590102	计算机网络技术	25	2
590108	软件技术	27	0
590202	应用电子技术	28	0
590208	信息安全	3	0
580103	数控技术	24	0
580402	汽车检测与维修技术	21	0
620401	市场营销	18	0
620203	会计	8	2
	总计	176	

2）分析

明确的就业岗位带来的必然是明确的专业设置，具体的专业方向使目标岗位更加明确，培养目标更有针对性。数据表明，大部分专业都有明确的专业定位，而计算机应用技术专业出现了“大规模软件测试与开发方向”、“数据库方向”、“网络方向”、“智能楼宇技术方向”等多达7个专业方向，这些方向所涉及的专业领域更是五花八门。这说明计算机应用技术专业的技术领域过多，专业核心内容不清晰。

4. 专业的职业分析

1）统计

抽样的176个专业中有42个专业没有明确资料显示职业分析情况，约有70%（D级以上）的专业在专业建设过程中进行了职业分析。这些专业除有大约10%（D级）左右的职业分析过程逻辑不清得不到清晰结论外，大部分的职业分析结论清楚，可以将分析结论作为课程设计基础，指导课程建设（见表8-7）。

表8-7 职业分析情况评价表

等级	评价标准	专业数量	百分比/%
A	职业分析方法正确；采用行业企业专家集体讨论形式（头脑风暴）；行业企业专家选择、分布科学；职业分析结论清楚，可为课程设计的基础	16	9.1

续表

等级	评价标准	专业数量	百分比/%
B	职业分析方法正确；职业分析结论清楚，可为课程设计的基础	47	26.7
C	采用职业分析方法；结论清楚，可为课程设计的基础	45	25.6
D	虽采用职业分析方法，但逻辑过程不清晰或结论不清楚	14	8.0
E	未进行职业分析	12	6.8
总计		134	76.2
没有明确资料显示职业分析情况		42	23.8
合计		176	100

2）分析

职业分析是高等职业教育专业课程开发的起点和不可或缺的核心环节，职业对人才的要求是专业建设的依据。通过职业分析可以将职业对人才的要求转化为专业课程开发的基本需求，从而保证专业人才培养适应职业需要。从收集到的信息来看，多数专业已把职业分析作为专业课程设计和专业建设的基础。最普遍采用的职业分析方法是“市场调研法”，有的专业是使用“VOCSCUM分析法”和“DACUM法”进行职业分析，只有少数专业采用行业专家讨论的方法。由于对职业分析方法的掌握程度和应用水平有限，在一定程度上降低了职业分析结论对专业课程开发的作用。

5. 人才培养方案

1）统计

在对人才培养方案评价的统计中，有约占13%的专业（D级）没有先进的人才培养模式或科学的专业课程设计方法指导，这部分专业的培养方案主要还是在学科课程体系下进行部分职业教育课程改革，处于高等职业教育发展初期的状态。超过75%的专业（C级以上）不同程度地借鉴了国外成熟的人才培养模式，如澳大利亚的TAFE模式，德国的双元制、CBE模式等。有超过60%的专业（B级以上）是以职业分析结论作为专业课程设计基础，并采用科学的专业课程设计方法制订人才培养方案，仅就专业人才培养方案来看，逻辑上应能达到专业培养目标的要求（见表8-8）。

表8-8 人才培养方案评价表

等级	评价标准	专业数量	百分比/%
A	有先进人才培养模式指导；有科学课程设计方法；以职业分析结果为课程设计依据；全面落实培养目标和培养规格要求；教学计划规范	26	14.8

续表

等级	评价标准	专业数量	百分比/%
B	有先进人才培养模式指导；有科学课程设计方法；以职业分析结果为课程设计依据；基本落实培养目标和培养规格要求；教学计划规范	89	50.6
C	有先进人才培养模式指导；有科学课程设计方法；教学计划规范；但未能以职业分析结果为课程设计依据，或未完全落实培养目标和培养规格要求；	38	21.5
D	没有先进人才培养模式指导或科学专业课程设计方法	23	13.1
E	未按高等职业教育规律设计人才培养方案	0	0
总　　计		176	100

2）分析

人才培养目标能否实现要看人才培养方案的制订和执行情况，全部抽样专业均按高等职业教育规律设计人才培养方案，但在思想认识、设计方法等方面存在差异，有的还处于课程改革的初级阶段。虽然职业分析作为专业建设的基础已经成为广泛共识和普遍采用的做法，职业分析结果能够作为课程开发基础，但是还是有专业没有将这些结论用在制订培养方案的过程中。职业分析和培养方案制订成为两个相对独立的过程，使职业分析很难发挥其应有的作用。

6. 课程改革

1）统计

从抽样的176个专业数据中（见图8-1），有七成专业包含有三类课程：基本理论知识课程、基本技术技能训练课程和理论-实践一体化课程。只有30%的专业课程类型比较单一，主要表现在：有的专业仍以学科体系下的理论知识课程为主；也有的专业反之，只有以职业教育课程改革要求为主要内容的学习领域课程，但往往在学习领域概念把握上不够准确，难于达到理论-实践一体化的目标。

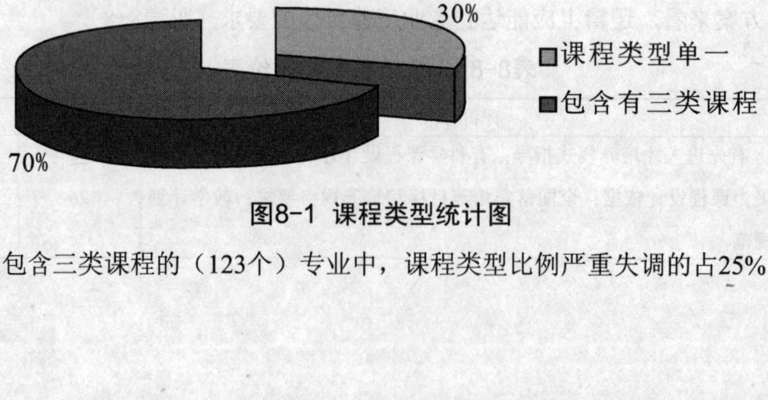

图8-1 课程类型统计图

在已包含三类课程的（123个）专业中，课程类型比例严重失调的占25%，主要表现为是理论-实践一体化课程在整个课程体系中太少。能够按照技能型专门人才的职业成长规律安排课程体系的占到29%，而有近60%的专业（比例恰当的和比例失调的总和）还不能按职业成长规律即从初学者到专家的过程设计课程体系。有13%的专业开设了有意义的拓展课程或反映前沿应用技术的课程或有职业资格认证课。这些课程能与行业企业要求对接，给学生更好的职业发展内容，如图8-2所示。

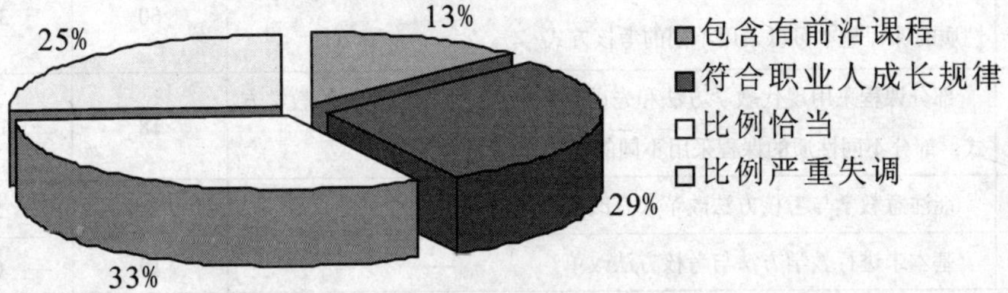

图8-2 三类课程分布图

2）分析

从课程类型的统计数据来看，大多数专业都在课程目标、课程内容和教学方式等方面尝试进行课程改革。如在专业人才培养目标中加入能力目标，教学过程中引入实践性教学内容，采用项目教学、任务引领等方式实施教学等。有的专业试图把所有课程都纳入到学习领域课程体系，包括把外语和政治等基础课纳入到通识学习领域，在把握改革方向上出现偏差。大部分专业还是在逐步改革，课程体系中既有理论课也有技能训练课还有理论-实践一体化课程。从数量上来看，理论-实践一体化课程在整个课程体系中数量太少，有的专业只有毕业实习。导致三类课程比例严重失调，不利于学生综合职业能力的培养。在构建专业课程体系方面，超过一半的专业还不能按职业成长规律安排课程，这可能反映出课程设计者对职业人成长规律的掌握还不够好，或对职业发展过程了解不多。这说明在高等职业教育中，基于学科的专业课程体系被解构以后，专业课程体系设计的理论依托尚未形成。

7. 教学改革

1）统计

抽样的176个专业中有26个专业没有明确资料显示教学改革情况。在有资料显示其教学改革情况的150个专业中，超过90%的专业（D级以上）都进行了教学方法和考核方式的改革（见表8-9），这些专业不仅有改革设想还采取相应的改革行动。目前改革还处于探索阶段，采用现代教学方法和先进教育技术，以学为主的教学方式被普遍采用。

表8-9 教学方法和考核方法评价表

等级	评价标准	专业数量	百分比/%
A	采用现代教学方法和先进教育技术；以学习为主的教学方式；不同性质的课程采用不同的考核方式；效果较好	54	31
B	采用现代教学方法和先进教育技术；以学习为主的教学方式；不同性质的课程基本可以采用不同的考核方式	60	34
C	部分课程采用现代教学方法和先进教育技术；以学习为主的教学方式；部分不同性质的课程采用不同的考核方式	18	10
D	能注意教学与考核方法改革（有改革设想但未实施）	8	5
E	基本未进行教学方法与考核方法改革	10	6
总计		150	85
没有明确资料显示教学改革情况		26	15
合计		176	100

2）分析

教师在课堂教学层面进行改革容易操作也容易见到效果，因此教法改革和考核方式改革成为基层一线教师进行课程改革的主要内容。大部分专业进行了教学改革，这些专业不仅做了教学改革设计，同时在实际教学过程中也采取了相应的改革行动。采用项目教学、任务引领等现代教学方法，利用信息技术等先进教育技术建立教学资源库，课堂教学逐步向着以学生为中心的教学方式进行转变。尽管教师在教学方法改革和考核方式改革方面做了很多努力，但只有不到40%的专业取得了较好效果，究其原因可能是教师自身的专业实践经历还有待加强，把握现代教学法和教育技术的功力还有待提高。

8．实践教学条件

1）统计

所有的抽样专业都建有实训基地，99%的专业（C级以上）的实训基地能够保证教学。建有理论-实践一体化实训基地和校企合作的校内外实训基地的专业超过60%（B级以上）。超过40%的专业还能实现多专业共用（见表8-10）。

表8-10 实训基地建设评价表

等级	评价标准	专业数量	百分比/%
A	实训基地有充分保证且可多专业共用；有理论-实践一体化实训基地；有校企合作校内外实训基地	75	43

续表

等级	评价标准	专业数量	百分比/%
B	实训基地有充分保证；有理论-实践一体化实训基地；有校企合作校内外实训基地	33	19
C	实训基地基本有保证	66	38
D	实训基地难以保证教学目标完成	2	1
E	无实训基地	0	0
总计		176	100

2）分析

高等职业教育的人才培养类型是高素质技能型人才，实践教学已成为专业培养的必要环节，实训基地为学生操作技能培养提供基础教学环境，因此各地区各专业都非常重视实训基地的建设。随着示范校和骨干校建设工程的启动，很多职业院校建立了生产性实训基地的建设，并加强校外实训基地建设，拥有这样基地条件的专业超过了40%（A级）。有些实训基地可以提供给多专业共用，但总体上说实训基地的使用效率还较低，投入产出比还有待提高，这是职业人才核心能力提炼后的结果。

9．产学合作

1）统计

抽样数据中，有1/4的专业没有明显数据显示产学合作情况。只有不到10%的专业有小部分课程设计和实施环节的产学合作。部分课程设计和课程实施环节产学合作的专业占16%，课程设计和课程实施全过程产学合作的专业同样占到16%。从课程设计到课程实施全过程有深度产学合作的专业占到1/3（A级），主要是示范校和骨干校（见表8-11和表8-12）。

表8-11 产学合作情况评价表

等级	评价标准	专业数量	百分比/%
A	课程设计和课程实施全过程深度产学合作	58	33
B	课程设计和课程实施全过程产学合作	28	16
C	部分课程设计和课程实施环节产学合作	28	16
D	只有小部分课程设计和课程实施环节产学合作	16	9
E	基本无产学合作	0	0
总计		130	74

续表

等级	评价标准	专业数量	百分比/%
没有明确资料显示产学合作情况		46	26
合计		176	100

表8-12 有深度产学合作的学校类型和分布地区

学校类型	地区
示范校	北京、江苏、辽宁、天津、浙江、重庆
骨干校	北京、江苏、天津、浙江、重庆
一般高职	北京、江苏、浙江、重庆

2）分析

产学合作成为促进实践教学的重要手段，但各专业合作深度和广度不同。有些专业的产学合作还只能停留在较浅的层面，如聘请企业专家兼职授课或是企业提供实习岗位。深度的产学合作是学校和企业双方建立机制和体制的保障，保障企业能够参与到学生从招生到就业的整个过程中。有这样深度产学合作的专业主要集中在北京、天津、重庆和江浙一带经济发达地区，主要是示范校和骨干校，也包括这些地区的一些普通高职院校。能作到深度的产学合作和这些地区经济高度发达和对高职的正确认识有直接关系。

四、研究结论

1．成绩

从网络数据的评价结果来看，以就业为导向的专业建设理念已被广泛接受，专业职业领域定位的明确，使培养过程更有针对性。通过学习借鉴国际先进的职业教育理念，普遍将职业分析作为专业建设和课程设计的基础。在制订人才培养方案时能根据自身条件借鉴国际上适合于自身发展的人才培养模式。课程改革围绕课程能力目标进行、课程内容突出实践性等方面展开。尝试采用项目教学、任务引领等现代教学方法，通过精品课程网站和教学资源库等形式分享教学改革成果。改善实践教学条件，实训基地能保证实践教学的顺利进行。开展多种形式的产学合作，使企业参与到教育教学的各环节中，让学校培养出的人才更能适应市场需求。

2．不足

从网络调研数据看，有专业仍存在内涵不清晰的问题，专业方向过多，培养目标不明确，就业领域过宽。数据表明，由于对职业分析方法的掌握程度和应用水平有限，在一定程度上降低了职业分析对课程设计和专业建设的重要作用，使职业分析和培养方案制订成为两个相对独立的过程。从人才培养方案中不同课程类型及其数量上来看，理论-实践一体化课程在整个课程体系中数量太少，不利于学生综合职业能力的培养。从人才培养方案中专业课程体系设计看，超过一半的专业还不能按职业成长规律安排课程，课程体系的设置仍然受到学科体系课程设置的影响。尽管教师在教法改革和考核方式改革方面做了很多努力，但取得较好效果的不多。作为发展高等职业教育根本途径的产学合作，还须提供政策扶持和机制保障，提高企业参与教学改革的积极性，与学校一起共同培养高职人才。

附件1：专业信息收集规范和要求

1. 提交调研材料内容规范

主件：

1）学校名称

2）材料收集的来源（标明网址）

3）学校类型（示范校、骨干校、一般高职、本科办高职校、民办高职）

4）专业名称

5）专业内容

(1) 培养目标；

(2) 主要课程；

(3) 就业方向（岗位）；

(4) 职业资格证书与就业等级证书。

附件：

1）学校介绍（包括学校名称、网址、整体基本情况、办学理念、指导思想等）

2）专业名称（与主件中专业一致）

3）专业内容

(1) 培养目标；

(2) 主要（核心）课程；

(3) 就业方向（岗位）；

(4) 职业资格证书与就业等级证书；

(5) 专业教学计划；

(6) 主要（核心）课程简介（教材）、大纲（不同类型的课程各选择1门收集材料即可，如基础理论课A类、基本技术技能训练课B类、理论-实践一体化学习领域课C类）；

(7) 教学资源与教学环境；

(8) 其他（认为有参考分析价值的）。

2. 要求

(1) 主件和附件须是同一所学校的同一专业；

(2) 主件是从附件中提取获得的；

(3) 附件是与主件同一学校同一专业的原始收集材料；

(4) 每个专业完成一套主、附件。

附件2：网络调研数据评价标准

调研数据评价标准

1. 培养目标

1) 人才培养类型目标表述

(1) 高素质技能型专门人才；

(2) 技能型人才；

(3) 技术型人才、实用型人才；

(4) 应用型、复合型人才；

(5) 其他（请具体注明）。

2) 就业领域表述

(1) 职业领域符合专业要求、职业岗位明确、数量恰当、符合高职要求；

(2) 职业岗位明确、数量恰当、符合高职要求；

(3) 职业岗位不太明确或数量过多或不太符合高职要求；

(4) 职业岗位不明确和/或不符合高职要求；

(5) 其他（完全不符合高职培养要求）（请具体注明）。

3) 培养规格

(1) 提出综合职业能力目标且有具体设计，注意专业理论知识和基本的与单项的技能对综合职业能力的支撑；

(2) 提出综合职业能力目标且有具体设计，但专业理论知识和基本的与单项的技能对综合职业能力的支撑不够；

(3) 有知识、能力、素质的分立目标，且能力目标更侧重专业技能；

(4) 基本是知识本位目标；

(5) 人才培养规格不清晰或不正确。

2. 人才培养方案

1) 职业分析

(1) 职业分析方法正确；采用行业企业专家集体讨论形式（头脑风暴）；行业企业专家选择、分布科学；职业分析结论清楚，可作为课程设计的基础。

(2) 职业分析方法正确；职业分析结论清楚，可作为课程设计的基础。

(3) 采用职业分析方法；结论清楚，可作为课程设计的基础。

(4) 虽采用职业分析方法，但逻辑过程不清晰或结论不清楚。

(5) 未进行职业分析。

2) 专业人才培养计划

(1) 有先进人才培养模式指导；有科学的课程设计方法；以职业分析结果为课程设计依据；全面落实培养目标和培养规格要求；教学计划规范。

(2) 有先进人才培养模式指导；有科学的课程设计方法；以职业分析结果为课程设计依据；基本落实培养目标和培养规格要求；教学计划规范。

(3) 有先进人才培养模式指导；有科学的课程设计方法；教学计划规范；但未能以职业分析结果为课程设计依据，或未完全落实培养目标和培养规格要求。

(4) 没有先进的人才培养模式指导或科学的课程设计方法。

(5) 未按高等职业教育规律设计人才培养方案。

3) 课程基本类型

(1) 包含三类课程，比例恰当、设计科学、符合技能型专门人才培养规律（德国职业成长规律）；开设有意义的拓展课程或反映前沿应用技术的课程或有职业资格认证课。

(2) 包含三类课程，比例恰当、设计科学、符合技能型专门人才培养规律。

(3) 包含三类课程，不符合职业技能专门人才培养，理论-实践一体化课程在最后。

(4) 包含三类课程，但比例严重失调。

(5) 课程类型单一。

4) 课程设计

(1) 课程设计依据职业分析结果；三类课程各有特点；实训课程能按技术训练标准设计；课程大纲反映课程特点。

(2) 课程设计依据职业分析结果；三类课程各有特点；课程大纲反映课程特点。

(3) 课程设计依据职业分析结果；有课程大纲，但课程大纲反映课程特点不明显。

(4) 课程设计依据职业分析结果。

(5) 课程设计未依据职业分析结果，课程内逻辑关系不清楚。

3. 教学

1）教学方法与考核方法

(1) 采用现代教学方法和先进教育技术；以学习为主的教学方式；不同性质的课程采用不同的考核方式；效果较好。

(2) 采用现代教学方法和先进教育技术；以学习为主的教学方式；不同性质的课程基本可以采用不同的考核方式。

(3) 部分课程采用现代教学方法和先进教育技术；以学习为主的教学方式；部分不同性质的课程采用不同的考核方式。

(4) 能注意教学与考核方法改革（有改革设想但未实施）。

(5) 基本未进行教学方法与考核方法改革。

2）实训基地

(1) 实训基地有充分保证且可多专业共用；有理论-实践一体化实训基地；有校企合作校内外实训基地。

(2) 实训基地有充分保证；有理论-实践一体化实训基地；有校企合作校内外实训基地。

(3) 实训基地基本有保证。

(4) 实训基地难以保证教学目标完成。

(5) 无实训基地。

4. 产学合作

产学合作

(1) 课程设计和课程实施全过程深度产学合作；

(2) 课程设计和课程实施全过程产学合作；

(3) 部分课程设计和课程实施环节产学合作；

(4) 只有小部分课程设计和课程实施环节产学合作；

(5) 基本无产学合作。

附件3：调研学校（见表8-13）

表8-13　调研学校

编号	学　校　名　称	编号	学　校　名　称
1	大连东软信息技术职业学院	33	天津电子信息职业技术学院
2	江苏紫琅职业技术学院	34	天津职业大学
3	浙江宁波大红鹰学院	35	天津中德职业技术学院
4	安徽机电职业技术学院	36	芜湖职业学院
5	北京劳动保障职业学院	37	浙江机电职业技术学院
6	北京信息职业技术学院	38	浙江金华职业技术学院
7	东营职业学院	39	浙江宁波职业技术学院
8	哈尔滨职业技术学院	40	重庆电子工程职业学院
9	河南工业职业技术学院	41	重庆工程职业技术学院
10	黑龙江工商职业技术学院	42	重庆工业职业技术学院
11	江苏常州机电职业技术学院	43	北京交通职业技术学院
12	江苏南京信息职业技术学院	44	北京京北职业技术学院
13	顺德职业技术学院	45	北京培黎职业学院
14	天津交通职业学院	46	北京青年政治学院
15	浙江杭州职业技术学院	47	北京政法职业学院
16	浙江经济职业技术学院	48	哈尔滨应用职业技术学院
17	重庆工商职业学院	49	江苏淮安信息职业技术学院
18	北京汇佳职业学院	50	江苏苏州市职业大学
19	广东白云职业学院	51	江苏宿迁职业技术学院
20	哈尔滨华夏计算机职业技术学院	52	辽宁机电职业技术学院
21	重庆信息技术职业学院	53	闽北职业技术学院
22	北京财贸职业学院	54	山东电子科技职业学院
23	北京工业职业技术学院	55	山东交通职业学院
24	大连职业技术学院	56	天津工程职业技术学院
25	福建交通职业学院	57	天津机电职业技术学院
26	江苏常州信息职业技术学院	58	新疆机电职业技术学院
27	江苏南京工业职业技术学院	59	浙江工贸职业技术学院
28	江苏苏州工业园区职业技术学院	60	浙江工商职业技术学院
29	江苏无锡职业技术学院	61	郑州经贸职业学院
30	辽宁省交通高等专科学校	62	郑州职业技术学院
31	商丘职业技术学院	63	重庆航天职业学院
32	深圳职业技术学院		

第九章 基于教师及学校管理人员调研问卷的统计分析

一、基于教师及学校管理人员问卷调查的统计分析

1. 研究的目的

"中国高等职业教育专业课程和教学改革状态调研"是由北京联合大学应用性高等教育发展研究中心主持的联合国教科文组织的项目，"基于教师及学校管理人员问卷调研的统计分析"是该项目的子项目之一。中国高等职业教育通过近20年的迅速发展，在经历了数量增加的规模发展阶段之后转入提高办学质量内涵的发展。子项目是从教师及学校管理人员的视角出发，对经过一系列深入的高职教育教学和课程改革之后高等职业教育现实状态进行问卷调查，试图找出当下高等职业教育课程改革的成绩与不足，为未来的高等职业教育良性发展提供参考建议。

2. 研究意义

有利于对当前我国高等职业教育课程改革的现状的了解和把握。我国高职教育改革的发展历程已有20多年，无论是从数量上还是规模上都已经取得了极大的成绩。中国的高等职业教育已经逐步形成自己的特点，而课程改革已经成为教学改革核心中的核心。然而多年改革开展的效果究竟如何，改革的力度有多大，覆盖范围有多广，实施的效果如何，采用的课程开发方法是否得当，教学改革是否有利于高职教学，教师、学生及社会等对改革的评价如何等多方面问题的反馈，我们一无所知。因此，通过本课题的研究，希望能够从全局的角度对我国高职课程改革的现状做出一个准确的描述。

高等职业教育教师是站在高职改革最前沿的人，他们的状态能够最直接和清晰地反映出当前高等职业教育课程与教学改革成绩与问题。问卷经过广泛发放、回收并完成统计，从人才培养目标、人才培养模式与方案、课程设计、公共课改革、教学改革、教学考核、校企合作等七个方面来进行分析，尝试找到我们想要的答案。

3. 研究方案的框架

1）问卷数据来源

本次中国高等职业院校教学与课程改革现状调研（基于教师及学校管理人员）问卷调查，通过座谈会当面笔答、学校发放填写和网络调查的形式开展问卷调查。参与问卷调查的学校共60余所，参与问卷调查的人员来自全国国家高职示范院校，省级高职示范院校，国家高职骨干院校和部分非师范、骨干院校，主要为各高职院校的院校领导、一线授课老师、专业带头人、教学管理及辅助人员等，专业领域涉及计算机类、电子类、机械制造类和管理类四大类专业，涵盖计算机网络技术、计算机信息管理、软件技术、软件测试、计算机应用、信息安全技术、电子信息工程技术、微电子技术、电子信息工程技术、应用电子技术、会计、电子商务、市场营销、机械制造和自动化、电气自动化、机电一体化、数控技术等20余项专业。

2）问卷发放任务

经过一个月的回收工作，截止到2010年12月13日陆续回收问卷共246份。问卷覆盖中国华北、华南、华东和西部地区，主要为安徽、甘肃、广东、广西、河北、河南、黑龙江、湖北、江苏、辽宁、宁夏、山东、山西、上海、天津、浙江、重庆等地区，这些地区经济特点不尽相同，但在高等职业教育方面已经进行了长时间的探索，并在课程与教学改革的过程中取得了一些成绩。

不同的院校类型，不同的地区，不同的岗位，不同的任务分工，能够使我们从多角度来看待事物，发现问题，客观地分析当前我国高职教育课程与教学改革的整体状况。

3）调查问卷的抽样、统计分析任务

（1）根据调查问卷回收情况制定抽样原则

我们对回收的问卷进行抽样以后进行统计和分析。鉴于被调查的地区较广，院校类型不一，参与调查的学校数量多，各地区、院校交回的问卷数量不同等特点，我们制定了如下抽样原则：

原则一：被抽样问卷须覆盖所有被调查的地区。

原则二：被抽样问卷尽可能平均覆盖四大类专业。

原则三：被抽样试卷尽可能不集中在某一问卷较为集中的地区或专业。

原则四：采用随机抽样，尽可能获得有效数据。

（2）根据问卷的填写的内容，将数据进行整理归类统计

根据抽样原则，我们用Spss社会调查分析软件，共随机抽样出137份问卷。由于选择题的答案是固定而唯一的，只须对答案进行编号即可处理。而填空题的答案就比较开放和自由，所以我们将填空题中出现的各种答案根据一定的原则分类后再归类，对

归类后的数据进行统计。

（3）根据问卷题目的内容，从多个方面进行分析。

根据调查问卷的设计目的，我们从人才培养目标、人才培养模式与方案、课程设计、公共课改革、教学改革、考核改革、校企合作等七个方面进行分析。最后总结高等职业教育教学与课程改革的现状，并指出了成绩与不足。

4．研究工作计划

（1）课题组布置子项目调研任务；

（2）按照课题组的分工，研究确定子项目的工作目标、调研任务，形成子项目研究工作的初步设想方案；

（3）课题组集体讨论子项目研究工作的初步设想，进一步明确子项目的研究任务；

（4）按照课题组的要求，修改子项目的设想方案，形成子项目的研究方案初稿；

（5）与总课题负责人讨论子项目的研究方案，确定研究方案；

（6）完成调研数据收集、整理，形成调研文档；

（7）完成统计分析，形成子项目报告初稿；

（8）与总课题负责人讨论报告初稿；

（9）修改报告，形成研究报告。

二、问卷问题的统计与分析

我们通过以下几个方面来对教师的问卷调查做一解析。

（说明：单选题由于答案是唯一的，所以各选项的总和应与被抽样问卷的数量相等，以抽样问卷的数量作为百分比的基础。而多选题的答案大多是不唯一的，因此，当我们以每道题得到的所有选项次数作为百分比的基础的时候，会出现多选题的百分比累积大于100%的情况。）

1．人才培养的目标、理念与规格

1）人才培养目标

（1）统计

在对“当前我国人才培养目标是什么的问题”（单选题，统计数据见表9-1）的调查中，被抽样的137份问卷里，有109份问卷认为是高素质技能型专门人才，占被调查问卷总量的79.6%，排名第一；9份认为是技术型、实用型人才，占被调查问卷总量的6.6%，排名第二；8份认为是应用型、复合型人才，占被调查问卷总量的5.8%，排名第三；5份问卷认为是技能型人才；占被调查问卷总量的3.6%，排名第四。另有6份未填写，占被调查问卷总量的4.4%。

表9-1 高职人才培养目标

人才类型	份数	百分比/%
高素质技能型专门人才	109	79.6
技能型人才	5	3.6
技术型人才、实用型人才	9	6.6
应用型、复合型人才	8	5.8
总计	131	95.6
未选	6	4.4
合计	137	100.0

（2）分析

在问卷设计的问题中提到了四种人才培养的类型，其中“高素质技能型专门人才”是教育部《关于提高高职教育教学质量的若干意见[16号文]》中明确提出的高等职教育人才培养的目标。“技能型人才”是中等职业教育的人才培养目标。而“技术型、实用性人才”和“应用型、复合型人才”介于高职与应用性本科人才培养目标之间。79.6%的问卷选择了“高素质技能型专门人才”，由此可说明，绝大部分的高职教师对高等职业教育的人才培养目标还是比较清楚的。少部分老师对人才培养目标的不清楚或者有一定程度的概念混淆，这也与多年来对高职人才培养目标的多样的提法有一定关系，如教育部《中国普通高等学校高职高专指导性专业目录》中对高职人才培养目标的提法为“应用性高级专门人才”，与教育部《关于提高高职教育教学质量的若干意见[16号文]》中对高职人才培养目标的提法就存在差异。

2）人才培养理念

（1）说明与统计

对“本专业人才培养方案在制订时，遵循的高等职业教育理念是”的填空题进行统计时，由于答案的内容互不相同，因此须先将答案按照一定的规则进行分类归纳，再进行分析。

在对答案进行分类时，参考了我国高等职业教育发展的阶段的特点，按不同的阶段对理念进行了分类。

第一阶段：高职教育发展初期教育理念。

20世纪80年代末至90年代，中国高等职业教育进入了稳步发展期。在这一期间，明确了高等职业教育的培养目标和发展定位，开始了对高职人才培养模式的探索，逐步形成了以培养职业能力为高职人才培养目标的主推方向。

2000年，教育部发布了第一个关于高职人才培养的文件——《教育部关于加强高职高专教育人才培养工作的意见》（教高[2000]2号）。该文件中制定了教学计划的基本原则："要以适应社会需求为目标、以培养技术应用能力为主线制定专业教学计划。基础理论教学要以应用为目的，以必需、够用为度"，"专业课教学要加强针对性和实用性"，"要加强实践教学环节，增加实训、实践时间和内容"，"实训课程可以单独设置"。因此，这一时期的高职教育理念以"理论够用"为特点，加强了实训环节，开始关注培养学生实践能力的培养。

但由于当时对高等职业教育的认识和受传统学科本位的高等教育影响，这一次的改革沿用了以基础课、专业基础课和专业课的"三段式"课程结构，只是对传统学科体系课程的改良。

这一阶段中，我国开始了对高等职业教育课程模式改革的探索，试图借鉴和引进发达国家先进的高等职业教育课程理念，以此为指导，探索我国高职课程改革。

遵照这一阶段中"理论够用"的特点对答案进行了归纳。在所有137份问卷中，回答的内容符合这一阶段特点的有10份问卷，主要的典型内容如表9-2 所示。

表9-2 符合高职教育发展初期教育理念的典型答案

1	理论基础够用，突出应用能力
2	理论够用，注重技能
3	理论够用，技能实用，培养高素质技能型人才
4	基础够用，理论运用，重点技能
5	理论够用，强化动手能力培养
6	技能为主，知识够用即可
7	知识够用，掌握技能，会动手
8	应用技能培养

第二阶段：高等职业教育快速发展时期的教育理念。

进入新世纪，高等职业教育进入快速蓬勃发展阶段。高等职业教育教学改革也在不断深入。在教育部门的引领推动下，通过2002年、2003年、2004年召开的三次全国高等职业教育产学研合作教育经验交流会，确立了高等职业教育"以就业为导向，以服务为宗旨，走产学研结合的发展道路"。强调高等职业院校要主动适应经济社会发展的需要，以就业为导向确定办学目标，坚持培养面向生产、建设、管理、服务第一线需要的实践能力强、具有良好职业道德的高技能人才。高职院校专业课程改革开始向能力本位转型，学习借鉴国外先进课程模式与开发方法，以职业分析为起点和依据开发设计课程，引入职业标准，实施毕业双证书制，国内一些典型的以职业能力培养为导向的课程模式和开发方法研制推出，推动了能力本位教育的发展。

这一阶段高职教育理念以“以就业为导向”为鲜明特征，同时开始探索“工学结合”、“产学结合”等教学模式。

遵照这一阶段教育理念的特点，我们对答案进行了归纳。在所有137份问卷中，回答内容符合这一阶段特点的有58份问卷，主要的典型答案如表9-3 所示。

表9-3 符合高职教育快速发展期教育理念特征的典型答案

1	以就业为导向的高等职业教育理念
2	以就业为导向 以能力为本位的教育理念
3	理论够用，技能实用，培养高素质技能型人才
4	以能力为本位，素质培养为核心

第三阶段：高等职业教育内涵发展期的教育理念。

“十一五”规划期间，中国高等职业教育发展转向加强内涵建设，开始从数量规模化发展进入提高教育质量为主的轨道。2006年国家教育部发布了《教育部关于全面提高高等职业教育教学质量若干意见》（教高[2006]16号）的文件，加强对高等职业教育教学改革的全面指导，引导高职院校切实把建设和发展的重点放到强化办学特色，全面提高教学质量上，保证高职教育持续健康发展。

这一时期，中国将德国最先进的职业教育思想与课程开发方法（DCCD）引进国内，将其本土化后实施推广。教育部多次组织示范校教师学习这一“基于工作过程“的课程设计方法。这一方法，给能力本位职业教育以新的发展，将学习过程、工作过程与学生的能力和个性发展联系起来，在培养目标中强调“设计能力”的培养，而不仅仅是被动的适应能力的训练。

广大高职院校贯彻教育部16号文件精神，强化职业道德，明确高素质技能型专门人才培养目标的定位，彻底摆脱“本科压缩饼干”，深化校企合作、工学结合的人才培养模式改革，订单培养，任务驱动，项目导向，顶岗实习，生产性实训，教、学、做一体，学习借鉴德国先进的课程模式与开发方法，强化学生职业能力的培养和能力本位在高职教育中的地位，并开始注重能力本位中能力内涵随经济社会发展需要和人的发展需要而提升。

遵照这一阶段教育理念的特点，我们对答案进行了归纳。在所有137份问卷中，回答内容符合这一阶段特点的有20份问卷，典型答案如表9-4所示。

表9-4 符合高职教育内涵发展期教育理念特征的典型答案

1	工学结合、校企合作
2	工学结合，行动导向
3	基于工作进程系统化
4	校企结合，理论-实践一体化教学

另外有22份问卷填写的内容由于填写的概念混淆无法被归入为高职教育理念，其中一部分填写的是人才培养目标，而不是高职教育理念，如表9-5 所示。

表9-5 概念混淆的答案

1	培养技能性应用人才
2	技术扬帆，人文导航
3	以人为本
4	培养高级技艺人才
5	培养高素质应用型技术人才，
6	全面培养高素质技能型专门人才
7	德育为先，注重实践，关注可持续发展

综上所述，将本题答案按阶段特征归类后，高职教师遵循的高等职业教育理念各阶段分布如表9-6所示。

表9-6 高职教师遵循的高等职业教育理念各阶段分布

理　　念	问 卷 份 数	所占比例/%
高等职业教育发展初期的理念	10	7.3
高等职业教育快速发展期的理念	58	42.34
高等职业教育内涵发展期的理念	20	14.6
概念混淆	22	16.06
未填写	27	19.7
合计	137	100

（2）分析

从统计的数据可见，在抽样的137份问卷中，有7.3%的教师所持的教育理念还处在高职教育发展的初期，与当前的高等职业教育人才培养理念差别较大；有42.34%的教师所持的是处在高等职业教育快速发展期的教育理念，这些理念比较符合高等职业教育人才培养的要求，对高职以就业为导向、开展能力本位教育基本认同，但对于应如何正确开展这些教育考虑的还不够深入，这部分数据成为调查结果的主体；有14.6%

的教师所持的是处在高等职业教育内涵发展阶段教育理念，他们清楚地认识到高等职业教育应走工学结合的道路、采用基于工作过程的理念来设计和开发课程，满足当前高职发展的需要。有16.06%的教师在填写问卷时由于概念混淆，填写的内容多为培养目标，如“培养高素质技能型人才”，或为各类型教育通用的理论，如“以人为本”等，他们对什么是教育理念还不清楚。

通过对调查问卷答案的统计，我们发现高职教师对制订人才培养方案时应遵循何种高等职业教育理念的想法存在着差异。大部分的教师（56.94%）能够遵循符合或比较符合当前高等职业教育的先进理念（高等职业教育快速发展期的理念42.34%，高等职业教育内涵发展期的理念14.6%），由于高等职业教育进入内涵发展期还不长，部分教师还无法从传统的教育理念中完全转变过来，要达到对深层次理念的正确理解还有一段距离。少部分教师（7.3%）的教育理念相对落后，还停留在高职教育发展的初期阶段，不能很好地适应当前高职教育人才培养的需要，应当注意提升自己的教育理念。部分教师（35.76%，包括未填写19.7%，概念混淆16.06%）对什么是高职教育理念还不清楚，将人才培养目标与教育理念混为一谈。总体来讲，我国高职教师正在逐渐接受先进的高职教育理念，并逐步将此理念运用到高等职业教育教学中去。

3）人才培养规格

（1）统计

在对“本专业人才培养规格中，最主要强调的要素的问题（填空题），首位要素”的调查中（统计结果见表9-7），回答职业态度与素养的有42份，占抽样总量的30.66%，排名第一；回答专业能力（专项能力）的有41份，占抽样总量的29.93%，排名第二。

表9-7 本专业人才培养规格中,最主要强调的要素的问题

能　　力	选　　项	百分比/%
专业能力—专项能力	41	29.93
专业能力—综合能力	2	1.46
方法能力	3	2.19
社会能力	1	0.73
职业态度与素养	42	30.66
填写不当	9	6.57
未填写	39	28.47
合计	137	100

（2）分析

从数据统计上来看，高职教师非常注重对学生职业态度与素养的培养，这说明高职教师已经能够注意到高职教育与普通高等教育的区别，能够意识到在教学过程中，除了传授知识与技能外，需要注重向学生培养职业思想和职场意识，使学生在毕业后能够迅速符合职业岗位的要求。

对比学生的调查问卷，学生对人才培养规格的首要需求，排名顺序为：选择专业能力（专项能力）、社会能力、专业能力（综合能力）（参见基于学生填写的问卷统计分析中的表9-6）。将两者的数据进行对比可以发现，教师和学生对能力的需求存在着差异，相同的方面主要表现在教师和学生对能力的培养和掌握的认同度比较高，这些都是将来胜任工作岗位的根本，也是高职教育的主要内容。不同方面则在于教师更加关注对学生进行职业态度与素养的培养，而学生则更关注对社会能力的运用。社会能力的培养不仅仅是高职教育独有的任务，更多的是由各种教育形式之外，通过各种活动和历练来完成的，是其他各类教育共有的教育内容。学生对于社会能力的认识也可能存在误区，认为只要社会能力足够强，就可以弥补工作中其他方面的缺陷，满足岗位需求。学生的这种认识忽视了职业教育中的对个人职业素质的要求，更多的是想到如何依靠技术和人与人之间的互动来满足岗位的需求，而对职业素质，甚至是对如何成长为素质全面的“人”没有仔细考虑。教师则比较重视这一问题，注意到需要将职业态度与素养的培养融入日常的教学中去，培养出社会和企业需要的合格的高职人才。

2. 人才培养模式与方案

1）统计

在对“各高职院校制订人才培养方案的依据的问题”（多选题，统计数据见表9-8）的调查中，回答以行业专家集体讨论为依据的有81次，占选项总量的58.3%，排名第一；回答以行业企业调研为依据的有44次，占选项总量的31.7%，排名第二；回答以其他学校同类方案为依据的有12份，占选项总量的8.6%，排名第三；回答以其他为依据的有2份，占选项总量的1.4%，排名第四。

表9-8 人才培养方案制订的依据调研统计表

人才培养方案制订的依据	选 项 次 数	百分比/%
行业专家集体讨论	81	58.3
行业企业调研	44	31.7
其他学校同类方案	12	8.6
其他	2	1.4
选项总量	139	100.0

在对“制订本专业人才培养方案，采用了哪种职业分析方法的问题”（多选题，统计见表9-9）的调查中，选择使用了市场调研法的有116次，占选项总数的66.7%，排名第一；选择使用了DACUM职业分析法的有22次，占选项总数的12.6%，排名第二；选择使用BAG法的有15次，占选项总数的8.6%，排名第三；选择使用VOSCUM法的有11次，占选项总数的6.3%，排名第四；选择其他分析方法的有5次，占选项总量的2.9%，排名第五；另有5份未采用职业分析方法，占选项总量的2.9%。

表9-9 制订人才培养方案采用的职业分析方法调研统计表

制订人才培养方案采用的职业分析方法	选项次数	百分比/%
DACUM法	22	12.6
市场调研法	116	66.7
VOCSCUM分析法	11	6.3
BAG法	15	8.6
其他	5	2.9
未采用职业分析	5	2.9
合计	174	100.0

在对“本专业人才培养方案的制订借鉴了国际上哪种人才培养模式”（多选题，统计数据见表9-10）的调查中，选择基于工作过程模式的有95次，占选项总量的45%，排名第一；选择双元制模式的有54次，占选项总量的25.6%，排名第二；选择TAFE模式的有26次，占选项总量的12.3%，排名第三；选择CBE模式的有17次，占选项总量的8.1%，排名第四；选择其他人才培养模式的有13次，占选项总量的6.2%，排名第五；另有6份未借鉴人才培养模式，占选项总量的2.8%。

表9-10 制订人才培养方案借鉴的国际人才培养模式调研统计表

制订人才培养方案借鉴的国际人才培养模式	选项次数	百分比/%
双元制	54	25.6
TAFE模式	26	12.3
CBE模式	17	8.1
基于工作过程	95	45.0
其他	13	6.2
无	6	2.8
合计	211	100.0

2）分析

单从数据统计上看，绝大多数高职院校在制订人才培养方案的时候都有依据，或采用了行业专家集体讨论法，或采用了行业企业调研法。其中采用了行业专家集体讨论法制订人才培养方案的有58.3%，采用行业企业调研法制订人才培养方案的有31.7%。似乎当前我国高职院校制订的人才培养方案还比较符合培养目标的需要。

但是从数据统计的前后对比上看，发现了一个偏差。从“制订本专业人才培养方案，采用了哪种职业分析方法的问题”的数据统计上看，选择“市场调研法”、“VOCSCUM分析法”和“DACUM法”的接近90%，但这三种分析方法中并没有采用或极少采用行业专家集体讨论法。这与对“制订本专业人才培养方案，采用了哪种职业分析方法的问题”的数据统计中采用了行业专家集体讨论方法制订人才培养方案有58.3%的结果矛盾。我们知道，采用行业专家集体讨论法制订人才培养方案时，制订人才培养方案的主体是行业专家，而采用上面三种职业分析方法制订人才培养方案时，制订人才培养方案的主体是教师。这可能与被调查者的概念不清有关，认为教师与行业专家之间的讨论即是进行了行业专家集体讨论，这样产生的人才培养方案就与实际的人才培养目标之间出现偏差。因此当前高职人才培养目标总体上可能还没有达到一个和社会需求完全吻合的程度。

各地高职院校能够根据当地经济特点，借鉴国外成熟的高职人才培养方案作为指导，也形成了自己比较完整的人才培养方案；但同时也能看出，我国当前高等职业教育的人才培养还处在逐步形成具有中国特色的高等职业教育人才培养体系阶段，还须借鉴国外经验；我国自主开发的职业分析方法在进行课程开发时也没有得到大范围的应用。这些问题可能与中国地域广袤，经济发展不平衡和地区经济特点的不同有很大的关系。

3. 课程设计

1）统计

在对“本专业人才培养方案的制订中进行了哪些方面的设计”的问题调查中（多选题，统计结果见表9-11），选择进行了专业人才培养目标设计的有127次，占选项总量的25.5%，排名第一；选择了专业课程体系设计的有126次，占选项总量的25.3%，排名第二；选择了课程大纲设计的有96次，占选项总量的19.3%，排名第三；选择课件和教材设计的有76次，占选项总量的15.3%，排名第四；选择基本教学环境设计的有68次，占选项总量的的13.7%，排名第五；另有5次选项为进行了其他方面的设计，占选项总量的1%。

表9-11 人才培养方案中设计内容调研统计表

设计内容	选项次数	百分比/%
专业人才培养目标设计	127	25.5
专业课程体系设计	126	25.3
课程大纲设计	96	19.3
基本教学环境设计	68	13.7
课件和教材设计	76	15.3
其他	5	1.0
合计	498	100

在专业课程体系中的各门课程的设计是否以职业分析结果为依据（单选题，统计数据见表9-12）中，选则全部以职业分析结果为依据的有49份，占抽样份数的35.8%；选择部分以职业分析结果为依据的有83份，占抽样份数的60.6%；选择没有的有1份，占抽样份数的0.7%；有4份未填选项，占抽样份数的2.9%。

表9-12 课程的设计依据调研统计表

依据	份数	百分比/%
全部课程以职业分析结果为依据	49	35.8
部分课程以职业分析结果为依据	83	60.6
没有以职业分析结果为依据	1	0.7
合计	133	97.1
未填	4	2.9
总计	137	100.0

在“专业人才培养方案中课程体系设计的基础是什么”（多选题，统计数据见表9-13）的问题中，选项总量为364次。选择以调研结果为基础的有95次，占选项总量的26.1%；选择以专业需要的理论知识为基础的为83次，占选项总量的22.8%；选择以专业需要的技术技能为基础的有112次，占选项总量的30.8%；选择以职业成长规律为基础的有70次，占选项总数的19.2%；选择其他的有4次，占选择总数的1.1%。

表9-13 专业人才培养方案中课程体系设计的基础调研统计表

人才培养方案中课程体系设计的基础	选项次数	百分比/%
调研结果	95	26.1
专业需要的理论知识	83	22.8
专业需要的技术技能	112	30.8

续表

人才培养方案中课程体系设计的基础	选 项 次 数	百分比/%
职业成长规律	70	19.2
其他	4	1.1
选项总量	364	100.0

在“本专业人才培养方案中涉及的课程类别主要包括什么”（多选题，统计数据见表9-14）的问题数据统计中，选项总量为536次；选择专业理论知识课程的107次，占选项总量的20%；选择专门技术技能训练课程的有111次，占选项总量的20.7%；选择理论-实践一体化课程的有100次，占选项总量的18.7%；选择职业拓展课程的有89次，占选项总量的16.6%；选择前沿应用技术课程的次数有30次，占选项总量的5.6%。

表9-14 人才培养方案中涉及的课程调研统计表（1）

人才培养方案中涉及的课程	选 项 次 数	百分比/%
专业理论知识课程	107	19.9
专门技术技能训练课程	111	20.7
理论-实践一体化课程	100	18.7
职业拓展课程	89	16.6
职业证书认证课程	99	18.5
前沿应用技术课程	30	5.6
总计	536	100

按照选项组合进行统计，统计结果如表9-15所示。所有的选项类型共有20种，表中列举了主要的组合。其中，组合中包含所有课程类型选项的占31.69%，包含前三项课题类型的占60.4%，其他组合占39.6%。

表9-15 人才培养方案中涉及的课程调研统计表（2）

人才培养方案中涉及的课程	选项组合1	选项组合2	选项组合3	选项组合4	选项组合5	选项组合6	其他组合	选项组合次数总计
专业理论知识课程	√	√	√	√	√	√		
专门技术技能训练课程	√	√	√	√	√	√		
理论-实践一体化课程	√	√	√	√	√	√		
职业拓展课程	√	√	√	√				

续表

人才培养方案中涉及的课程	选项组合1	选项组合2	选项组合3	选项组合4	选项组合5	选项组合6	其他组合	选项组合次数总计
职业证书认证课程	√	√			√			
前沿应用技术课程	√		√					
总计	17	32	1	5	6	10	60	131
百分比/%	12.98	24.43	0.76	3.82	4.58	7.63	45.8	100

在本专业教学中学生如何获取职业资格（技术等级）证书（多选题，统计数据见表9-16）问题中，选项总量为241次。选择取证所需知识融入日常教学中，课程完成即可获得证书的有74次，占选项总量的30.7%；选择在培养方案中包括为取证安排的单独培训课程的有80次，占选项总量的33.2%；选择课外组织学生培训和考试的有74次，占选项总量的30.7%；选择只组织学生考试，不安排相关的培训工作的有10次，占选项总量的4.1%；选择不要求学生取得职业资格（技术等级）证书的有3次，占选项总量的1.2%。

表9-16　取证方式统计表

取　证　方　式	选　项　次　数	百分比/%
取证所需知识融入日常教学	74	30.7
培养方案有单独培训课程	80	33.2
课外组织学生培训和考试	74	30.7
只组织学生考试	10	4.2
不要求获取证书	3	1.2
选项总量	241	100.0

2）分析

从问卷的统计分析中可以看出，高职人才培养方案中对课程的设计能够考虑的比较周全，在目标、课程、教学等方面给都给予了重视。大部分的课程在开发时都有以职业分析结果为依据制订的课程内容，但有超过1/3的选项选择了全部课程开发都以职业分析为依据，这个数据值得商榷。

各高职院校在进行课程设计的时候已经能够注意到学校对人才的能力培养与社会需求的链接，在课程设计的时候能够以未来工作岗位切实需要的技术技能为出发点，这对高等职业教育培养高素质技能型专门人才的定位也是一个有力的支撑。

从表9-14可以看出，制订人才培养方案计划时，对各类课程的设置都有所考虑，各类课程数量相当。但从选项次数上看并不能看出人才培养计划中的各类课程的比例和结构是否合理。对前沿应用技术课程的设计较少，应加强学校对社会需求的衔接，关注前沿技术的发展，不断补充到教学当中，使学校培养与社会需求达到无缝链接。

从表9-15中的数据可以看出，有24.43%的人才培养方案在设计时全面考虑了课程的类型，这样的人才培养方案才可能完备，才可能满足高职教学的要求。有54.2%的人才培养方案在设计时考虑了三类课程，这是高职课程体系的核心，也是满足高职教学的基本条件；有45.8%的人才培养方案在设计时对三类课程的考虑不足，这样设计出的人才培养方案可能存在较大缺陷；且仅有29次组合考虑了前沿应用技术课程，仅为22.14%，从另一个角度反映出高职人才培养方案在整体上对前沿技术考虑不足。

绝大多数高职院校对学生取得各种职业证书或技能证书都有所要求；从教学的角度来讲，证书课程已部分融入教学过程当中；以何种方式获得职业证书或技能证书，与学校的重视程度、教学力量、组织方式也有很大关系，学校之间的差异导致了多种取证方式并存。

4. 公共课改革

1）统计

在对“本专业人才培养方案中的公共课是否进行了改革”（单选题，统计数据见表9-17）问题的调查中，选择部分进行了课程改革的有93份，占抽样问卷的67.9%，排名第一；选择全部进行了课程改革的有32份，占抽样问卷的23.4%，排名第二；选择未进行课程改革的有8份，占抽样问卷的5.8%，排名第三；另有4份问卷未做选择，占抽样问卷的2.9%。

表9-17 公共课是否进行了课程改革调研统计表

是否进行了课程改革	份　数	百分比/%
全部进行了课程改革	32	23.4
部分进行了课程改革	93	67.9
未进行课程改革	8	5.8
合计	133	97.1
未填	4	2.9
总计	137	100.0

2）分析

公共课程的改革在高等职业教育教学中越来越受到重视，而公共课程改革的难度丝毫不亚于专业课程的改革，虽然公共课程以方法性、工具性课程为主，大多以基本理论的传授作为课程内容，但也承担着为学生学好专业知识打下基础的重要责任。因此公共课程的教学也要明确高职人才培养目标，理解高职人才培养规律。统计数据也客观的说明了当前公共课程改革取得了一定的效果，但在改革的道路上仍然任重道远。

5．教学改革

1）统计

对“做中学”的理解

在对“课程改革与实施中“做中学”的具体体现”的填空题进行统计时，由于答案的内容互不相同，我们需要先将答案进行归类，如表9-18 所示。其中对“做中学”的基本正确的理解有50项，一般理解的有39项，有问题的理解有7项，有41项未作答。

表9-18 关于“做中学”理解的典型答案统计表

序号	基本正确	一般理解	有问题的理解	未作答	合记
1	理实一体	边学边操作，学中做，做中学	实验、实训、实习		
2	项目化教学	顶岗实习、综合实践	用教学软件模拟真实职场工作，多媒体，教学软件		
3	教学做一体化	实践与理论相结合，通过实践掌握理论知识	课程教学		
4	工学交替，生产性实践	校内外实践，实训	让学生将学过的知识运用到实践中，通过实践提高动手能力		
5	边学理论边操作，边操作边学理论	部门专业课在实训基地现场教学	目标，载体，过程，累积		
选项合计	50	39	7	41	137
百分比/%	36.50	28.46	5.11	29.93	100

在对“本专业教学实施中，教师的角色是什么”（多选题，统计数据见表9-19）的问题的调查中，共有255次选择。选择辅导者的有101次，占选项总量的39.6%，排名第一；选择教授者的有80次，占选项总量的31.4%；选择教练的有74次，占选项总量的29%。

表9-19 教师角色统计表

教师角色	选项次数	百分比/%
教练	74	29.0
辅导者	101	39.6
教授者	80	31.4
总计	255	100

在对“教学过程中主要采用的现代教学法”（填空题，统计数据见表9-20）的问题调查中，我们将答案按内容分类型进行统计，归类后如表9-20所示。从表中数据可以看出，行动导向教学法成为高职教育教育中最为常见的教学法，普遍被运用到教学当中。其他一些答案属于教育手段、途径等（如技能训练、教育技术、综合实习（实训）等，占19.71%）方面的概念，不属于教学法范畴，还有一些教师对什么是教学法还没有清楚的认识（27.01%）。

表9-20 在教学过程中主要采用的现代教学法典型答案分类表

序号	行动导向	技能训练	教育技术	综合实习（实训）	问题（概念不清）	未填写	合计
1	案例法	仿真模拟	多媒体	生产现场实训	理论-实践一体化		
2	项目教学法		网络教学	团队项目训练	实物展示		
3	情景模拟法			现场模拟	做中学		
4	任务驱动法				课件		
5	PBL教学法						
选项合计	43	4	18	5	37	30	137
百分比/%	31.39	2.92	13.14	3.65	27.01	21.89	100

在对“是否有本专业教学改革前后的对比评价及其评价结果”（单选题，统计数据见表9-21）的问题调查中，有68份选择了“是”，占抽样问卷的49.6%，排名第一；有59份选择了否，占抽样问卷的43.1%，排名第二；另有10份未做选择，占7.3%。

表9-21 教学改革前后的对比评价统计表

是否有对比评价	份 数	百分比/%
是	68	49.6
否	59	43.1
合计	127	92.7
未选	10	7.3
总计	137	100.0

2）分析

“做中学”是现代高等教育中的先进理念，这个概念原由高等工程教育提出，逐渐被职业教育所接受，并开始逐步推行。从表9-18可以看出，填写调查问卷的高职教师基本上可以从正面理解“做中学”的含义，并与项目教学等课程形式相结合，但还不能从“做中学”是高职教育中新的教学观念的高度去理解“做中学”的实际意义。对于“做中学”在高职教学中的落实——课程、教学法、考核法等方面，有待深入了解，可由考察组深入调研。还有些教师将“做中学”简单理解为传统的实验、实训课程等，说明他们还只是停留在字面意思上，还未曾深入地对其含义进行了解。

通过教学改革，学生对学习的兴趣有所提升；在课堂教学上，教师的角色发生了一定的变化，逐渐从以教师为中心向以学生为中心进行转变，从“教授者”（以教师为中心的授课方式），向着“辅导者”（以学生为中心，教师为辅）的角色转变。问卷数据统计中，辅导者的选项次数占选项总量的2/5，说明这种转变已见成效，但是还没有达到完全的转变。

多数教师已经认识到在高职教学中需要采用现代教学法并在教学中已经进行了实际的运用，但效果目前还难以判断，有待实地考察解决。从统计数据中可以看出，高职改革已经有了良性的趋势，一些新概念开始引起了高职教师的思考。

要提高教学质量，对教学和课程的改革是必不可少的，但在经过时间的检验后，需要对改革前后的教学进行对比评价才能知道教学中哪些方面经过改革取得了成绩，哪些是经过改革仍无改变甚至有所倒退，哪些还需要进一步改革。对改革前后的对比评价可为今后高职教育教学的良性发展提供重要的参考建议。但从统计数据上看，只有一半的院校进了对比评价，另一半院校可能因为改革时间短或其他的原因尚未进行对比评价。

6．教学考核

1）统计

在对“本专业人才培养方案中是否对课程的考核方式进行了改革”（单选题，数据统计见表9-22）的问题调查中，选择不同性质的课程采用不同的考核方式的有76份，占抽样问卷的55.4%，排名第一；选择部分不同性质的课程采用不同的考核方式的有53份，占抽样问卷的38.7%，排名第二；选择能注意考核方法改革，但未在实际教学中实施的有2份，占抽样问卷的1.5%，排名第三；选择基本未进行考核方法改革的有2份，占抽样问卷的1.5%，排名第四；有4份问卷未做选择，占抽样问卷的2.9%。

表9-22 是否对课程的考核方式进行了改革调研统计表

考核方式的改变	份数	百分比/%
不同性质的课程采用不同的考核方式	76	55.4
部分不同性质的课程采用不同的考核方式	53	38.7
能注意考核方法改革，但未在实际教学中实施	2	1.5
基本未进行考核方法改革	2	1.5
合计	133	97.1
未填	4	2.9
总计	137	100.0

2）分析

教学方式发生了改变，对考核方式也提出了要求。从统计中看出，绝大部分不同性质的课程在改革后都能注意考核方式的变化，通过探索调整或找到相应的考核方法，对考核效果也需要进行反思评价。

7．校企合作

1）校企合作的环节

（1）统计

在对“企业参与本专业建设的环节有哪些”（多选题，统计数据见表9-23）的问题调查中，选项总共有417项。其中选择企业人员作为兼职教师上课的有121次，占选项总量的29%，排名第一；选择共同制订培养方案的有119次，占选项总量的28.5%，排名第二；选择提供实习和就业岗位的有113次，占选项总量的27.1%，排名第三；选择企业为学校培养专业教师的有48次，占选项总量的11.5%，排名第四；选择参与招生的有11次，占选项总量的2.6%，排名第五；有5份未做选择，占选项总量的1.2%。

表9-23 企业参与本专业建设的环节统计表（1）

企业参与专业建设的环节	选项次数	百分比/%
共同制订人才培养方案	119	28.5
参与招生	11	2.6
企业为学校培养专业教师	48	11.5
企业人员作为兼职教师	121	29.0
提供实习和就业岗位	113	27.1
其他	5	1.2
选项总量	417	100.0

按照选项组合进行统计（统计结果见表9-24），所有的选项类型共有19种，共被选取了133次。表9-24列举了主要的组合。其中，包含所有类型的选项的组合仅有5.26%；由“共同制订人才培养方案”、“企业人员作为兼职教师”和“提供实习和就业岗位”的组合有53次，占39.85%，参考表9-23，这些也是企业与学校进行交流合作最常见的项目；而“企业为学校培养专业教师”和“参与招生”，在校企合作中还开展得不够普遍。

表9-24 企业参与本专业建设的环节统计表（2）

人才培养方案中涉及的课程	选项组合1	选项组合2	选项组合3	选项组合4	选项组合5	其他组合	选项组合次数总计
共同制订人才培养方案	√	√	√	√			
参与招生				√			
企业为学校培养专业教师		√		√			
企业人员作为兼职教师	√	√	√	√	√		
提供实习和就业岗位	√	√		√	√		
总计	53	32	9	7	6	26	133
百分比/%	39.85	24.06	6.77	5.26	4.51	19.55	100

（2）分析

通过表9-23的数据统计可见，在所有的选项中，“共同制订人才培养方案”、“企业人员作为兼职教师、“提供实习和就业岗位”这三项被选择的次数是最多的，数量基本相当。这三种校企合作方式也是最常见的。表9-24则从另一个角度印证了

表9-23数据统计的真实性。为学校培养教师对企业来讲需要付出相当大的人力资源和物力资源成本，对企业来说短期内无法获得利益，所以企业还不太愿意采用这种合作方式。应设法从国家层面制定相应的扶植政策，鼓励企业参与学校专业教师的培养，提高企业的合作积极性。当前看来，要从学校选取企业真正需要的人才，采用共同制订培养方案以及企业人员作为兼职教师是最直接有效的方式。

2）兼职教师

（1）统计

在“教学过程中行业企业兼职教师上课学时占总学时的比例”的问题（填空题）的调查中（统计结果见表9-25），回答兼职教师课时占总学时比例小于30%的有51份，占抽样总量的37.23%；回答兼职教师课时占总学时比例大于等于30%且小于50%的有29份，占抽样总量的21.17%；回答为50%的有2份，占抽样总量的1.46%；回答为100%的有1份，占抽样总量的0.73%。没有回答的有48份，占抽样总量的35.03%；回答无法判断的有6份，占抽样总量的4.38%。

表9-25 行业企业兼职教师上课学时占总学时的比例统计表

所占比例	抽 样 份 数	百分比/%
小于30%	51	37.23
大于等于30%且小于50%	29	21.17
50%	2	1.46
未回答	48	35.03
其他	7	5.11
总计	137	100.0

（2）分析

近些年来，教育部对高职院校兼职教师的要求在逐渐提高。2004年修订的《高职高专院校人才培养工作水平评估方案（试行）》，要求兼职教师数量占专业课与实践指导教师合计数之比为10% ~ 20%；2007年, 吴启迪副部长提出希望兼专职教师比例要达到1:1甚至更高 ；在国家级示范性高职院校建设工作要求兼专职教师比例在1:1左右；2010年, 在国家级骨干高职院校三年建设期内, 使兼职教师承担的专业课学时比例达到50%。由此可见, 兼职教师队伍的建设已经成为高职院校师资队伍的重要工作之一。

根据统计数据我们可以发现，绝大部分的高等职业院校尚未达到国家骨干高职院校兼职教师课时占总课时50%的要求，比例小于30%和不清楚比例为多少的问卷数量各占1/3强，比例大于等于30%且小于50%的为1/5强；只有2份问卷回答为50%。对比德国高等职业技术教育的兼职教师承担的课时量约占总课时量的60%～80%，可见，不仅要完成兼职教师课时50%的目标有一段距离，要达到国外高职发达国家兼职教师队伍的水平更加遥远。国家在兼职教师队伍建设上还需要给予更多的重视和政策方面的支持。

8. 综合分析

本文对调查问卷中问题的数据统计情况均辅以数据表格进行了说明，在每个问卷问题统计的说明之后都进行了简要的分析，进而我们通过整体的问卷统计数据，发现了一些更加明确的问题，为今后调研工作的深入开展提供了依据。

1）基于工作过程

通过前面的研究中对问题的阐述和对数据的统计说明，发现一些与涉及基于工作过程课程开发方面有矛盾的数据。

在数据的统计中，“制订人才培养方案借鉴的国际人才培养模式（见表9-10）”中，选择“采用了基于工作过程的课程开发方法”的有45%；“课程的设计依据”（见表9-12）中，选择“全部以职业分析为依据”的有35.8%；“专业人才培养方案中课程体系设计的基础”（见表9-13）中，选择“以职业成长为规律为基础”的有19.2%；在“人才培养方案中涉及的课程”（见表9-14）中，选择“进行课程设计时考虑了理论-实践一体化课程”的有18.7%；“企业参与本专业建设的环节”（见表9-23）中，选择“企业共同制订人才培养方案”的有28.5%。

以选择采用了基于工作过程的课程开发方法（45%）为固定参照点，与其他数字进行对比，可以看出一些存在矛盾的地方。

第一，采用基于工作过程开发方法开发出来的课程一定会是学习领域的课程，也一定会是理论-实践一体化的课程。但选择采用基于工作过程开发的课程比率的45%，与进行理论-实践一体化课程设计18.7%的统计数字间存在矛盾。

第二，职业成长规律是采用基于工作过程课程开发方法开发课程时必须遵循的一个规律。选择遵循了职业成长规律进行课程开发的统计结果为19.2%，与采用了基于工作过程开发方法开发课程的45%的数字间存在矛盾。

第三，采用基于工作过程开发方法开发课程，必须以职业分析为基础。问卷中以职业分析为基础的选项统计数字35.8%，与采用了基于工作过程开发方法开发课程为45%的统计数字间存在矛盾。

第四，采用基于工作过程的课程开发方法开发的课程必须是通过校企合作的方式来完成的，但对校企合作问题的回答中，选择共同培养人才培养方案的环节中只有28.5%。与采用了基于工作过程开发方法开发课程为45%的统计数字间存在矛盾。

上面所述的几个方面之间存在着这样的联系：使用基于工作过程的课程开发方法

时，必须遵循职业成长规律，必须采用职业分析方法，必须由校企合作来完成课程的开发，用此方法开发出的课程一定是理论-实践一体化课程，而理论-实践一体化课程一定要使用行动导向教学法进行教学。这些方面环环相扣，不可能某一方面过多或过少。因此从数据的统计上应反映出，各问题单独统计出来的数字即便不能做到完全一致，也应大体一致。但根据当前的调研分析来看，显然还不能做到大体一致。这些方面相互之间存在的矛盾说明，高职院校的教师对基于工作过程这个概念的认识还不清楚，由于认识的混淆，很可能会出现回答问卷的过程中出现概念混乱的现象。

2）关于理论课程和实训课程的实施效果

从问题“人才培养方案中涉及的课程”（见表9-16）中，可以看出，在课程体系设计的时候，理论课程还占较大比重（20%）。高等职业教育课程体系中，理论课程是必不可少的，但是理论课程必须经过改革才能适应高等职业教育教学的要求。但从当前的研究来看，理论课程的改革的进程与效果并不清楚，应对理论课程的改革效果进行深入的调研。

从问题“人才培养方案中涉及的课程”（见表9-14）中也可以看出，专门技术技能训练课程还有较大比重（20.7%）。这些课程可能在课程开发时经过了调研和职业分析，具有一定的针对性；在课程设置的时候，也确实根据要求针对应掌握的技能安排了实训课程，但是实训课程的改革的进程与效果如何，从问卷调查中还不能清楚的分析出来。在后续重点考察中，对实训课程还需要继续深入调研。

3）关于三类课程的设计

从问卷问题“人才培养方案中涉及的课程”（见表9-14）中可以看出，大部分专业在进行课程设计的时候都考虑了对理论课程、专业基本技术技能训练课程和理论-实践一体化课程的课程设计。但这三类课程在课程设计时各占多少的比例，从当前的问卷调研来看尚不清楚，需要继续进行深入调研；此外，只能看出这三类课程进行了设计，但设计的思路，设计的方法是什么则不清楚，也需要今后进行深入的调查。

三、总结

1. 成绩

从问卷的统计和分析可以看出，我国现阶段的高等职业教育已经从早期的数量规模发展阶段进入了内涵发展阶段。

教师对人才培养目标有比较清晰的认识；高职院校在人才培养方案的制订时能够根据自身条件借鉴国际上适合于自身发展的人才培养模式，结合社会的需求，组织或邀请企业专家进行职业分析，参与人才培养方案的制订。

从问卷调查来看，课程设计大多能以职业分析结果为依据，大部分的专业课程和公共课程经过了改革，并取得成效。

课堂教学在逐步向着以学生为中心的教学方式进行转变，学生的对教学的兴趣在教学改革后有一定程度的提升，考核方式也在一定程度上进行了改革。

企业以多种方式参与到高职院校的教育教学的环节中，使社会对人才的需求与学校对人才的培养联系更加紧密。

2．问题

当前中国高等职业教育正在逐步形成自己的特色。

从问卷调查中看，目前还须借鉴国际先进的人才培养方案，而多样化人才培养方案成为当下我国高等职业教育的特点。

高职教师对制订人才培养方案时应遵循何种高等职业教育理念存在着差异。大部分教师能够遵循符合或比较符合当前高等职业教育的先进理念，但由于高等职业教育进入内涵发展期还不长，还有部分教师还无法从传统的教育理念中完全转变过来，要达到对深层次理念的正确理解还有一段距离。总体来讲，我国高职教师正在逐渐接受先进的高职教育理念，并逐步将此理念运用到高等职业教育教学中去。

从问卷调查中看，虽然大部分人才培养方案在课程设计时都进行了职业分析，但可能由于被调查者对某些概念的混淆，实际的情况可能未必如数据统计结果一样乐观。

从问卷调查情况看，人才培养方案中职业分析是否透彻，课程的设计是否合理，尚不能用数据进行说明；部分课程及考核方式进行了改革，但缺少必要的反思评价。

教师和学生对人才培养的能力需求存在差异，与学生相比，除专业能力外，教师更注重对职业态度与素养的要求，而学生则更注重对社会能力的培养。高职教育应正确引导这一趋向，在对社会能力有所要求的同时又要防止社会能力至上的问题。加强职业态度与素养的培养，才能突出职业教育的特性。

高职院校对兼职教师队伍的建设还需要更进一步，要达到国外高职发达国家兼职教师队伍的水平还很遥远。国家在兼职教师队伍建设上还需要给予更多的重视和政策方面的支持。在校企合作方面，还需要从国家层面制订对企业的扶植政策，提高企业参与高职教育教学的积极性，从更多的方面参与学校办学，共同培养高职人才。

附件

中国高等职业教育专业课程和教学改革状态调查问卷
（学校教师或管理人员填写）

尊敬的老师：您好！

感谢您的参与！本调查问卷是为了对我国高等职业教育在专业课程改革和教学改革的现状有一个了解，为在新的历史时期推进高职新一轮改革与发展，提高教学质量，更好地满足用人单位的需求与促进学生职业生涯发展奠定基础，由联合国教科文组织项目《中国高等职业教育课程改革状况调研》课题组专门设计的。希望您能协助我们的调研工作，完成调查问卷的填写。我们对您的大力支持表示由衷的感谢！

联合国教科文组织项目《中国高等职业教育课程改革状况调研》课题组

2010-11-5

一、基本信息

1. 您所在的省（自治区、直辖市）是______。

2. 您所在院校名称______。

属于：______。

A. 国家高职示范校　　B. 省级高职示范校

C. 国家高职骨干院校　　D. 非示范、骨干高职院校

E. 本科院校举办高职教育

3. 您所在（或熟悉）专业的名称______。

4. 您在工作中的角色是______（可多选）。

A. 专业课教师　　B. 公共课教师

C. 实践课教师　　D. 教学管理人员

E. 教学辅助人员（班主任等）　　F. 院系领导

G. 专业负责人　　H. 其他______（请注明）

5. 您现在的职称是______。

A. 初级职称　B. 中级职称　C. 副高及职称　D. 高级职称

6. 您的学历/学位为______。

A. 大专　B. 本科　C. 硕士　D. 博士

7. 您是否具有行业企业经历______。

A. 是　B. 否

二、单选题

1. 本专业人才培养目标表述是______。
   A. 高素质技能型专门人才
   B. 技能型人才
   C. 技术型人才、实用型人才
   D. 应用型、复合型人才
   E. 其他______（请注明）
2. 本专业人才培养方案制定的依据是______。
   A. 行业企业专家集体讨论产生的本专业职业分析结果
   B. 行业企业调研后的分析报告
   C. 其他学校的同类专业培养方案
   D. 没有依据
   E. 其他______（请注明）
3. 本专业课程体系中的各门课程的设计是否以职业分析结果为依据？______。
   A. 是，全部课程以职业分析结果为依据
   B. 是，部分课程以职业分析结果为依据
   C. 否
4. 本专业人才培养方案中的公共课是否进行了改革？______。
   A. 是，全部进行了课程改革
   B. 是，部分进行了课程改革
   C. 否，未进行课程改革
5. 在本专业人才培养方案中是否对课程的考核方式进行了改革？______。
   A. 不同性质的课程采用不同的考核方式
   B. 部分不同性质的课程采用不同的考核方式
   C. 能注意考核方法改革，但未在实际教学中实施
   D. 基本未进行考核方法改革
6. 本专业和课程改革是否提升了学生的学习兴趣
   A. 大大提升
   B. 有所提升
   C. 变化不大
   D. 其他______（请注明）
7. 是否有本专业教学改革前后的对比评价及其评价结果？______。

A. 是

B. 否

三、多选题

1. 制订本专业人才培养方案时，采用了哪种职业分析方法？_______。

A. DACUM法

B. 市场（行业企业）调研法

C. VOCSCUM分析法

D. BAG法

E. 其他______（请注明）

F. 未采用职业分析

2. 本专业人才培养方案制定借鉴了国际上哪种人才培养模式?_______。

A. 德国双元制模式

B. 澳大利亚TAFE模式

C. 加拿大美国的CBE模式

D. 德国基于工作过程模式

E. 其他模式______（请注明）

F. 无

3. 本专业人才培养方案中课程体系设计的基础是什么？_______。

A. 调研结果

B. 专业需要的理论知识

C. 专业需要的技术技能

D. 职业成长规律

E. 其他______（请注明）

4. 在本专业人才培养方案制订中进行了哪些方面的设计？_______。

A. 专业人才培养目标设计

B. 专业课程体系设计

C. 课程大纲设计

D. 基本教学环境设计

E. 课件和教材设计

F. 其他______（请注明）

5. 本专业培养方案中涉及的课程类别主要包括什么？_______。

A. 专业理论知识课程

B. 专门技术技能训练课程

C. 理论-实践一体化课程

D. 职业拓展课程

E. 职业证书认证课程

F. 前沿应用技术课程

6. 本专业教学中学生如何获取职业资格（技术等级）证书？______。

取证所需知识融入日常教学中，课程完成即可获得证书

在培养方案中包括为取证安排的单独培训课程

利用课外时间组织学生进行认证培训和考试

只组织学生考试，不安排相关的培训工作

不要求学生取得职业资格（技术等级）证书

7. 在本专业教学实施中，教师的角色是什么？______。

A. 教练

B. 辅导者

C. 教授者

8. 企业参与本专业建设的环节有哪些？______。

A. 共同制订培养方案

B. 参与招生

C. 企业为学校培养专业教师

D. 企业人员作为兼职教师上课

E. 提供实习和就业岗位

F. 其他______（请注明）

四、填空题

（下面所列问题请用简单语句或关键词回答，不需要解释、论述，对于不易回答的或不熟悉的问题可以不答。）

1. 在本专业人才培养方案制定时，遵循的高等职业教育理念是

____

2. 课程改革与实施中“做中学”的具体体现是

____

3. 教学过程中主要采用的现代教学法有

____

4. 教学过程中行业企业兼职教师上课学时约占总学时的比例为

____

第十章 基于高职在校学生调研问卷的统计分析

一、基于高职在校学生问卷调查的研究方案设计

1. 研究的目的

“中国高等职业教育专业课程和教学改革状态调研”是由北京联合大学应用性高等教育发展研究中心主持的联合国教科文组织的项目，“基于学生问卷调查的统计分析”是该项目的子项目之一。中国高等职业教育通过近20年的迅速发展，在经历了数量增加的规模发展阶段之后转入提高办学质量内涵的发展。子项目是从高职院校学生的视角出发，对经过一系列深入的高职教育教学和课程改革之后高等职业教育的现实状态进行问卷调查，试图找出当下高等职业教育课程改革的成绩与不足，为未来的高等职业教育良性发展提供参考建议。

2. 研究意义

有利于对我国高等职业教育课程改革现状的把握，为课程的改革走向提供参考。当下，高等职业教育以培养当前社会需求的一线高素质技能型专门人才为目标，建立一个与经济社会发展相适应的高职课程体系。然而理想与现实之间的偏差需要我们不断地审视所做过的工作，反思和判断我们所完成的改革是否到位和有效；即能否通过课程改革培养出真正需要的高素质技能型专门人才；能否根据高职学生的特点，提高学生的学习能力和实践能力，培养学生的创造能力、就业能力和创业能力。培养学生主动适应社会，学会交流开展团队协作；能否将工学结合作为高等职业教育人才培养模式改革的重要切入点，引导课程设置、教学内容和教学方法改革；保证学校所学知识与社会需求无缝链接等。通过本课题的研究，希望能够对当前高等职业教育的改革的现状准确描述的同时，为未来我们将要更加关注和亟待解决的问题提供参考，进一步加强内涵发展。

学生是高等职业教育最直接受益者，承担着未来对社会发展的重要责任，他们对问卷的调查能够最直接和清晰地反映出当前高等职业教育课程与教学改革的状态。我们结合问卷内容从课程、教学考核、能力要求等几个方面来进行调查，试图找到答案。

3．研究方案的框架

1）问卷数据来源

本次中国高等职业院校教学与课程改革现状调研（基于学生问卷调查），通过学校分发和网络调查的形式进行问卷的发放。这些问卷覆盖中国华北、华南、华东和西部地区，主要为北京、广东、广西、安徽、福建、湖北、浙江、天津、重庆、江苏、上海、甘肃、陕西、宁夏等地区，这些地区经济特点不尽相同，但在高等职业教育方面已经进行了长时间的探索，并在课程与教学改革的过程中取得了一些成绩。专业领域涉及计算机类、电子类、机械制造类和管理类这四大类专业，涵盖计算机网络技术、计算机信息管理、软件技术、软件测试、计算机应用、信息安全技术、电子信息工程技术、微电子技术、应用电子技术、会计、电子商务、市场营销、机械制造和自动化、电气自动化、机电一体化、数控技术等20余个专业。

2）问卷发放任务

经过一个月的回收工作，陆续回收问卷共1 569份。问卷覆盖中国华北、华南、华东和西部地区，主要为北京、安徽、广东、广西、江苏、山西、上海、天津、浙江、重庆等地区，参与问卷统计的高职院校有17所，其中北京3所，广东2所，广西1所，江苏1所，上海1所，天津2所，浙江4所，重庆1所，安徽1所 ，福建1所。这17所高职院校中，国家高职示范校6所，国家高职骨干示范校6所，省级高职示范校5所。这些地区经济特点不尽相同，但在高等职业教育方面已经进行了长时间的探索，并在课程与教学改革的过程中取得了一些成绩。

3）调查问卷的抽样、统计分析任务

（1）根据调查问卷回收情况制定抽样原则

我们对回收的问卷进行抽样以后进行统计和分析。鉴于被调查的地区较广，院校类型不一，参与调查的学校数量多，各地区、院校交回的问卷数量不同等特点，我们制定了如下抽样原则：

原则一：被抽样问卷须覆盖所有被调查的地区。

原则二：被抽样问卷尽可能平均覆盖四大类专业。

原则三：被抽样试卷尽可能不集中在某一问卷较为集中的地区或专业。

原则四：采用随机抽样，尽可能获得有效数据。

（2）根据问卷的填写的内容，将数据进行整理归类统计

根据抽样原则，我们用Spss社会调查分析软件，共随机抽样出247份问卷。由于选择题的答案是固定而唯一的，只须对答案进行编号即可处理。而填空题的答案就比较开放和自由，所以我们将填空题中出现的各种答案根据一定的原则分类后再归类，对

归类后的数据进行统计。

（3）根据问卷题目的内容，从多个方面进行分析。

根据调查问卷的设计目的，我们从课程、教学考核、能力等几个。最后总结高等职业教育教学与课程改革的现状，并指出了成绩与不足。

4．研究工作计划

（1）课题组布置子项目调研任务；

（2）按照课题组的分工，研究确定子项目的工作目标、调研任务，形成子项目研究工作的初步设想方案；

（3）课题组集体讨论子项目研究工作的初步设想，进一步明确子项目的研究任务；

（4）按照课题组的要求，修改子项目的设想方案，形成子项目的研究方案初稿；

（5）与总课题负责人讨论子项目的研究方案，确定研究方案；

（6）完成调研数据收集、整理，形成调研文档；

（7）完成统计分析，形成子项目报告初稿；

（8）与总课题负责人讨论报告初稿；

（9）修改报告，形成研究报告。

二、问卷的统计与分析

依据抽样原则，我们用Spss社会调查分析软件，共随机抽样出247份问卷，统计结果如下：

（说明：单选题由于答案是唯一的，所以各选项的总和应与被抽样问卷的数量相等，以抽样问卷的数量作为百分比的基础。而多选题的答案大多是不唯一的，因此，我们以每道题得到的所有选项次数作为百分比的基础，因此多选题的百分比累积通常大于100%。）

1．最感兴趣的三门课

1）统计

本问题中，我们请学生填写了上学期间最感兴趣的三门课程。我们将学生们填写的各种课程进行归类，按照项目组划分的高职教育课程分类（见图10-1）进行归类。

高职教育课程主要由理论知识课程、基本技术技能训练课程和理论-实践一体化课程三部分构成。其中，理论知识课程包括各类专业人才所需要的各类理论课程，以课堂传授为重要特征；基本技术技能训练课程是指为训练某个专项能力而开设的各类课程；理论-实践一体化课程是指为完成某项工作，将任务理论与实践融为一体的课程。

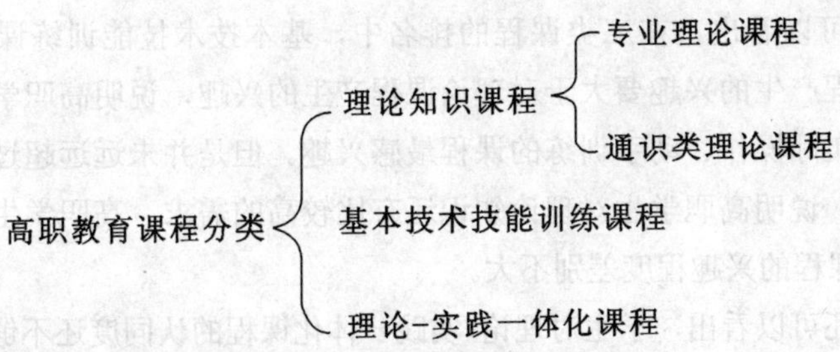

图10-1 高职教育课程分类图

本问题中（填空题），我们请在校学生填写了上学期间最感兴趣的三门课程，在填写时并没有要求他们刻意对课程进行排名。于是，在统计时，我们首先请专家对学生的回答的课程名称按照“通识理论知识课程”、“专业理论知识课程”、“基本技术技能训练”、“理论-实践一体化课程”的类型进行分类，再统计每个课程类型被选中的频次，按照频次的多少来确定在校生最感兴趣的课程类型的排名。统计数据如表10-1和表10-2所示。

表10-1 在校生参加对最感兴趣课程调查的信息统计表

数量分布					
有效值		缺失值		合计	
数量	百分比/%	数量	百分比/%	总数	百分比/%
229	92.7	18	7.3	247	100.0

表10-2 在校生最感兴趣的课程频数统计表

课程类型	数量	百分比/%	有效百分比/%
通识理论知识课程	185	26.9	80.8
专业理论知识课程	193	28.1	84.3
基本技术技能训练课程	233	33.9	101.7
理论-实践一体化课程	76	11.1	33.2
总计	687	100.0	300.0

通过数据可以看出，共有247人参加了对本问题的调查，其中18人没有填写该题目或填写无效，有效百分比为92.7%。统计分析结果，在校学生最感兴趣的课程排名前三位的是：基本技术技能训练课程，占有效调查对象（229人）的101.7%；专业理论知识课程，占有效调查对象的84.3%；理论-实践一体化课程，占有效调查对象的33.2%。

从数据上可以看出，在三类课程的排名中，基本技术技能训练课程排名第一，学生对这类课程产生的兴趣要大于对理论课程产生的兴趣，说明高职学生对实践性很强，可以进行实际操作、动手训练的课程最感兴趣。但是并未远远超过对理论知识课程产生的兴趣，说明高职学生对理论知识还有比较高的需求。高职学生对通识理论课程和专业理论课程的兴趣程度差别不大。

从数据上还可以看出，学生对理论-实践一体化课程的认同度还不够高。我国教育部目前正在高等职业教育领域大力推广理论-实践一体化课程，付出了很多的努力，为此类课程的推广创造了很多条件，也取得了一些成果。但总体来讲，虽然在某些方面也有亮点，但可能理论-实践一体化课程的改革者起初还没有领悟到此类课程的精髓，却追求以最快的速度完成课程改革，而导致由于某些基础层面的工作不够扎实，未能取得预想中的效果。

2）分析

通过统计可以看到，学生最感兴趣的课程依次为基本技术技能训练课程、理论知识课程、理论-实践一体化课程。

高职学生在学习过程中最感兴趣的仍然是具有实践性很强，可以进行实际操作，动手训练的课程。理论对高职学生来讲，并不是放在第一位的。

三类课程的排名中，基本技术技能训练课程综合排名第一，且在三个分项排名中的抽样百分比都远远大于后两类课程，而后两类课程的抽样百分比并没有明显的差距。可见，学生对基本技术技能训练课程的喜好远远大于其他的课程。

基本技术技能训练课程和理论知识课程仍然是目前我国高职教育的主要课程类型；相对于理论-实践一体化课程，学生对理论知识课程的认同度较高。说明高职学生对理论知识还有一定的需求。

我国教育部目前正在高等职业教育领域大力推广理论-实践一体化课程，付出了很多的努力，为此类课程的推广创造了很多条件，也取得了一些成绩。但总体来讲，虽然在某些方面也有亮点，但可能理论-实践一体化课程的改革者起初还没有领悟到此类课程的精髓，却追求以最快的速度完成课程改革，而导致某些基础层面的工作不够扎实，致使课程改革不到位，从而未能取得预想中积极的效果；通过学生问卷调查情况来看，理论-实践一体化课程有可能在某个或某几个专业培养方案中，所占的课程数量比例失调。

2. 教学法与考核方式

1）统计

（1）教学法

被抽样的247份问卷中，学生最喜欢的是启发式教学法，共有83份，占被抽样问卷总量的33.6%；第二位为行动导向法，共有63份，占被抽样问卷总量的25.5%；第三位为训练法，共20份，占被抽样总量的8.5%。第四位为讲授法，共20份，占被抽样总量的8.1%。其他60份问卷由于回答不够明确，未被归纳，占总量的24.3%。数据统计如表10-3所示。

表10-3 最感兴趣的教学法调研统计表

教 学 法	抽样/份	百分比/%
启发式教学法	83	33.6
行动导向法	63	25.5
训练法	21	8.5
讲授法	20	8.1
其他	60	24.3
总计	247	100

（2）考核方式

被抽样的247份问卷中，学生最喜欢的考核方式为过程与结果考核兼顾形式，共有88份，占被抽样问卷总量的35.6%；第二位为偏重过程考核形式，共有63份，占被抽样问卷总量的25.5%；第三位为偏重结果考核方式，共25份，占被抽样总量的10.1%。其他29份问卷由于回答不够明确，未被归纳，占总量的11.7%。未填项的有42份，约为17%。数据统计如表10-4和图10-2所示。

表10-4 最感兴趣的考核方式调研统计表

考 核 方 式	抽样/份	百分比/%
偏重考核过程	63	25.5
偏重结果的考核	25	10.1
过程与结果考核兼顾	88	35.6
其他方式	29	11.7
合计	205	83.0
未答	42	17.0
总计	247	100.0

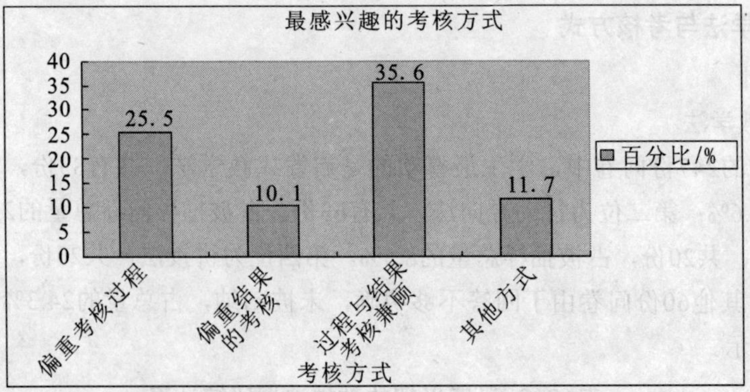

图10-2 学生最感兴趣的考核方式统计图

2）分析

单纯以讲授法开展教学的课程已经不被学生所喜爱，用此类方法开展教学的课程应多为纯理论型。纯讲授教学法已不太符合高等职业教育教学的需要。为改变这种局面，理论课程的课堂教学已经从单纯的讲授法逐步向启发式教学法转变，这种教学法能够抓住学生的思维活动，调动学生的学习积极性，提高学生的学习兴趣，易于得到学生的认可。

高等职业教育的学生大多以实际操作见长，因此在课程教学的开展过程中需要大量的实践机会。行动导向教学法通过实际操作培养学生在工作任务中发现问题、分析问题、解决问题，深受高职学生的喜爱。课堂教学的主角开始从教师转向学生，以学生为主的教学方式调动了学生的学习积极性和主动性，提高了学生学习的兴趣，也培养了学生自主学习的能力。

启发式教学法和行动导向教学法已经得到广泛而深入开展，并取了良好的效果。

在考核方式的调查统计中，喜欢偏重结果考核的学生只有1/10（不包括未填项数据）。喜欢偏重过程考核的学生占有约为1/3（不包括未填项数据），这些学生喜欢实际操作而非对理论知识的掌握，他们更喜欢以实际操作或实践的方式来完成考核，认为对技能的考核才是考核重点。喜欢过程与结果考核兼顾的学生约占1/2（不包括未填项数据），这些学生也喜欢以实际操作或实践的方式来完成考核，认为结果考核可以作为对理论知识考核的辅助。但他们也可能受传统考核方式的影响，认为试卷化的结果考核方式也应作为考核的主要方式而存在，或由于学校对考核的改革缺乏手段，使他们无法逃避。

各高职院校在人才培养方案中已经注意到并采取了考核方式的改革。在注重过程考核的同时，也没有完全抛弃传统的结果考核方式。这两种考核方式相辅相成，或将长期并存。

3. 毕业后对工作岗位能力、职业态度与素养的认识

1）统计

在统计前，我们对高职人才培养规格进一步明确。如图10-3所示。

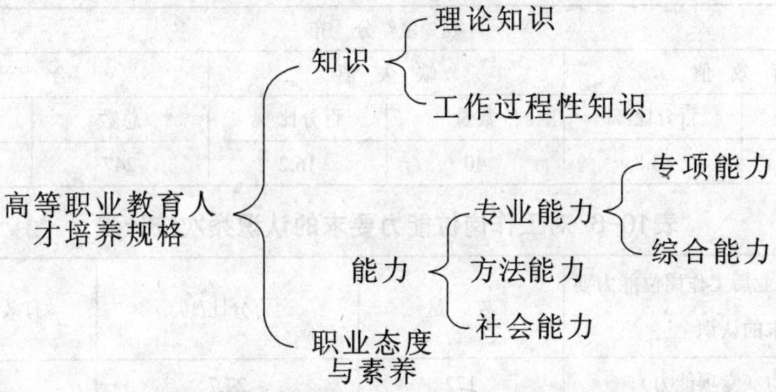

图10-3 高等职业教育人才培养规格

高职的人才培养规格由知识、能力、职业态度与素养三方面构成。其中能力主要是指从事职业工作应具备的职业能力，项目组参考诸多能力概念，将其内涵分类界定如下：职业能力由专业能力（包括专项能力和综合能力）、方法能力和社会能力构成。专业能力中的专项能力是指完成某一方面工作任务的专门技能；专业能力中综合能力是指完成某一方面工作任务而需要的综合性工作能力；方法能力是指独立地获取新知识、新技能的能力以及独立地完成复杂工作任务的能力；社会能力是指在社会的工作、学习中与其他人交往联系及合作的能力。而社会能力与方法能力还通常被称为关键能力。同时，高职毕业生除应具备职业能力外，还要具备应有的职业态度与素养。职业态度是指工作的责任心、职业道德、诚实守信、遵纪守法等；素养是指作为一个社会人应具备的基本素质：如基本文化素质、身心素质、社会公德。

我们在统计过程中发现，虽然我们是针对学生毕业后工作岗位的能力在进行调研，但是很多学生在填写问卷的时候，将部分属于职业态度与素养方面的数据也填入了问卷。因此我们在对这道题进行统计的时候也同时将职业态度与素养作为本题数据的一部分进行了统计。

通过表10-5数据可以看出，共有247人参加了对本问题的调查，其中40人没有填写该题目或填写无效，有效百分比为83.8%。统计结果见表10-6，在校学生对毕业后工作岗位能力要求认识的排名前三位的是：社会能力，占有效调查对象（207人）的100%；专业能力（专项能力），占有效调查对象的83.1%；职业态度与素养，占有效调查对象的44%。方法能力和专业能力（综合能力）分列四、五位。

表10-5 在校生对毕业后工作岗位能力要求的认识调查信息统计表

数量分布					
有效值		缺失值		合计	
数量	百分比/%	数量	百分比/%	总数	百分比/%
207	83.8	40	16.2	247	100.0

表10-6 对工作岗位能力要求的认识频次统计表

在校学生对毕业后工作岗位能力要求的认识	数量	百分比/%	有效百分比/%
专业能力（专项能力）	172	27.7	83.1
专业能力（综合能力）	72	11.6	34.8
方法能力	78	12.6	37.8
社会能力	207	33.4	100
职业态度与素养	91	14.7	44
合计	620	100.0	300

2）分析

由表10-6中的统计数据可以看出，在学生的心目中，与人沟通、团队协作能力等社会能力被认为是最受关注的能力，也被认为是企业要求员工应当具备的重要能力之一。学生对毕业后即将融入社会这一现实具有较清楚的认识。个人的生存与发展都不可能脱离社会而独立进行，个人是单体，多人才是社会，只有人与人相互接触，个人才能进步，社会才可能发展。

排名第二的专业能力（专项能力）虽然仍是个人能够胜任工作的根本需求，能够直接影响学生就业，但是如何能使良好的个人的专业能力（专项能力）与团队的协作完美结合，使团队力量发挥到极致，创造出最大效益是企业更加关心的问题。出乎意料的是，专业能力（综合能力）和方法能力并没有排入前三位，而第三名的位置被职业态度和素养所取代，职业态度与素养在学生看来是将来在社会上立足，在工作中取得成功以及做人做事的根本。

通过上面的数据分析，本研究发现学生对工作岗位能力的认识存在一个潜在的危险信息，即学生对社会能力的重视程度要高于对其他能力的重视程度。学生有可能认为只要社会能力足够强，就可以弥补工作中其他方面的缺陷，满足岗位需求。显然学生的这种认识忽视了职业教育中的对个人职业素质的要求，更多的是想到如何依靠技术和人与人之间的互动来满足岗位的需求。而对职业素质，甚至是对如何成长为素质全面的“人”没有做过多的考虑。这一误区应该由教师在日常教学中加以正确的引导，灌输社会能力的培养应当建立在良好的职业素养之上这一正确的意识。

三、研究结论

从对学生的问卷调查来看，高职学生对教学方法有着很高的要求，启发式教学法和行动导向教学法比较符合高职学生的特点，对开展高职教学起着助推的作用；高职学生喜欢实践性较强的专业能力（专项能力）课程，同时对理论知识课程也有一定的需求；在考核方面，高职学生大部分对过程考核认同度较高。部分学生偏重对过程进行考核，同时他们也认同结果考核可作为对理论知识考核的辅助。在能力培养方面，高职学生对专业能力（专项能力）的认同度较高，对社会能力和职业态度与素养也予以肯定，这些都是他们将来能够胜任工作岗位的根本。

通过调查，发现学生对理论-实践一体化课程的认同度不够，可能学生还分不清这类课程与专业能力课程的区别是什么，也可能与这类课程改革不到位有关。从统计结果看，在能力培养方面，专业能力（综合能力）和方法能力没能得到学生更多的关注，原因是多方面的，可能进入社会前眼界窄小，对未来缺少职业规划，对入职后如何融入群体还没有做好足够的思想准备；也可能与教学改革的不到位导致教育过程中没能使学生体验到专业能力（综合能力）的重要性有关。

附件

中国高等职业教育课程和教学改革状态调研问卷
（在校学生填写）

亲爱的同学：你好！

感谢你的参与！本调查问卷是为了对我国高等职业教育在专业课程改革和教学改革的现状有一个了解，为在新的历史时期推进高职新一轮改革与发展，提高教学质量，更好地满足用人单位的需求与促进学生职业生涯发展奠定基础，由联合国教科文组织项目“中国高等职业教育课程改革状况调研”课题组专门设计的。希望同学能协助我们的调研工作，完成调查问卷的填写。我们对你的大力支持表示由衷的感谢。

联合国教科文组织项目“中国高等职业教育课程改革状况调研”课题组

2010-11-5

1．你所在的省（自治区、直辖市）是_____。

2．你所在的院校名称是：_____。

属于：_____。

A．国家高职示范校

B．国家高职骨干院校

C．省级高职示范校

D．非示范、骨干高职院校

E．其他______（请注明）

3．你所学的专业是_____。

4．你现在所处的学习阶段

A．一年级

B．二年级

C．三年级

5．你最感兴趣的三门课程是：

____________________________________。

6．你最感兴趣的教学方式是：

____________________________________。

7．你最感兴趣的考试方式是：

____________________________________。

8．你如何认识毕业后在工作中的能力要求(请按重要度排列前三位)：

(1) ____________________；

(2) ____________________；

(3) ____________________。

第十一章 基于高职毕业生调研问卷的统计分析

一、研究策划

1. 研究目的

基于高职毕业生调研问卷的统计与分析是“中国高等职业教育专业课程和教学改革状态调研”项目中四类以问卷调查为研究方法，以调研报告为成果形式的一部分。旨在通过高职毕业生的视角，了解高职院校专业课程和教学改革的真实状态，从而发现高职人才培养规格中知识、能力和职业态度与素养存在的问题，提出相应的合理化建议，促进中国高等职业教育专业课程的教学改革，达到为培养适应中国社会经济发展需要的高素质技能型人才服务的根本目的。

2. 研究意义

基于高职毕业生的专业课程和教学改革状态调研报告是总项目成果的重要组成部分。从高职毕业生视角，了解高职院校专业课程和教学改革状态，进一步增强项目研究的客观性与科学性。同时，对建立不同类型调查对象对专业课程和教学改革状态的比较分析，具有重要意义。

3. 研究方案设计

基于高职毕业生专业课程和教学改革的调研报告是通过在调查问卷反馈结果基础上形成的。研究方案以基于高职毕业生的调查问卷为载体。设计思想体现于问卷的设计思路中。研究方案设计基于以下认识：

人才培养体系由知识、能力和职业态度与素养三方面构成。其中能力由专项能力、综合能力、方法能力和社会能力四方面构成。专项能力是指完成某一方面技能的能力；综合能力是指为完成某一方面工作任务而需要的综合性能力；方法能力是指获得分析问题、解决问题方法的能力；社会能力是指在社会的工作、学习中与他人交往联系及合作等方面的能力。职业态度与素养具体表现为未来作为职业人应具备的职业道德、职业态度、价值观取向等。

人才培养课程体系主要由理论知识课程、基本技术技能训练课程和理论-实践一体化课程三部分构成。其中，理论知识课程包括通识理论知识课程和专业理论知识课程；基本技术技能训练课程是指为训练某个专项能力而开设的各类课程；理论-实践一体化课程是指为完成某项工作任务理论与实践融为一体的课程。

通过上述认识，编制基于高职毕业生对于课程、能力、职业态度和素养的调查问卷。

4. 项目实施路径设计

（1）项目组召开研讨会，确定任务分工；

（2）设计、发放并回收调查问卷；

（3）整理、分析调查数据；

（4）形成子项目调研报告。

5. 文件设计

根据项目研究方案设计的思想如下：

（1）高职毕业生工作性质与专业的吻合性；

（2）了解专业课程设置在校期间最感兴趣的课程；最有用的课程；

（3）现在岗位最需要的能力，哪些课程培养了这些能力；

（4）对学校教学改革的建议。

具体文档参见《高等职业教育专业课程和教学改革状态调查问卷（高职毕业生填写）》。

二、实施行动

1. 研究工作过程

本次中国高等职业院校教学与课程改革现状调研（高职毕业生）问卷调查，经过一个月的回收工作，陆续回收问卷共173份。问卷覆盖了重庆、北京、广东、安徽、浙江、湖北等省和直辖市，包括国家级高职示范校、国家级高职骨干校、省部级示范校，专业类别涉及计算机类、电子类、机械类和管理类四类专业，具有一定的典型性和代表性。

我们对回收的问卷进行抽样以后进行统计和分析。鉴于被调查的地区较广，院校类型不一，参与调查的学校数量多，各地区、院校交回的问卷数量不均衡等特点，我们制定了如下抽样原则：

原则一：被抽样问卷须覆盖所有被调查的地区。

原则二：被抽样问卷尽可能平均覆盖四大类专业。

原则三：被抽样试卷尽可能不集中在某一问卷较为集中的地区或专业。

原则四：采用随机抽样，尽可能获得有效数据。

2. 数据

参加本次调查统计的高职毕业生共计173人。在调查高职毕业生不同工作年限的状态调查中，没有填写或填写不符合要求的毕业生共有7人，有效问卷达96%。具体信息如下：

（1）工作年限分布：工作1～2年的毕业生共有125人，占有效调查对象总数的75.3%；工作3～5年的毕业生共有30人，占有效调查对象总数的18.1%；5年以上的毕业生共有11人，占有效调查对象总数的6.6%。可以看出，5年以下高职毕业生是本次调查的主题，占有效调查对象总数的93.4%。

（2）在参与调查的高职毕业生的专业分布上：计算机类专业毕业生共有62人，占有效调查对象总数的35.8%；电子类专业毕业生共有64人，占有效调查对象总数的37%；机械类专业毕业生共有18人，占有效调查对象总数的10.4%；管理类专业毕业生共有29人，占有效调查对象总数的16.8%。可以看出，计算机类专业与电子类专业毕业生是本次调查的主体，占调查总体的72.8%。

（3）在高职毕业生工作性质与所学专业吻合度的调查中，173人中有8人没有填写问卷或填写不符合要求，占调查总体的4.6%；填写符合要求的共有165人。其中，工作性质与所学专业一致的毕业生共有86人，占调查总体的49.7%；不一致的毕业生有79人；占调查总体的45.7%。可以看出，工作性质与所学专业吻合度是否一致的分布中，二者数量或分布相当。

三、统计分析

1. 课程、能力需求的总体描述性分析

（1）在毕业生对在校期间最感兴趣课程的调查中，共有173人参与调查，其中25人没有填写该题目或填写无效，有效百分比为85.5%。根据Spss17.0统计分析，毕业生在校期间最感兴趣的课程，排名前三位的是：基本技术技能训练课程，占有效调查对象（148人）的160.8%；专业理论知识课程，占有效调查对象的85.1%；理论-实践一体化课程，占有效调查对象的41.9%（见表11-1和表11-2）。

表11-1 参加对在校期间最感兴趣课程调查的高职毕业生信息统计表

	调查对象数量分布					
	有效值		缺失值		合计	
	数量	百分比/%	数量	百分比/%	总数	百分比/%
$set1[a]	148	85.5	25	14.5	173	100.0

注：$set1a 是指将高职毕业生“对在校期间最感兴趣课程”的调查题目看作一个整体的标识。

表11-2 高职毕业生在校期间最感兴趣的课程频数统计表

		选择次数		占有效值百分比/%
		数量	百分比/%	
高职毕业生认为在校期间最感兴趣的课程[a]	通识理论知识课程	18	4.10	12.2
	专业理论知识课程	126	28.4	85.1
	基本技术技能训练课程	238	53.6	160.8
	理论-实践一体化课程	62	14.0	41.9
总计		444	100.0	300.0

理论-实践一体化课程对培养高职学生综合能力、方法能力和社会能力发挥不可估量的作用，但在调查中发现，该类课程在高职毕业生看来，却是最感兴趣的前四类课程中，位居第三位。因此，加强该类课程建设，增强课程吸引力，是高职人才培养工作中的重要方面。

（2）在调查经过工作反思，认为在校期间什么课程或哪类课程最有用时，共有155人为有效调查者。其中，认为排名第一的为专业理论知识课程，共有84人，占有效调查者（155人）的54.2%；认为排名第二的课程为基本技术技能训练课程，占有效调查者的32.2%；认为排名第三的课程为理论-实践一体化课程，占有效调查者的7.1%；排名第四位的课程为通识理论知识课程，占有效调查者的6.5%（见表11-3）。

与毕业生在校期间最感兴趣的课程类别相比，理论-实践一体化课程排名前三位中最后一位。学生对该课程不太感兴趣，同样也认为该课程用处不是十分大。

而从排名前两位的最有用的课程专业理论知识课程和基本技术技能训练课程，以及排名前两位的最感兴趣的课程基本技术技能训练课程和专业理论知识课程，可以看出最有用的课程未必是最感兴趣的课程，反之亦然。

表11-3 回答在校期间哪类课程最有用的高职毕业生数量统计表

		数量	百分比/%	有效百分比/%	累计百分比/%
有效值	通识理论知识课程	10	5.7	6.5	6.5
	专业理论知识课程	84	48.6	54.2	60.6
	基本技术技能训练课程	50	28.9	32.2	92.9
	理论-实践一体化课程	11	6.4	7.1	100.0
	总计	155	89.6	100.0	
缺失值	9	18	10.4		
合计		173	100.0		

（3）在调查现在工作岗位最需要的能力及职业态度与素养时，共有12名调查者没有填写该项或者填写不符合要求，161名调查者为有效调查者，有效百分比为93.1%。经统计调查，毕业生认为现在工作岗位最需要的能力中，排名第一位是社会能力，占

有效调查者的110.6%；第二位的是综合能力，占有效调查者的56.5%；第三位的是专项能力，占有效调查者的54.6%（见表11-4和表11-5）。

说明实际工作岗位上，社会能力在现在工作岗位中具有最重要的地位；综合能力排名第二，说明在社会能力满足的条件下，综合能力是工作岗位所需能力中最重要的，这也是职业竞争力的体现。而作为企业最看重的“职业态度和素养”被放在了最末一位，反映了高职毕业生对此的重视程度还不够。

表11-4 高职毕业生认为现工作岗位最需要能力及职业态度与素养的调查数据统计表

	调查对象数量分布					
	有效值		缺失值		总计	
	数量	百分比/%	数量	百分比/%	数量	百分比/%
\$set2[a]	161	93.1	12	6.9	173	100.0

注：\$set2[a]是指将高职毕业生认为现工作岗位“最需要能力及职业态度与素养”的调查题目看做一个整体的标识。

表11-5 高职毕业生认为现工作岗位最需要能力及职业态度与素养的频数分布表

		选择次数		占有效值的百分比/%
		数量	百分比/%	
高职毕业生认为工作岗位最需要的能力[a]	专项能力	88	18.2	54.6
	综合能力	91	18.8	56.5
	方法能力	85	17.6	52.8
	社会能力	178	36.9	110.6
	职业态度与素养	41	8.5	25.5
总计		483	100.0	300.0

2. 差异性分析

1）不同专业类别毕业生最感兴趣的课程情况分析

总体上，不同类别的专业高职毕业生最感兴趣的课程排名前三位的是：基本技术技能训练课程、专业理论知识课程、理论-实践一体化课程。

计算机类高职毕业生最感兴趣的课程排名前三位的是：基本技术技能训练课程、理论-实践一体化课程、专业理论知识课程。

电子类高职毕业生最感兴趣的课程排名前三位的是：基本技术技能训练课程、专业理论知识课程、理论-实践一体化课程。

机械类高职毕业生最感兴趣的课程排名前三位的是：基本技术技能训练课程、专业理论知识课程理论-实践一体化课程。

管理类高职毕业生最感兴趣的课程排名前三位的是：专业理论知识课程、基本技术技能训练课程、理论-实践一体化课程。

可以看出，工科类专业（计算机类、电子类、机械类）与管理类专业高职毕业生在最感兴趣课程中存在差异。工科类专业最感兴趣的课程为基本技术技能训练课程；管理类专业毕业生最感兴趣的课程是专业理论知识课程。

表11-6和表11-7中的数据表明理论-实践一体化课程在不同类别专业毕业生最感兴趣课程中的位置不在最前列。这从某种角度上反映了该类课程的教学方法存在一定问题，进而影响了学生学习该类课程的积极性。

表11-6 不同专业类别高职毕业生认为在校期间最感兴趣的课程调查数据统计表

	调查对象数量分布					
	有效值		缺失值		总计	
	数量	百分比/%	数量	百分比/%	数量	百分比/%
专业类别*最感兴趣课程	148	85.5	25	14.5	173	100.0

表11-7 不同专业类别高职毕业生认为在校期间最感兴趣的课程交叉列联表

			高职毕业生认为在校期间最感兴趣的课程[a]				总计
			通识理论知识课程	专业理论知识课程	基本技术技能训练课程	理论-实践一体化课程	
专业分类	计算机类专业	数量	6	26	87	43	162
		占计算机类专业调查对象的百分比/%	3.7	16.0	53.7	26.5	
		占总体调查对象的百分比/%	1.4	5.9	19.6	9.7	36.5
	电子类专业	数量	9	36	108	12	165
		占电子类专业调查对象的百分比/%	5.5	21.8	65.5	7.3	
		占总体调查对象的百分比/%	2.0	8.1	24.3	2.7	37.2
	机械类专业	数量	0	10	23	0	33
		占机械类专业调查对象的百分比/%	0	30.3	69.7	0	
		占总体调查对象的百分比/%	0	2.3	5.2	0	7.4
	管理类专业	数量	3	54	20	7	84
		占理类专业调查对象的百分比/%	3.6	64.3	23.8	8.3	
		占总体调查对象的百分比/%	0.7	12.2	4.5	1.6	18.9
总计		专业类别数量	18	126	238	62	444
		占调查课程的百分比/%	4.1	28.4	53.6	14.0	100.0

2）不同专业类别毕业生认为最有用的课程的比较分析

总体上，不同专业类别毕业生认为最有用的课程是专业理论知识课程，占有效调查对象总数（155）的54.2%。说明基础类课程对高职学生在职业生涯的发展发挥的积极作用，得到了高职毕业生的认可（见表11-8和表11-9）。

但同时具体到每个专业类别毕业生对最有用课程的看法时，也存在一定差异。计算机类高职毕业生认为最有用的课程是基本技术技能训练课程；电子类、机械类、管理类毕业生认为最有用的课程是专业理论知识课程。

对比最感兴趣的课程，可以发现，仅有计算机类专业、管理类专业的高职毕业生认为最有用的课程同时也是最感兴趣的课程；而电子类、机械类专业毕业生最感兴趣的课程（基本技术技能训练课程）与最有用的课程（专业理论知识课程）不一致。

表11-8 不同专业类别高职毕业生认为在校期间最有用课程的调查数据统计表

	调查对象数量分布					
	有效值		缺失值		总计	
	数量	百分比/%	数量	百分比/%	数量	百分比/%
专业分类 *最有用的课程	155	89.6	18	10.4	173	100.0

表11-9 不同专业类别高职毕业生认为在校期间最有用的课程交叉列联表

			在校期间那类课程有用				总计
			通识理论知识课程	专业理论知识课程	基本技术技能训练课程	理论-实践一体化课程	
专业分类	计算机类专业	数量	1	14	32	8	55
		占计算机类专业调查对象的百分比/%	1.8	25.5	58.2	14.5	100.0
		占总体调查对象的百分比/%	0.6	9.0	20.6	5.2	35.4
	电子类专业	数量	3	44	7	3	57
		占电子类专业调查对象的百分比/%	5.3	77.2	12.3	5.3	100.0
		占总体调查对象的百分比/%	1.9	28.4	4.5	1.9	36.7
	机械类专业	数量	0	9	7	0	16
		占机械类专业调查对象的百分比/%	0	56.3	43.8	0	100.0
		占总体调查对象的百分比/%	0%	5.8	4.5	0	10.3
	管理类专业	数量	6	17	4	0	27
		占总调查课程的百分比/%	22.2	63.0	14.8	0	100.0
		占总体调查对象的百分比/%	3.9	11.0	2.6	0	17.5
总计		数量	10	84	50	11	155
		占调查课程总数的百分比/%	6.5	54.2	32.3	7.1	100.0

3）不同专业类别毕业生工作岗位中最需要的能力分析

根据分析可以得出，不同专业类别高职毕业生认为工作岗位上最需要的能力，在总体上排名前三位的是：社会能力、综合能力和专项能力。但每类专业在最感兴趣的课程排序上存在差异（见表11-10和表11-11）。

计算机类专业毕业生认为在工作岗位最需要的能力前三位的是社会能力、专项能力、综合能力；

电子类专业毕业生认为在工作岗位最需要的能力前三位的是社会能力、综合能力、方法能力；

机械类专业高职毕业生认为在工作岗位最需要的能力前三位是社会能力、单项能力、综合能力；

管理类专业毕业生认为在工作岗位最需要的能力前三位的是社会能力、方法能力、综合能力。

可见，社会能力对学生今后职业发展发挥着重要作用超过了其他能力，这也是今后高职院校人才培养过程中须重点加强的方面。

表11-10 不同专业类别高职毕业生认为最需要的能力调查数据统计表

<table>
<tr><td rowspan="3"></td><td colspan="6">调查对象数量分布</td></tr>
<tr><td colspan="2">有效值</td><td colspan="2">缺失值</td><td colspan="2">总计</td></tr>
<tr><td>数量</td><td>百分比/%</td><td>数量</td><td>百分比/%</td><td>数量</td><td>百分比/%</td></tr>
<tr><td>专业类别*最需要的能力</td><td>161</td><td>93.1</td><td>12</td><td>6.9</td><td>173</td><td>100.0</td></tr>
</table>

表11-11 不同专业类别高职毕业生认为最需要的能力交叉列联表

<table>
<tr><td colspan="3" rowspan="2"></td><td colspan="5">高职毕业生认为工作岗位最需要的能力[a]</td><td rowspan="2">总计</td></tr>
<tr><td>专项能力</td><td>综合能力</td><td>方法能力</td><td>社会能力</td><td>职业态度与素养</td></tr>
<tr><td rowspan="9">专业分类</td><td rowspan="3">计算机类专业</td><td>选择次数</td><td>35</td><td>30</td><td>28</td><td>56</td><td>13</td><td>162</td></tr>
<tr><td>占计算机类专业调查对象的百分比/%</td><td>21.6</td><td>18.5</td><td>17.3</td><td>34.6</td><td>8.0</td><td></td></tr>
<tr><td>占总体调查对象的百分比/%</td><td>7.2</td><td>6.2</td><td>5.8</td><td>11.6</td><td>2.7</td><td>33.5</td></tr>
<tr><td rowspan="3">电子类专业</td><td>选择次数</td><td>30</td><td>39</td><td>32</td><td>70</td><td>18</td><td>189</td></tr>
<tr><td>占电子类专业调查对象的百分比/%</td><td>15.9</td><td>20.6</td><td>16.9</td><td>37.0</td><td>9.5</td><td></td></tr>
<tr><td>占总体调查对象的百分比/%</td><td>6.2</td><td>8.1</td><td>6.6</td><td>14.5</td><td>3.7</td><td>39.1</td></tr>
<tr><td rowspan="3">机械类专业</td><td>选择次数</td><td>11</td><td>6</td><td>9</td><td>17</td><td>5</td><td>48</td></tr>
<tr><td>占机械类专业调查对象的百分比/%</td><td>22.9</td><td>12.5</td><td>18.8</td><td>35.4</td><td>10.4</td><td></td></tr>
<tr><td>占总体调查对象的百分比/%</td><td>2.3</td><td>1.2</td><td>1.9</td><td>3.5</td><td>1.0</td><td>9.9</td></tr>
</table>

续表

			高职毕业生认为工作岗位最需要的能力[a]					
			专项能力	综合能力	方法能力	社会能力	职业态度与素养	总计
专业分类	管理类专业	选择次数	12	16	16	35	5	84
		占管理类专业调查对象的百分比/%	14.3	19.0	19.0	41.7	6.0	
		占总体调查对象的百分比/%	2.5	3.3	3.3	7.2	1.0	17.3
总计		专业类别数量	88	91	85	178	41	483
		占选择次数总数的百分比/%	18.2	18.8	17.6	36.9	8.5	100.0

4）不同工作年限毕业生最有用的课程情况分析

总体上，从工作年限看，最有用的课程排名前三位的是专业理论知识课程（占有效调查对象总数的54.7%）、基本技术技能训练课程（占有效调查对象总数的31.3%）、理论-实践一体化课程（占有效调查对象总数的7.3%）。不同工作年限的毕业生，认为最有用的课程的分布特征与总体上保持一致（见表11-12和表11-13）。

表11-12 不同工作年限高职毕业生认为最有用的课程调查数据统计表

	调查对象数量分布					
	有效值		缺失值		总计	
	数量	百分比/%	数量	百分比/%	数量	百分比/%
工作年限 * 在校期间最有用课程	150	86.7	23	13.3	173	100.0

表11-13 不同工作年限高职毕业生认为最有用的课程交叉列联表

			在校期间那类课程有用				
			通识理论知识课程	专业理论知识课程	基本技术技能训练课程	理论-实践一体化课程	总计
工作年限	1～2年	数量	5	62	34	11	112
		占工作年限1～2年的百分比/%	4.5	55.4	30.4	9.8	100.0
		占选择有用课程总数的百分比/%	3.3	41.3	22.7	74.6	74.7
	3～5年	数量	5	14	8	0	27
		占工作年限3～5年的百分比/%	18.5	51.9	29.6	.0	100.0
		占选择有用课程总数的百分比/%	3.3	9.3	5.3	.0	18.0

续表

			在校期间那类课程有用				
			通识理论知识课程	专业理论知识课程	基本技术技能训练课程	理论-实践一体化课程	总计
工作年限	5年以上	数量	0	6	5	0	11
		占工作年限5年以上的百分比/%	0	54.5	45.5	0	100.0
		占选择有用课程总数的百分比/%	0	4.0	3.3	0	7.3
总计		数量	10	82	47	11	150
		占选择有用课程总数的百分比/%	6.7	54.7	31.3	7.3	100.0

5）不同工作年限毕业生最感兴趣课程分析

总体上，不同工作年限毕业生在校期间最感兴趣的课程分别为：基本技术技能训练课程（占有效调查对象总数的52.6%）、专业理论知识课程（占有效调查对象总数的29.1%）、理论-实践一体化课程（占有效调查对象总数的14.1%）和基本理论知识课程（占有效调查对象总数的4.2%）（见表11-14和表11-15）。

表11-14 不同工作年限高职毕业生认为最感兴趣的课程调查数据统计表

	调查对象数量分布					
	有效值		缺失值		总计	
	数量	百分比/%	数量	百分比/%	数量	百分比/%
工作年限*毕业生最感兴趣课程	142	82.1	31	17.9	173	100.0

表11-15 不同工作年限高职毕业生认为最感兴趣的课程交叉列联表

			高职毕业生认为在校期间最感兴趣的课程[a]				
			通识理论知识课程	专业理论知识课程	基本技术技能训练课程	理论-实践一体化课程	总计
工作年限	1～2年	数量	11	92	151	58	312
		占工作年限1～2年的百分比/%	3.5	29.5	48.4	18.6	
		占选择有用课程总数的百分比/%	2.6	21.6	35.4	13.6	73.2
	3～5年	数量	7	25	48	1	81
		占工作年限3～5年的百分比/%	8.6	30.9	59.3	1.2	
		占选择有用课程总数的百分比/%	1.6	5.9	11.3	0.2	19.0

续表

			高职毕业生认为在校期间最感兴趣的课程[a]				总计
			通识理论知识课程	专业理论知识课程	基本技术技能训练课程	理论-实践一体化课程	
工作年限	5年以上	数量	0	7	25	1	33
		占工作年限5年以上的百分比/%	0	21.2	75.8	3.0	
		占选择有用课程总数的百分比/%	0	1.6	5.9	0.2	7.7
总计		数量	18	124	224	60	426
		占选择有用课程总数的百分比/%	4.2	29.1	52.6	14.1	100.0

仅从理论知识课程、基本技术技能训练课程、理论-实践一体化课程的课程分类看，基本技术技能训练课程是不同工作年限毕业生最感兴趣的课程；而理论-实践一体化课程是三类课程中位居末位。每一专业类别的最感兴趣课程的分布与总体上分布保持一致。

从工作年限的角度分析，最感兴趣的课程与最有用的课程有所差异。最感兴趣的课程为基本技术技能训练课程，而最有用的课程为专业理论知识课程。说明了专业理论知识课程对学生职业生涯发展所发挥的作用，进一步得到了认可。

6）不同工作年限毕业生最需要能力分析

总体上，不同工作年限毕业生工作岗位上最需要的能力排序前三位的分别是，社会能力（占有效调查对象总数的36.6%）、综合能力（占有效调查对象总数的18.9%）和专项能力（占有效调查对象总数的18.5%）（见表11-16和表11-17）。

不同工作年限毕业生工作岗位最需要的能力呈现差异性。工作年限1～2年的毕业生，认为最需要的能力为：社会能力、综合能力和方法能力；工作年限3～5年的毕业生，认为最需要的能力为：社会能力、综合能力和方法能力；工作年限5年以上的毕业生，认为最需要的能力为：专项能力、社会能力和方法能力。可以看出1～5年的毕业生工作岗位最需要的能力需求一致，社会能力放在第一位，反映刚入职的毕业生在工作岗位上对处理人际关系、沟通协调等方面的能力需求十分迫切；而5年以后的高职毕业生这方面的能力已基本具备，从而转向对专项能力的追求。

表11-16 不同工作年限高职毕业生认为最需要能力调查数据统计表

	调查对象数量分布					
	有效值		缺失值		总计	
	数量	百分比/%	数量	百分比/%	数量	百分比/%
工作年限*毕业生最需要能力	155	89.6	18	10.4	173	100.0

表11-17 不同工作年限高职毕业生认为最需要能力交叉列联表

			高职毕业生认为工作岗位最需要的能力[a]					总计
			专项能力	综合能力	方法能力	社会能力	职业态度与素养	
工作年限	1～2年	数量	60	68	66	128	32	354
		占工作年限1～2年的百分比/%	16.9	19.2	18.6	36.2	9.0	
		占选择工作岗位最需要能力总数的百分比/%	12.9	14.6	14.2	27.5	6.9	76.1
	3～5年	数量	10	17	12	34	5	78
		占工作年限3～5年的百分比/%	12.8	21.8	15.4	43.6	6.4	
		占选择工作岗位最需要能力总数的百分比/%	2.2	3.7	2.6	7.3	1.1	16.8
工作年限	5年以上	数量	16	3	5	8	1	33
		占工作年限5年以上的百分比/%	48.5	9.1	15.2	24.2	3.0	
		占选择工作岗位最需要能力总数的百分比/%	3.4	0.6	1.1	1.7	0.2	7.1
总计		数量	86	88	83	170	38	465
		占选择工作岗位最需要能力总数的百分比/%	18.5	18.9	17.8	36.6	8.2	100.0

7）从专业吻合度角度看高职毕业生最喜欢的课程与最有用的课程

从表11-18～表11-21的数据表明：无论专业吻合度是否一致，高职毕业生最感兴趣的课程是基本技术技能训练课程；认为最有用的课程是专业理论知识课程。

表11-18 高职毕业生认为在校期间最感兴趣的课程调查数据统计表

	调查对象数量分布					
	有效值		缺失值		总计	
	数量	百分比/%	数量	百分比/%	数量	百分比/%
专业吻合度*在校期间最感兴趣课程	142	82.1	31	17.9	173	100.0

表11-19 高职毕业生认为在校期间最感兴趣的课程交叉列联表

			高职毕业生认为在校期间最感兴趣的课程[a]				总计
			通识理论知识课程	专业理论知识课程	基本技术技能训练课程	理论-实践一体化课程	
专业吻合度	是	数量	5	63	120	37	225
		占专业吻合的百分比/%	2.2	28.0	53.3	16.4	
		占最感兴趣课程总数的百分比/%	1.2	14.8	28.2	8.7	52.8
	否	数量	13	61	105	22	201
		占专业不吻合的百分比/%	6.5	30.3	52.2	10.9	
		占最感兴趣课程总数的百分比/%	3.1	14.3	24.6	5.2	47.2
总计		数量	18	124	225	59	426
		占最感兴趣课程总数的百分比/%	4.2	29.1	52.8	13.8	100.0

表11-20 高职毕业生认为在校期间最有用课程的调查数据统计表

	调查对象数量分布					
	有效值		缺失值		总计	
	数量	百分比/%	数量	百分比/%	数量	百分比/%
专业吻合度 * 在校期间最有用课程	150	86.7	23	13.3	173	100.0

表11-21 高职毕业生认为在校期间最有用的课程交叉列联表

			在校期间哪类课程有用				总计
			通识理论知识课程	专业理论知识课程	基本技术技能训练课程	理论-实践一体化课程	
专业吻合度	是	数量	3	46	29	6	84
		占专业吻合的百分比/%	3.6	54.8	34.5	7.1	100.0
		占最感兴趣课程总数的百分比/%	2.0	30.7	19.3	4.0	56.0
	否	数量	7	36	18	5	66
		占专业不吻合的百分比/%	10.6	54.5	27.3	7.6	100.0
		占最感兴趣课程总数的百分比/%	4.7	24.0	12.0	3.3	44.0

续表

		在校期间哪类课程有用				总计
		通识理论知识课程	专业理论知识课程	基本技术技能训练课程	理论-实践一体化课程	
总计	数量	10	82	47	11	150
	占专业吻合度的百分比/%	6.7	54.7	31.3	7.3	100.0
	占最感兴趣课程总数的百分比/%	6.7	54.7	31.3	7.3	100.0

8）专业吻合度与最需要的能力分析

总体上，无论专业吻合度是否一致，高职毕业生认为工作岗位上最需要的能力排名前三位的是社会能力、综合能力和专项能力。

专业吻合度是否一致也对高职毕业生工作岗位最需要的能力产生影响。专业吻合度一致的高职毕业生认为工作岗位最需要的能力分别为：社会能力、专项能力和综合能力；专业吻合度不一致的高职毕业生认为工作岗位最需要的能力分别为：社会能力、方法能力和综合能力。其中，社会能力高度一致，均排在首位；而方法能力成为专业吻合度不一致高职毕业生紧随社会能力之后的最需要的能力（见表11-22和表11-23）。

表11-22 高职毕业生认为工作岗位最需要的能力调查数据统计表

	调查对象数量分布					
	有效值		缺失值		总计	
	数量	百分比/%	数量	百分比/%	数量	百分比/%
专业吻合度*工作岗位需要的能力	154	89.0	19	11.0	173	100.0

表11-23 高职毕业生认为工作岗位最需要的能力交叉列联表

			高职毕业生认为工作岗位最需要的能力[a]					总计
			专项能力	综合能力	方法能力	社会能力	职业态度与素养	
专业吻合度	是	数量	58	47	37	91	16	249
		占专业吻合的百分比/%	23.3	18.9	14.9	36.5	6.4	
		占最感兴趣课程总数的百分比/%	12.6	10.2	8.0	19.7	3.5	54
	否	数量	28	40	45	78	22	213
		占专业不吻合的百分比/%	13.1	18.8	21.1	36.6	10.3	
		占最感兴趣课程总数的百分比/%	6.1	8.7	9.7	16.9	4.8	46.2

续表

		高职毕业生认为工作岗位最需要的能力[a]					总计
		专项能力	综合能力	方法能力	社会能力	职业态度与素养	
总计	数量	86	87	82	169	38	462
	占最感兴趣课程总数的百分比/%	18.6	18.8	17.7	36.6	8.2	100.0

四、研究结论

1. 研究结论

（1）从以上不同角度的分析，最感兴趣的课程排名前三位的分别为基本技术技能训练课程、专业理论知识课程和理论-实践一体化课程。

（2）最有用的课程排名前三位的是，专业理论知识课程、基本技术技能训练课程、理论-实践一体化课程。

（3）毕业生认为现在工作岗位最需要的能力排名前三位的是，社会能力、综合能力和专项能力。

（4）从课程状况调查结果看，理论-实践一体化课程并没有引起高职毕业生在校期间足够的兴趣，而感兴趣相应的却是基本技术技能训练课程；而高职毕业生认为最有用的课程是专业理论知识课程，却不是最感兴趣的课程。

高等职业教育是以能力培养为核心的教育。因此，围绕毕业生最需要的能力出发，大力加强理论-实践一体化课程建设，以及专业理论知识课程建设，加强课程的教学方法和教学手段改革，对提高高职毕业生的社会能力、综合能力和专项能力具有重要意义，这也是是高职专业课程改革的方向。

2. 经验和不足

问卷设计的科学性。在总项目负责人的主持下，基于人才培养体系的认识下进行问卷的设计是问卷高质量的体现；另外，改善传统问卷的结构和类型，也对数据的客观性起到关键作用。

数据统计的合理性。由于调查对象存在较大的个体差异，导致主观题的反馈结果呈现多样化的特点。因此，在项目负责人的指导下，在团队的共同协作下，依据已界定的概念，对反馈回来的结果进行科学化分类，是子项目得以顺利开展，并取得阶段性成果的关键。

而由于子项目负责人判断结果属性或类别时，也不可避免地存在着主观性倾向，这也可能会导致子项目呈现出的数据也存在一定的主观性。这一点，还应继续提高负责人自身的理论和实践水平，加大团队合作的力度，不断增强调查报告数据的客观性。

附件

高等职业教育专业课程和教学改革状态调查问卷
（毕业生填写）

尊敬的先生/女士：

感谢您的参与！本调查问卷是为了对我国高等职业教育专业课程改革和教学改革的现状有一个了解，为在新的历史时期推进高职新一轮改革与发展，提高教学质量，更好地满足用人单位的需求与促进学生职业生涯发展奠定基础，由联合国教科文组织项目“中国高等职业教育课程改革状况调研”课题组专门设计的。希望您能协助我们的调研工作，完成调查问卷的填写。我们对您的大力支持表示由衷的感谢！

联合国教科文组织项目“中国高等职业教育课程改革状况调研”课题组

2010-11-5

您毕业后的工作年限为

A. 1～2年　　B. 3～5年　　C. 5年以上

您在校期间所学的专业为______。

您目前的工作性质与您所学专业是否吻合？______。

A. 是　　B. 否

在校学习期间您最感兴趣的三门课程是：

______________________。

为什么？

______________________。

现在工作中反思，在校学习期间什么课程或哪类课程最有用：

______________________。

为什么？

______________________。

现在工作岗位最需要什么能力((请按重要度排列前三位)：

(1) ______________________。

(2) ______________________。

(3) ______________________。

第十二章 基于行业、企业调研问卷的统计分析

一、研究策划

1. 研究目的

高等职业教育专业课程和教学改革是一个系统工程，不仅包括高等职业院校内部影响因素，也包括外部影响因素，特别是行业、企业等用人单位对高等职业专业课程和教学改革的满意度，正是贯彻落实高等职业教育“以就业导向，以服务为宗旨，走产学合作的办学道路”的办学宗旨的重要指标。因此，基于行业、企业专家的高等职业教育专业课程和教学改革状态调查对高等职业教育的人才培养具有现实战略意义。

2. 研究意义

“中国高等职业教育专业课程和教学改革状态调研”是由北京联合大学应用性高等教育发展研究中心主持的联合国教科文组织的项目。

中国高等职业教育通过近20年的迅速发展，在经历了数量增加的规模发展阶段之后转入提高办学质量内涵的发展，通过一系列深入的高职教育教学和课程改革之后，我们希望对当前的高等职业教育的教学与课程改革的现实状态有一个清楚的认识，试图找出成绩与不足，为未来的高等职业教育良性发展提供参考建议。

基于行业、企业的高等职业教育专业课程和教学改革状态调研报告是“中国高等职业教育专业课程和教学改革状态调研”项目的子项目。本调查报告以不同类型行业、企业的有关人员作为调查对象，了解在高素质技能型人才培养中，行业、企业对高职学生的知识、能力以及职业态度和素养三方面的有关认识与看法，这对进一步促进高职院校专业课程体系的改革，具有重要意义。

3. 研究方案设计

基于行业、企业的专业课程和教学改革的调研报告是通过调查问卷反馈结果基础上形成的。研究方案以基于行业、企业的调查问卷为载体。设计思想体现于问卷的设计思路中。研究方案设计基于以下认识：

人才培养体系由知识、能力和职业态度与素养三方面构成。其中能力由专项能

力、综合能力、方法能力和社会能力四方面构成。专项能力是指完成某一方面技能的能力；综合能力是指为完成某一方面工作任务而需要的综合性能力；方法能力是指获得分析问题、解决问题方法的能力；社会能力是指在社会的工作、学习中与其他人交往联系及合作等方面的能力。职业态度与素养具体表现为未来作为职业人应具备的职业道德、职业态度、价值观取向等。

人才培养课程体系主要由理论知识课程、基本技术技能训练课程和理论-实践一体化课程三部分构成。其中，理论知识课程包括通识理论知识课程和专业理论知识课程；基本技术技能训练课程是指为训练某项专项能力而开设的各类课程；理论-实践一体化课程是指为完成某项工作任务理论与实践融为一体的课程。

通过上述认识，编制基于行业、企业对于课程、能力、职业态度和素养的调查问卷。

4．项目实施路径设计

（1）项目组召开研讨会，确定任务分工；

（2）设计、发放并回收调查问卷；

（3）整理、分析调查数据；

（4）形成子项目调研报告。

5．文件设计

根据项目研究方案设计的指导思想，基于行业、企业的调查问卷按照以下思路设计：

（1）高职毕业生最需要具备的能力和最欠缺的能力；

（2）高职毕业生对是否需要专业知识的态度；以及对最应具备的专业知识的态度；

（3）对当前高职课程改革的建议。

具体文档参见附件《高等职业教育专业课程和教学改革状态调查问卷（行业、企业专家填写）》

二、实施行动

1．研究工作过程

本次中国高等职业院校教学与课程改革现状调研（行业、企业专家）问卷调查，通过座谈会当面笔答、学校发放填写和网络调查的形式开展问卷调查。经过一个月的回收工作，陆续回收问卷共259份。问卷覆盖事业单位、国有企业、民营企业、合资企业、外资企业、行业协会等6类不同类型的行业、企业；涉及了行业、企业中一般工作人员、部门经理、企业负责人、协会专家委员和行业协会负责人5类人员，较全面地反映了高职学生应具备的知识、能力、职业态度与素质的现状。

我们对回收的问卷进行抽样以后进行统计和分析。鉴于被调查的地区较广，院校类型不一，参与调查的学校数量多，各地区、院校交回的问卷数量不均衡等特点，我们制定了如下抽样原则：

原则一：被抽样问卷须覆盖所有被调查的地区。

原则二：被抽样问卷尽可能平均覆盖四大类专业。

原则三：被抽样试卷尽可能不集中在某一问卷较为集中的地区或专业。

原则四：采用随机抽样，尽可能获得有效数据。

2．数据来源

（1）本次调查对象为行业、企业人员，共发放259份，其中有效问卷248份，占总体的95.8%。其中来自事业单位16人，占6.5%；国有企业的43人，占17.3%；民营企业147人，占59.3%；合资企业37人，占14.9%；外资企业3人，占1.2%；行业协会2人，占0.8%。

（2）从调查对象的类型看：来自一般工作人员共有115人，占46.4%；部门经理92人，占37.1%；企业负责人39人，占15.7%；行业协会负责人、协会专家委员各1人，占0.4%。

三、统计分析

1．总体描述性分析

（1）在调查高职毕业生是否需要专业知识时，94.9%的被调查者认为，需要专业知识；3.1%的被调查者认为不需要，还有1.9%认为不一定。

表明高职毕业生毕业是“需要专业知识”，获得绝大多数行业、企业界人员所认可。

（2）在调查中，89.5%行业、企业人员认为高职毕业生最应具备的能力排名第一位的是社会能力；80.3%的行业、企业人员认为方法能力排名第二位；53.7%的行业、企业人员认为职业态度与素养排名第三位。排名第四位和第五位的能力分别为专项能力和综合能力，分别占受访者的41%和35.4%。

在调查高职毕业生最缺乏的能力为社会能力、方法能力，以及职业态度与素养，分别占有效调查对象的91.1%、85.4%和51.6%。其他两种能力分别为综合能力和专项能力，分别占47.1%和24.8%。

表明行业、企业人员认为高职毕业生最应具备的能力：社会能力、方法能力及职业态度与素养也正是目前高职毕业生最缺乏的。其他两类能力：专项能力和综合能力中，最缺乏的是综合能力。

（3）在调查高职毕业生最应具备的专业知识时，工作过程性知识是最应具备的，共有349人次，占有效调查又像（186人）的187.6%；其次为专业理论知识，共159人次，占有效调查对象（186人）的85.5%；最后为通识理论知识，共涉及50人次，占有效调查对象（186人）的26.9%。表明企业最看重的是工作过程性知识和专业理论知识，占有效调查对象（186人）的273.1%，这是为企业创造利润的重要基础，如表12-1和表12-2所示。

表12-1 认为高职毕业生最应具备的专业知识的调查数据统计表

	调查对象数量分布					
	有效值		缺失值		合计1	
	数量	百分比/%	数量	百分比/%	数量	百分比/%
\$set1[a]	186	71.8	73	28.2	259	100.0

注：\$set1[a]是指“高职毕业生最应具备的专业知识”的调查题目作为多选题时的整体的标识。

表12-2 认为高职毕业生最应具备的专业知识频数统计表

		选择次数		占有效值的百分比/%
		数量	百分比/%	
企业认为最应具备的知识[a]	通识理论知识	50	9.0	26.9
	专业理论知识	159	28.5	85.5
	工作过程性知识	349	62.5	187.6
总计		558	100.0	300.0

2. 不同类型行业企业对高职毕业生知识、能力、职业态度及素养需求的差异性分析

（1）高职毕业生最应具备和最欠缺的能力、职业态度及素养的差异性分析：

事业单位认为高职毕业生最欠缺的能力为社会能力、综合能力和方法能力。与最应具备的三项能力相比，有两项能力同时也是最欠缺的，即社会能力和方法能力；综合能力也是事业单位认为高职毕业生所欠缺的，与此相比，职业态度与素养排名不在上述最应具备的能力或素养之列。说明在事业单位工作的高职毕业生，基本具备了符合事业单位所需的职业态度与素养。具体参见表12-3。

表12-3 事业单位对高职毕业生最欠缺的能力与最应具备的能力对比分析表

事业单位	最欠缺的能力	社会能力/%	综合能力/%	方法能力/%	专项能力/%	职业态度及素养/%
		160.0	50.0	40.0	30.0	20.0
事业单位	最应具备的能力	社会能力/%	方法能力/%	职业态度及素养/%	专项能力/%	综合能力/%
		93.8	68.8	62.5	37.5	37.5

注：表12-3中百分比数值为选择该项的人次数占有效值的百分比。

而国有企业认为最应具备的社会能力、方法能力和职业态度与素养，同时也是国有企业认为高职毕业生最欠缺的。方法能力与职业态度与素养比较而言，最欠缺的是职业态度与素养。可见职业态度与素养与方法能力相比较，国有企业认为职业态度与素养是高职毕业生最欠缺的（见表12-4）。

表12-4 国有企业对高职毕业生最欠缺的能力与最应具备的能力对比分析表

国有企业	最欠缺的能力	社会能力/%	职业态度及素养/%	方法能力/%	综合能力/%	专项能力/%
		110.0	73.3	70.0	36.7	10.0
	最应具备的能力	社会能力/%	方法能力/%	职业态度及素养/%	专项能力/%	综合能力/%
		97.4	73.7	55.3	42.1	31.6

注：表12-4中百分比数值为选择该项的人次数占有效值的百分比。

对于民营企业认为最应具备的社会能力、方法能力和职业态度与素养，同时也是民营企业认为高职毕业生最欠缺。只是在顺序上略有差别，分别为方法能力、社会能力和职业态度与素养（见表12-5）。

表12-5 民营企业对高职毕业生最欠缺的能力与最应具备的能力对比分析表

民营企业	最欠缺的能力	方法能力/%	社会能力/%	综合能力/%	职业态度及素养/%	专项能力/%
		98.7	78.5	51.9	48.1	22.8
	最应具备的能力	社会能力/%	方法能力/%	职业态度及素养/%	专项能力/%	综合能力/%
		88.3	82.0	52.3	45.3	32.0

注：表12-5中百分比数值为选择该项的人次数占有效值的百分比。

合资企业认为毕业生最应具备的是：方法能力、社会能力和职业态度与素养；其最欠缺的前两位与最应具备的能力前两位相同，即方法能力和社会能力，而专项能力被排在了最欠缺能力的第三位，职业态度与素养相对来说，比较满意（见表12-6）。

表12-6 民营企业对高职毕业生最欠缺的能力与最应具备的能力对比分析表

合资企业	最欠缺的能力	方法能力/%	社会能力/%	专项能力/%	综合能力/%	职业态度及素养/%
		111.5	78.5	53.8	34.6	34.6
	最应具备的能力	方法能力/%	社会能力/%	职业态度与素养/%	综合能力/%	专项能力/%
		109.1	72.7	48.5	36.4	33.3

注：表12-6中百分比数值为选择该项的人次数占有效值的百分比。

外资企业认为毕业生最应具备的是职业态度与素养、综合能力（方法能力、专项、社会能力相同），而最欠缺的能力为方法能力和职业态度与素养。说明职业态度与素养是企业最看重的一个方面（见表12-7）。

表12-7 外资企业对高职毕业生最欠缺的能力与最应具备的能力对比分析表

外资企业	最欠缺的能力	方法能力/%	职业态度及素养/%	综合能力/%	专项能力/%	社会能力/%
		100.0	100.0	66.7	33.3	0
	最应具备的能力	职业态度及素养/%	综合能力/%	社会能力/%	方法能力/%	专项能力/%
		133.3	66.7	33.3	33.3	33.3

注：表12-7中百分比数值为选择该项的人次数占有效值的百分比。

行业协会认为最应具备的能力分别为社会能力、综合能力、方法能力。而最缺乏的能力为综合能力、职业态度与素养和社会能力。说明综合能力、社会能力既是最应具备的，又是最缺乏的；职业态度与素养也被摆在很重要的位置（见表12-8）。

表12-8 行业协会对最欠缺的能力与最应具备的能力对比分析表

行业协会	最欠缺的能力	综合能力/%	职业态度及素养/%	社会能力/%	方法能力/%	专项能力/%
		150.0	100.0	50.0	0	0
	最应具备的能力	社会能力/%	综合能力/%	方法能力/%		
		150.0	100.0	50.0		

注：表12-8中百分比数值为选择该项的人次数占有效值的百分比。

（2）在对企业认为毕业生最应具备的知识的调查中，不同性质的单位行业、企业对毕业生最应具备的知识调查没有差异。

对于事业单位、国有企业、民营企业、合资企业、外资企业、行业协会对高职毕业生最应具备的知识在重要度上没有区别，按照重要度排序，分别为工作过程性知识、专业理论知识和通识理论知识。具体参见表12-9和表12-10。

表12-9 不同性质的单位对高职毕业生最应具备知识的调查数据统计表

	调查对象数据分布					
	有效值		缺失值		合计	
	数量	百分比/%	数量	百分比/%	数量	百分比/%
行业企业性质*最应具备知识	180	69.5	79	30.5	259	100.0

表12-10 不同性质的单位对高职毕业生最应具备的知识交叉列联表

			企业认为最应具备的知识[a]			合计
			通识理论知识	专业理论知识	工作过程性知识	
单位性质	事业单位	频数	3	11	22	36
		事业单位对各类最应具备知识的百分比/%	8.3	30.6	61.1	
		事业单位认为最重要的知识占调查总数的百分比/%	0.6	2.0	4.1	6.7
	国有企业	频数	12	34	50	96
		国有企业对各类最应具备知识的百分比/%	12.5	35.4	52.1	
		国有企业认为最重要的知识占调查总数的百分比/%	2.2	6.3	9.3	17.8
	民营企业	频数	23	86	200	309
		民营企业对各类最应具备知识的百分比/%	7.4	27.8	64.7	
		民营企业认为最重要的知识占调查总数的百分比/%	4.3	15.9	37.0	57.2
	合资企业	频数	10	17	57	84
		合资企业对各类最应具备知识的百分比/%	11.9	20.2	67.9	
		核资企业认为最重要的知识占调查总数的百分比/%	1.9	3.1	10.6	15.6
	外资企业	频数	0	3	6	9
		外资企业对各类最应具备知识的百分比/%	0	33.3	66.7	

续表

			企业认为最应具备的知识[a]			
			通识理论知识	专业理论知识	工作过程性知识	合计
		外资企业认为最重要的知识占调查总数的百分比/%	0	0.6	1.1	1.7
	行业协会	频数	0	1	5	6
		行业协会对各类最应具备知识的百分比/%	0	16.7	83.3	
		行业协会认为最重要的知识占调查总数的百分比/%	0	0.2	0.9	1.1
合计		频数	48	152	340	540
		各类知识占调查总数的百分比	8.9	28.1	63.0	100.0

注：百分比和合计值均为基于人次数统计的。

3. 行业、企业中不同类别人员对毕业生最应具备和最欠缺的能力分析

总体上，行业、企业中不同角色认为毕业生最应具备的能力前三位为社会能力、方法能力和职业态度与素养。分别占调查者人次总数（660人）的29.2%、27.6%和17.9%。最欠缺的能力前三位的是方法能力、社会能力和职业态度与素养，分别占调查者人次总数（450人）的30.0%、28.7%和16.9%。具体到每一类行业、企业人员，存在差异。

企业中一般工作人员认为毕业生最欠缺的能力与最应具备的相比，社会能力和方法能力高度一致；而在第三位能力上略有差异，一般工作人员认为：最欠缺的是综合性能力，而职业态度与素养在最欠缺的能力略低于综合能力，低0.5个百分点。具体参见表12-11。

表12-11 一般工作人员对高职毕业生最欠缺的能力与最应具备的能力比较分析表

角色	排序	1	2	3	4	5
一般工作人员	最欠缺的能力	社会能力/%	方法能力/%	综合能力/%	职业态度与素养/%	专项能力/%
		31.9	25.2%	16.7	16.2	10.0
	最应具备的能力	社会能力/%	方法能力/%	职业态度与素养/%	专项能力/%	综合能力/%
		31.1	25.0	21.5	13.5	9.0

注：表中的百分比为选择某项能力的人次数占有效人数的百分比。

部门经理在对毕业生最欠缺的能力与最应具备的能力进行比较，前两位能力高度一致，分别为方法能力和社会能力；而最应具备的第三位能力为专项能力，在最欠缺的能力中排名第五位，低于最欠缺能力第三位的职业态度与素养9.9%。具体参见表12-12。

表12-12 部门经理对高职毕业生最欠缺的能力与最应具备的能力比较分析表

部门经理	最欠缺的能力	方法能力/%	社会能力/%	职业态度与素养/%	综合能力/%	专项能力/%
		33.9	26.9	18.7	11.7	8.8
	最应具备的能力	方法能力/%	社会能力/%	专项能力/%	职业态度与素养/%	综合能力/%
		31.2	27.0	15.2	13.9	12.7

注：表12-12中的百分比为选择某项能力的人次数占有效人数的百分比。

在企业负责人的看法中，最欠缺的能力为方法能力、社会能力和综合能力；最应具备的能力分别为社会能力、方法能力和职业态度与素养。说明社会能力和方法能力最欠缺，也是最缺乏的能力；而第三位最应具备的能力——职业态度与素养在最欠缺能力中，低于综合能力的7.9%。说明职业态度与素养与综合能力相比，综合能力更重要。具体参见表12-13。

表12-13 企业负责人对高职毕业生最欠缺的能力与最应具备的能力比较分析表

企业负责人	最欠缺的能力	方法能力/%	社会能力/%	综合能力/%	职业态度与素养/%	专项能力/%
		38.1	23.8	20.6	12.7	4.8
	最应具备的能力	社会能力/%	方法能力/%	职业态度与素养/%	综合能力/%	专项能力/%
		27.6	27.6	17.1	14.3	13.3

注：表12-13中的百分比为选择某项能力的人次数占有效人数的百分比。

在协会专家委员眼中，最欠缺的能力为综合能力。具体参见表12-14。

表12-14 协会专家委员对高职毕业生最欠缺的能力与最应具备的能力比较分析表

协会专家委员	最欠缺的能力	综合能力/%				
		100.0				
	最应具备的能力	社会能力/%	综合能力/%			
		66.7	33.3			

注：表12-14中的百分比为选择某项能力的人次数占有效人数的百分比。

行业协会负责人看来，最欠缺的能力还是职业态度与素养，其次为社会能力。具体参见表12-15。

表12-15 行业协会负责人对高职毕业生最欠缺的能力与最应具备的能力比较分析表

行业协会负责人	最欠缺的能力	职业态度与素养/%	社会能力/%	
		66.7	33.3	
	最应具备的能力	方法能力/%	综合能力/%	社会能力/%
		33.3	33.3	33.3

注：表12-15中的百分比为选择某项能力的人次数占有效人数的百分比。

4. 行业、企业不同类型人员对毕业生最应具备知识的比较分析

总体上，行业、企业不同类型人员认为毕业生最应具备的三类知识排序没有差异。其中，行业、企业不同类型人员认为最应具备的工作过程性知识，占人次总数的63.0%；专业理论知识占人次总数的28.1%、通识理论知识占人次总数的6.8%。具体见表12-16和表12-17。

表12-16 行业企业不同类型人员对高职毕业生最应具备知识调查数据统计表

	调查对象数量分布					
	有效值		缺失值		合计	
	数量	百分比/%	数量	百分比/%	数量	百分比/%
行业、企业人员最应具备的知识	180	69.5	79	30.5	259	100.0

表12-17 行业、企业不同类型人员对毕业生最应具备知识调查交叉列联表

			企业认为最应具备的知识[a]			总计
			通识理论知识	专业理论知识	工作过程性知识	
调研对象的角色	一般工作人员	频数	28	78	137	243
		一般工作人员对各类最应具备知识的百分比/%	11.5	32.1	56.4	
		一般工作人员认为最重要的知识占调查总数的百分比/%	5.2	14.4	25.4	45.0
	部门经理	频数	18	51	135	204
		部门经理对各类最应具备知识的百分比/%	8.8	25.0	66.2	
		部门经理认为最重要的知识占调查总数的百分比/%	3.3	9.4	25.0	37.7

续表

<table>
<tr><td colspan="3" rowspan="2"></td><td colspan="3">企业认为最应具备的知识[a]</td><td rowspan="2">总计</td></tr>
<tr><td>通识理论知识</td><td>专业理论知识</td><td>工作过程性知识</td></tr>
<tr><td rowspan="9">调研对象的角色</td><td rowspan="3">企业负责人</td><td>频数</td><td>2</td><td>22</td><td>63</td><td>87</td></tr>
<tr><td>企业负责人对各类最应具备知识的百分比/%</td><td>2.3</td><td>25.3</td><td>72.4</td><td></td></tr>
<tr><td>企业负责人认为最重要的知识占调查总数的百分比/%</td><td>0.4</td><td>4.1</td><td>11.7</td><td>16.2</td></tr>
<tr><td rowspan="3">协会专家委员</td><td>频数</td><td>0</td><td>0</td><td>3</td><td>3</td></tr>
<tr><td>协会专家委员对各类最应具备知识的百分比/%</td><td>0</td><td>0</td><td>100.0</td><td></td></tr>
<tr><td>协会专家委员认为最重要的知识占调查总数的百分比/%</td><td>0</td><td>0</td><td>0.6</td><td>0.6</td></tr>
<tr><td rowspan="3">行业协会负责人</td><td>频数</td><td>0</td><td>1</td><td>2</td><td>3</td></tr>
<tr><td>行业协会负责人对各类最应具备知识的百分比/%</td><td>0</td><td>33.3</td><td>66.7</td><td></td></tr>
<tr><td>行业协会负责人认为最重要的知识占调查总数的百分比l/%</td><td>0</td><td>0.2</td><td>0.4</td><td>0.6</td></tr>
<tr><td colspan="2" rowspan="2">合计</td><td>频数</td><td>48</td><td>152</td><td>340</td><td>540</td></tr>
<tr><td>各类知识占调查总数的百分比/%</td><td>8.9</td><td>28.1</td><td>63.0</td><td>100.0</td></tr>
</table>

注：百分比和合计值均为基于人次数统计的。

四、研究结论

1. 研究结论

1） 从最需要的知识看

行业、企业专家认为高职毕业生最应具备的专业知识首先是工作过程性知识，其次是专业理论知识，最后是通识理论知识。不同类型的行业、企业人员三类知识重要性的认识，与总体上分布一致。

2）从最欠缺的能力与最应具备的能力看

总体上，行业、企业专家认为最应欠缺的能力前三位为方法能力、社会能力和职业态度与素养；最应具备的能力前三位的是社会能力、方法能力和职业态度与素养。社会能力与方法能力一般在高职院校中能够得到足够的重视，但在职业态度与素养方面重视程度略显不足。

根据面向高职毕业生的中国高等职业教育专业课程和教学改革状态调研报告，高职毕业生认为工作岗位中最重要的能力是社会能力、综合能力和专项能力。这与企业认为目前高职最欠缺的方法能力、社会能力和职业态度与素养有所差别。企业比较重视职业态度与素养，而高职毕业生个人却认为不是那么重要。因此，从企业的视角反馈看，职业态度与素养方面的教育是今后高职教育重点加强之处。

3）从对知识、能力的需求度和重要度看

高等职业教育专业课程改革还应继续在方法能力、社会能力和职业态度与素养的培养上，而现实的高等职业院校中，仍集中在专业能力的培养，侧重的是专业知识的传授，而在学习能力，沟通协调能力培养，以及价值观等方面的职业态度与素养的教育方面却不够重视；调查问卷也反映出企业最需要毕业生具备的是工作过程性知识，而高职毕业生的调查问卷的数据表明，高职毕业生对在校期间理论-实践一体化课程的学习兴趣尚显不足，这也在一定程度上反映出高职毕业生工作过程性知识存在的不足。因此，继续加强理论-实践一体化课程的建设，将是今后高职专业课程改革的一个重要举措。

2. 经验与不足

问卷设计的科学性。在总项目负责人的主持下，基于人才培养体系的认识下进行问卷的设计是问卷高质量的体现；另外，改善传统问卷的结构和类型，也对数据的客观性起到关键作用。

数据统计的合理性。由于调查对象存在较大的个体差异，导致主观题的反馈结果呈现多样化的特点。因此，在项目负责人的指导下，在团队的共同协作下，依据已界定的概念，对反馈回来的结果进行科学化分类，是子项目得以顺利开展，并取得阶段性成果的关键。

不足之处：由于调查问卷主观题相对较多，问卷返回的信息也呈现多样化特点。因此，在对反馈信息进行分类时，也不可避免的存在着主观性倾向，这也可能会导致子项目呈现出的数据也存在一定的主观性。

附件

高等职业教育专业课程和教学改革状态调查问卷
（行业、企业专家填写）

尊敬的先生/女士：

感谢您的参与！本调查问卷是为了对我国高等职业教育专业课程改革和教学改革的现状有一个了解，为在新的历史时期推进高职新一轮改革与发展，提高教学质量，更好地满足用人单位的需求与促进学生职业生涯发展奠定基础，由联合国教科文组织项目“中国高等职业教育课程改革状况调研”课题组专门设计的。希望您能协助我们的调研工作，完成调查问卷的填写。我们对您的大力支持表示由衷的感谢！

联合国教科文组织项目“中国高等职业教育课程改革状况调研”课题组

2010-11-5

1．您所在的单位的性质是＿＿＿＿。

A．事业单位　　B．国有企业　　C．民营私企　　D．合资企业

2．您在单位中的角色是＿＿＿＿。

A．一般工作人员　B．部门经理　　C．企业负责人

3．您认为高职毕业生工作中最需要具备的能力是（排前三位）：

＿＿＿＿＿＿＿＿＿＿＿＿＿＿＿＿＿＿＿＿

4．您认为现在高职毕业生工作中最欠缺的能力是（排前三位）：

＿＿＿＿＿＿＿＿＿＿＿＿＿＿＿＿＿＿＿＿。

5．您认为现在高职毕业生是否需要专业知识？

＿＿＿＿＿＿＿＿＿＿＿＿＿＿＿＿＿＿＿＿。

6．最应具备的专业知识是（按重要程度列出前三位）：

＿＿＿＿＿＿＿＿＿＿＿＿＿＿＿＿＿＿＿＿。

第十三章 基于不同群体调研问卷比较的统计分析

高等职业教育专业课程与教学改革是高等职业教育人才培养的核心。缩小高等职业教育专业课程建设与劳动力就业市场需求之间的差距，是高等职业教学改革的根本推动力。本报告是在基于教师和教学管理人员、在校生、毕业生、行业企业专家四种不同类型人员，对高等职业教育专业课程与教学改革现状调查报告的基础上形成的。通过比较不同类型人员对课程建设中共同的问题所产生的不同态度，深度比较分析产生差异的原因，以便为高等职业专业课程与教学改革提供参考性建议。根据四类调查问卷的具体内容，提炼出基于不同研究视角的同类问题。

一、高职学生最感兴趣的课程的差异性分析

根据本课题对课程的界定，共涉及四类课程，即理论知识课程（专业理论知识课程）、理论知识课程（通识类理论知识课程）、基本技术技能训练课程和理论-实践一体化课程。根据《基于毕业生的高等职业教育专业课程和教学改革状态调研报告》、《基于在校生的高等职业教育专业课程和教学改革状态调研报告》中相关内容，提炼出高职在校生与高职毕业生在对待不同类型课程的偏好。具体参见表13-1。

表13-1 高职在校生与高职毕业生最感兴趣的课程比较分析表

类别	理论知识课程（专业理论知识课程）/%	理论知识课程（通识类理论知识课程）/%	基本技术技能训练课程/%	理论-实践一体化课程/%
高职在校生	28.1	26.9	33.9	11.1
高职毕业生	4.1	28.4	53.6	14.0

上述数据表明：高职在校生与高职毕业生最喜欢的课程均为基本技术技能训练课程。这在某种程度上也反映了该类课程对人才培养的重要程度。但在理论知识课程好

上存在差异，其中，高职在校生更偏好专业理论知识课程，且与通识类理论知识课程的偏好相差不大。一方面说明，目前高职在校生对待专业能力和发展能力有了一定的理性认识；结合高职毕业生对待理论知识的数据，也进一步说明了，高职学生对当前加强课程内涵建设，提高全面发展的迫切要求。

理论-实践一体化课程对培养高职学生综合能力、方法能力和社会能力发挥了不可估量的作用，但在调查中发现，该类课程在高职毕业生看来，却位居第三位。一方面说明高职学生对该类课程的重要性以及对职业能力培养重要作用的认识，还有待进一步深化；另一方面也说明作为课程建设中的高级阶段——理论-实践一体化的课程建设提出了理性思考，即该类课程实施不仅仅需要具备一定的实践技能基础，也需要一定的专业理论知识作为基础。因此，加强该类课程建设，增强课程吸引力，是高职人才培养工作中的重要方面。

在比较高职毕业生在校期间最有用的课程与最感兴趣的课程时，高职毕业生认为排名前三位的最有用课程分别为：专业理论知识课程，占有效调查者（155人）的54.2%；基本技术技能训练课程，占有效调查者的32.3%；理论-实践一体化课程，占有效调查者的7.1%。认为排名前三位最有兴趣的课程分为别：基本技术技能训练课程、通识理论知识课程以及理论-实践一体化课程。

从上述数据可以看出，最有用的课程未必是最感兴趣的课程。也带给我们职业教育教学工作的启示是：在实施高等职业教育教学中，要处理好课程的有用性与兴趣性的关系，从而为职业教育教学的教学方法提出了挑战，即只有从学生认知规律出发，从职业教育人才培养规律出发，才能切实加强课程的内涵建设。

二、教师与学生最感兴趣的现代教学方法的比较分析

教学方法是各类课程实施质量的保障，是培养学生形成职业能力，提升学生分析问题、解决问题能力的关键。因此，比较分析教师与学生最感兴趣的现代教学方法的差异至关重要。不同的分类角度导致不同的分类标准。目前，对于教学的分类多种多样，本课题主要参照了学生获取知识途径，对教学方法进行了分类，主要包括语言交流为主的教学方法，即讲授法、启发法、演示法等；实际训练法，即生产实习教学法、实训、师傅带徒弟教学法等；行动导向教学法，即项目教学法、案例教学法、角色扮演法、模拟教学法、头脑风暴法、分组讨论法、卡片复习法等类型。

根据《基于教师的高等职业教育专业课程和教学改革状态调研报告》与《基于学生的高等职业教育专业课程和教学改革状态调研报告》的研究内容，提炼出教师与

学生最喜欢的教学方法的相关数据，形成了《教师与学生最感兴趣的教学法对比分析表》，具体如表13-2所示。

表13-2 教师与学生最感兴趣的教学法对比分析表

教 学 方 法	教师/%	学生/%
语言交流法	18	41.7
实际训练法	12	8.5
行动导向法	46	25.7
对教学方法认识不清或没有填写的情况	24	23.1

从表13-2可以看出，教师与学生在三类教学方法的偏好上呈现较大差异。对于教师而言，最喜欢的教学方法是行动导向教学法，而对于学生而言，则最喜欢的是语言交流法。相对其他两类方法而言，实际训练法在教师和学生的偏好选择上，均比较低；从数据中也可以看出，教师和学生对什么是教学方法存在认识不清的情况的比例也将近1/3。

上述分析也在一定程度上表明：行动导向法在高等职业教育课程改革中得到了教师的认同，而对于学生而言，还需要进一步的认同。这也进一步反映了行动导向法在课程教学改革的效果上，需要进一步加强；而对于语言交流为主的方法，在学生中受到了很大的欢迎，一方面说明该教学法对于高等职业教育课程的重要作用，同时也反映了学生对该类教学法在某种程度的依赖。另外，数据也表明，在教师和学生中，对于什么是教学方法，教学方法的表现形式等基本问题认识不足。

上述问题本质上反映了如何对待高等职业教育专业课程改革与教学方法的关系。对此，只有遵循高等职业教育人才培养的规律，依据不同类别课程的性质特点，才能充分发挥教学方法在高等职业教育专业课程改革的重要作用。首先，要进一步加强对教师教学方法的培训，包括教学方法的本质、各类教学方法的作用与不足等；其次，遵循高等职业教育与人才培养规律，认真分析不同类别课程的特点和作用，选择适合的教学方法。一般来讲，纯理论的课程，主要包括各类公共基础课，主要适用语言交流为主的教学方法；对于基本技术技能的课程，一般选择实际训练法；对于培养学生综合能力的课程，一般选择行动导向法。最后，要加强教师对高职教学课程质量的有效性研究，不能仅仅停留在认识层面上。只有使用适合的教学方法，提高课程教学的效果，才能切实保障高等职业教育人才的培养质量。

三、在校生，毕业生，行业、企业专家对待毕业后最重要的能力看法的比较分析

高等职业教育的人才培养目标是培养高素质技能型人才。比较不同类别人员对待高职毕业生毕业后最重要的能力看法的异同，对深化我国高等职业专业课程改革具有重要参考意义。根据本课题的研究，高职毕业生的能力主要体现在五个方面，分别为专业能力中的专项能力、综合能力；方法能力、社会能力以及职业态度和素养。

根据《基于毕业生的高等职业教育专业课程和教学改革状态调研报告》、《基于在校生的高等职业教育专业课程和教学改革状态调研报告》以及《基于行业企业的高等职业教育专业课程和教学改革状态调研报告》中的相关内容，提炼并整理出不同类别人员对待毕业后的能力要求对比分析数据，具体参见表13-3。

表13-3 不同类别人员对毕业后能力要求对比分析表

能　力　要　求	在校生/%	毕业生/%	行业企业专家/%
专项能力（专业能力）	27.6	18.2	13.7
综合能力（专业能力）	11.6	18.8	11.8
方法能力	12.6	17.6	26.8
社会能力	33.5	36.9	29.8
职业态度与素养	14.7	8.5	17.9

以高等职业教育发展道路中“以就业为导向”为依据，以行业企业专家对待五项能力的看法为参照，对比不同类别人员对待能力看法的异同。

根据表13-3，可以看出社会能力是在校生、毕业生、行业企业专家共同认为的五项能力中最重要的能力，不同类别人员对待社会能力看法的偏好程度，依次为毕业生，在校生，行业、企业专家；在行业专家认为的排名第二位的方法能力中，在毕业生和在校生看来，并不是特别重要，同行业专家相比，相差10余个百分点，但毕业生在此方面要强于在校生；在行业专家认为排名第三位的职业态度和素养中，在校生与行业专家的看法偏好相同；但毕业生却将其排在了最后一位。

可以看出，社会能力在三个类别人员看来是最重要的能力。一方面，反映了现阶段社会生产方式、社会组织方式变革后，对团队合作、沟通交流等社会能力的迫切需求，得到了广泛认同；另一方面也表明，现实生活中高职学生在团队合作、沟通交流方面还存在不足。而方法能力在毕业生和在校生看来，远不如专业能力重要。这反映了各高职院校在专业能力的培养方面，仍旧停留在对待专业能力的提升上；仍关注的是专业能力自身，缺乏对方法能力的进一步提升。当然，这也是高等职业人才培养的

高层次的要求。在职业态度和素养中，在校生与行业专家的看法偏好相同，反映了学校已经认识到了职业态度和素养的重要性；但毕业生却认为是最后一位，这与毕业生认为经济利益与职业态度素养相关度不高有关。

基于上述分析，在对待能力的偏好方面，总体上，能够适应社会发展方式的转变，但也反映出人才培养的可持续发展还存在不足。从数据上看，反映出学校在人才培养观念上，还停留在培养“技能型人才”的层面上，但在体现“高素质”方面仍显不足。为此，在技能培养的基础上，加强“高素质”为特点的专业课程体系的改革，深化内涵建设，体现人文精神，将是高等职业教育课程改革的方向。

四、经验与不足

经验：问卷的对象设计考虑到了不同视角、样本数量多、范围广，研究结论具有一定的可靠性和可观性，可为政府、研究机构提供政策性参考和研究依据，也可为高等职业院校的课程改革提供建议。

不足：因目前教学方法分类多种多样。如何结合研究实际需要，选择适合的教学方法分类标准是课题研究的关键。本报告采取的以学生获取知识、能力途径的标准也存在一定的不足，在各类教学方法的认定上，也存在一定的主观意识。在今后的研究中，将进一步改善。

第三部分

中国高等职业教育产学合作模式研究报告

第十四章 研究概述

一、研究背景

“中国高等职业教育课程改革状况调研”项目组在完成调研任务形成研究报告以后，一致感到：中国高等职业教育课程和教学改革已经取得了重大的进展，但从全面可持续发展的视角看还面临诸多挑战。继续深化高等职业教育教学改革的主要瓶颈是师资、学生和产学合作。在高等职业教育教学改革与实施中产学合作是重要的基础与途径，从国家层面一再倡导、推动，但现实中作为瓶颈之一的产学合作，其主要是产学合作可持续发展的制度和机制及其实施模式问题未能解决，制度的建立是政府层面研究的问题，机制的建立是市场层面研究的问题。中国经济发展、企业成长已经有条件探索建立可持续发展的产学合作模式与机制。因此，本项目组在取得中国高等职业教育课程改革状况研究成果的基础上，继续开展对高职教学改革中产学合作开展的形式与过程的调研，找出典型模式，研究产学合作可持续发展的机制是极为必要与急需的。由此，项目组继续开展了中国高等职业教育教学改革中产学合作模式的研究，并继续得到中国联合国教科文全委会的支持与联合国驻华代表处的经费资助。

二、研究目的与目标

通过调研现有产学合作案例，挖掘探索产学合作的典型模式，研究产学合作可持续发展的机制，形成专项研究报告，为在高职教学改革中广泛深入开展产学合作提出建议。

三、研究方案设计

本项目研究基于如下理念和对高等职业教育产学合作的认识：高等职业教育是工业化、现代化的产物，与经济社会发展和产业的发展有着天然的联系，产学合作是高等职业教育发展的必由之路，通过合作育人、合作办学解决高等职业教育发展中的人才培养模式、课程与教学、实训条件、学生毕业出口等基本问题，才能使培养的人才更好的满足行业、企业用人单位的需要，为产业发展提供有效的人才资源支撑。高等职业教育教学改革与实施中的产学合作是重要的基础，调研、探索其可持续发展的机制是解决好高等职业教育走产学结合发展道路的关键方面。因此，本项目确定研究的主要问题在三个方面：

（1）高等职业教育教学改革中产学合作的主要形式；

（2）不同的产学合作模式典型分析；

（3）高等职业教育教学改革中产学合作可持续发展的机制。

采取的路径：选择现有最新的产学合作成功案例进行调研（以教育部高职示范院校建设四周年成果展中产学合作案例为主要调研对象），在此基础上进行模式类型的归纳与分析，进而调研典型产学合作模式成功与可持续发展的支撑机制，即合作双方利益的平衡点，进行机制的分类与调研分析，获得现状数据，形成研究结论，提出产学合作发展建议。

四、调研数据

本报告使用调研数据基于如下方面获得：从2011年6月教育部高职示范院校建设四周年成果展览中和成果网上展示栏目中，以及文献资料、实地调研考察等收集高等职业教育产学合作最新的优秀案例300余个；分别对江苏、浙江、广东、西藏、重庆、北京等17个省（自治区、直辖市）的44所高职院校发放调研表调研，回收有效调研表49张；实地考察高职院校6所、企业5家。

五、研究方法与过程

项目组主要采用网上信息调研、文献资料调研、实地考察座谈、问卷调研、案例分析、归纳分析等方法开展此项研究。

以高职示范校建设四周年成果展览中最新的产学合作成功案例调研为主，辅以其他网络信息、文献资料调研、实地考察座谈等，了解、分析不同地区高职院校教育教学改革中产学合作开展的形式与过程，在此现状掌握的基础上，归纳出十余种使用较多的产学合作模式，并对比较典型的成功模式进行了分析阐述。在此基础上，项目组进一步对现行产学合作模式支撑的机制进行调研，归纳了五种可能的互利互惠产学合作形式，并对这五种互利互惠产学合作形式在产学合作中使用状态进行问卷调研，分析得出当前高等职业教育产学合作机制建设的基础状态，以及存在的问题。提出对我国在高等职业教育教学中深化产学合作的五点建议和建设可持续发展的校企双方产学合作模式。

在研究过程中，项目组实地考察调研了新疆农业职业技术学院、新疆轻工职业技术学院、无锡职业技术学院、深圳信息职业技术学院、浙江机电职业技术学院、福建信息职业技术学院等院校的产学合作情况，了解了江苏职教集团、福建省物联网专业官产学研的合作模式，参观了新大陆网络有限公司（福建）、神州数码网络有限公司（北京）、中兴通讯有限公司（深圳）等国有与民办企业。

第十五章 高等职业教育教学改革和产学合作建设

一、深化高职教学改革

新世纪以来，中国高等职业教育坚持贴近地方产业，积极主动与行业、企业合作，努力为经济社会发展服务，培养了千余万高素质技能型专门人才。“十一五”期间，通过改革发展，高等职业教育在创新办学体制机制、改革人才培养模式、增强社会服务能力、建设优质教育资源等方面进行了积极探索，一大批学校和专业的建设成效明显。随着《国家中长期教育改革和发展规划纲要（2010—2020年）》的颁布实施，高等职业教育进入了新的发展阶段。《教育部关于推进高等职业教育改革创新引领职业教育科学发展的若干意见》（教职成[2011]12号）中指出：“我国正处于从经济大国向经济强国、人力资源大国向人力资源强国迈进的关键时期。高等职业教育必须准确把握定位和发展方向，自觉承担起服务经济发展方式转变和现代产业体系建设的时代责任，主动适应区域经济社会发展需要，培养数量充足、结构合理的高端技能型专门人才”，“必须坚持以服务为宗旨、以就业为导向，走产学研结合发展道路的办学方针，以提高质量为核心，以增强特色为重点，以合作办学、合作育人、合作就业、合作发展为主线，创新体制机制，深化教育教学改革”，“以区域产业发展对人才的需求为依据，明晰人才培养目标，深化工学结合、校企合作、顶岗实习的人才培养模式改革。要与行业（企业）共同制订专业人才培养方案，实现专业与行业（企业）岗位对接；推行‘双证书’制度，实现专业课程内容与职业标准对接；引入企业新技术、新工艺，校企合作共同开发专业课程和教学资源”……。文件中宏观、中观、微观的要求正在指导高等职业学校大力加强专业建设，深化教育教学改革，向整体提高人才培养质量和办学水平的方向发展。同时，也预示着高等职业教育教学改革开始步入深水区，要破解影响发展的难题。

二、产学合作的意义、作用

本文所述“产学合作”实际是“产学合作教育”，这一名词源于国际通行的Cooperative Education一词翻译而来，直译为合作教育。是国际上普遍认同的学校与用人单位合作培养学生的教育模式。中国在引进这一概念时，为了与中国教学、科研、生产劳动三结合，经1995年召开的第二届中国产学合作教育协会会员大会讨论通过，将产学合作教育改称为“产学研合作教育”。各国对产学合作教育定义的表述不完全一致，但核心思想是一致的。世界合作教育协会的描述是:“合作教育将课堂上的学习与工作中的学习结合起来，学生将理论知识应用于现实的实践中，然后将在工作中遇到的挑战和见识带回学校，促进学校的教与学”。相对而言中国的产学合作教育具有更丰富的内涵与自身的特征，自20世纪80年代中期引入中国后，不断发展成为高等教育人才培养中重要的方法与途径，成为中国高等职业教育发展的必由之路。高等职业教育的产学合作正在成为把学生的课堂学习与有目的、有计划和有指导的实际工作经历相结合起来的一种教育模式，成为以教育促进社会经济发展为目标，产业部门与教育部门在人才培养、科研、生产等方面的合作，为合作育人、合作办学、合作就业方面发挥着重要的作用。

三、产学合作建设

当前，在深化高等职业教育教学改革的新阶段， 产学合作要发挥根本途径的基础作用，已不能满足于高职院校产学合作的个案成功，在实践中，教育与产业、学校与企业、专业设置与职业岗位、课程教材与职业标准、教学过程与生产过程还没有实现深度融合，还不适应发展现代产业体系、服务转型升级的新需求。要整体提高人才培养质量与水平，产学合作是决定高职教育质量的根本性因素，需要大力加强产学合作建设，这包括产学合作制度建设、模式的建设、机制的建设等，才能使产学合作迈上更高的台阶，走向深度、持续发展的产学合作阶段。

第十六章 高职教育产学合作模式的调研分析

一、产学合作模式

项目组以2011年6月高职示范校建设四周年成果展览中最新的产学合作成功案例调研为主，辅以其他网络信息、文献资料调研、实地考察座谈等，了解、分析不同地区高职院校教育教学改革中产学合作开展的形式与过程，在此现状了解的基础上，分析归纳出14种产学合作模式并统计了学校分布数，详见表16-1。

表16-1 产学合作案例调研模式归类统计表

序号	模式	模式名称	学校数
1	模式1	订单培养	24
2	模式2	校企共建实践教学基地（实训基地、培训中心、校中厂）	31
3	模式3	政府主导校企共建产学合作平台（产业园）	5
4	模式4	校企共建二级学院	18
5	模式5	校企共同承担教学改革项目（参与人才培养模式改革、专业与课程开发）	50
6	模式6	校企共同组织职业技能竞赛（组织竞赛或相关活动）	13
7	模式7	设立教育基金	1
8	模式8	职教集团	7
9	模式9	行业企业办学	3
10	模式10	产学合作日常教学(企业兼职教师、学生顶岗实习)	37
11	模式11	产学合作开发职业标准和职业资格证书	17
12	模式12	技术研发服务	30
13	模式13	董事会（股份制）	4
14	模式14	教指委产学合作平台	1
合计	14		241

产学合作模式内涵简介如下：

模式1 订单培养

订单式培养是学校以企业人才需求为依据，按照企业对人才需求规格和岗位的技能要求，由企业与学校签订合同（或协议），共同制订人才培养方案，组织教学和训练，以“订单”方式开展人才培养，使教学与生产同步、实习与就业一体。订单式培养还可细分为多种形式，其中定向生就是订单式培养的一种。

模式2 校企共建实践教学基地（实训基地、培训中心、校中厂）

由企业与学校合作共同建设实践教学基地（实训基地、培训中心、校中厂），学校或企业提供场地、提供设备、师资等资源，双方共同投入（投入的形式可有多种），共同根据人才培养目标的需要与实际职场的要求设计实践教学环境、开发实践教学资源以及组织实践教学，并在满足教学任务的前提下以共建实践教学基地为平台展开各个方面的合作。

模式3 政府主导校企共建产学合作平台（产业园）

在政府部门主导下，学校与企业合作共建产业园区，进行人才培养的生产性实训、企业产品开发、教师企业锻炼、教师科研等以及创业等活动。政府投入与主导，搭建开放的管理平台是重要基础。

模式4 校企共建二级学院

学校与企业合作共建二级学院，将学校的办学优势与企业的人才、技术、设备、行业资源优势相结合，共同成立管理机构，提供组织保障，建立管理制度，规范合作运行；依据企业要求，开办相关专业，开展课程改革，完善培训体系，建设双师团队，开展订单培养与员工培训。

模式5 校企共同承担教学改革项目（参与人才培养模式改革、专业与课程开发）

学校聘请企业人员或与企业建立联盟（教学指导委员会）共同开展学校人才培养中专业建设、课程开发、教学改革。

模式6 校企共同组织职业技能竞赛（组织竞赛或相关活动）

学校和企业共同组织职业技能大赛，企业发挥技术、设备优势、学校发挥人才资源优势，通过合作组织技能大赛培养技能精英，企业也能从大赛中选拔优秀人才。

模式7 设立教育基金

企业通过与学校签订合约，在学校设立教育基金，激励学生，参与学校人才培养。

模式8 职教集团

以政府主导，高职院校牵头，行业企业广泛参与，共同投入，组成职教集团，合作开展订单培养、学生实训、教师实践锻炼、企业员工培训、生产技术攻关等。职教集团化办学有四种代表性模式：城乡联合、以城带乡的“河南模式”，市县合作、三段培养的“海南模式”，校企合作、工学结合的“天津模式”，中高衔接、行业引领的“江苏模式”。

模式9 行业企业办学

主要是指学校由行业主管或企业集团办学。依托行业企业，产学合作紧密，优势明显。

模式10 产学合作日常教学(企业兼职教师、学生顶岗实习)

主要是指学校在日常教学中与企业的合作，包括聘请企业兼职教师，学生到企业顶岗实习，教师到企业挂职锻炼等。

模式11 产学合作开发职业标准和职业资格证书

由行业主导，企业专家与学校专家共同参与开发新的职业标准与职业资格证书。

模式12 技术研发服务

学校教师以技术研发等为企业提供服务，企业为学校提供回报（服务或其他）。

模式13 董事会（股份制）

由政府、企业、学校等多方参与共同组成学校董事会，采取股份制，实行董事会领导下的院长负责制进行学校管理与校企合作。

模式14 教指委产学合作平台

由教育部高等学校高职高专专业类教学指导委员会主导，发挥专业领域中优势，联合行业企业，搭建产学合作平台，学校与企业均可在平台上开展各项产学合作项目（合作进行专业建设、课程开发、实践教学基地建设、教学资源开发等），以及优势资源整合。

二、几种典型的产学合作模式

模式1——订单式

1）订单式模式特点

订单式培养是以企业人才需求为依据，按照企业对人才需求规格和岗位的技能要求，由企业与学校签订合同（或协议），共同制订人才培养方案，组织教学和培训，以“订单”方式开展人才培养，使教学与生产同步、实习与就业一体。这种模式，要求学校按照具体企业对人才的知识、能力、素质要求，制订相应的人才培养方案，理论课教学主要是在学校进行，实践教学环节主要在企业实施，毕业生经考核达到企业人才录用标准，企业优先录用。这种学校为企业量身定做的模式，可以对学生进行有针对性的职业岗位能力与技能的培养与训练，从而缩短毕业生适应职业岗位工作的时间，使之更好更快地发挥专业特长，为企业做出相应的贡献。一方面，对学校来说，这种模式有助于提高学校的人才培养水平和质量，提高毕业生的就业率。另一方面，对企业来说，不需要加大投入费用，只要提供学生实训的条件和必要的指导，就可以顺利获得需要的专业人才。

2）典型案例

天津中德职业技术学院（校企理实结合，实现高技能人才的典型双轨订单培养）2008年2月麦格纳技术与模具系统（天津）有限公司与天津中德职业技术学院签署了德国双元制模式长期联合培养技能型人才的协议。麦格纳每年从学院招收10名左右新生，进行定向培养（每年学生人数根据公司的业务发展需要及麦格纳中国地区的需要而作相应的调整）。学院单独为其组建"麦格纳班"，按照德国"双元制职教模式"进行技能人才培养。校企双方共同制定年度培养计划、教学内容，共同确定和协调师资及教学场所，理论和实践课程由中德的专任教师在校内完成；实训课程由麦格纳的培训师在麦格纳公司内完成。中德指派企业特派员，负责企业与学院的协调。教学实施采用第一学年每周3天在中德，2天在麦格纳公司；第二学期每周两天在中德，3天在马格纳公司；第三学年每周1天在中德，4天在麦格纳供公司的方式进行培训。

武汉船舶职业技术学院（校企合作订单式培养航海类人才 打造学生就业品质）2010年轮机管理专业首次与马士基船舶管理（武汉）有限公司联合举办"A.P.Moller maersk line订单班"。随着订单班的组建，该公司将从一年级开始，与学校共同培养，公司派老师保证每个星期6小时的英语口语培训；定期对学生进行企业文化、船上知识、职业素养等讲座；制订了企业奖学金条例和学生淘汰程序；不定期与学生座谈，了解学生学习和生活情况等。学院也会根据专业人才培养方案和国家海事局考证的要求，加强对学生的教育与管理，共同打造企业所需的优秀的航海类人才。

3）进一步分析

实行订单培养，校企要共同研究人才需求走势，定位学生修习方向、规定合理的专业设置、实施系统的职业规划和就业策略、对用人单位跟踪调查和积极反馈等。存在的问题是：如有些学生一旦成为"订单"培养对象，就会认为就业已经有了保障，从而放松自己的学习，到最后反而难以达到"订单"的要求被企业拒收；这些"订单"培养对象在培养时是以满足企业的个性化、专业化需求为出发点，如果出现意外情况不能到签订“订单”协议的企业就业，如何应对此类问题也是学校在人才培养过程中应该注意的。

模式2——校企共建实习、实训基地

1）校企共建实习、实训基地模式的特点

校内共建实训基地是通过学校与企业间的合作，结合双方的具体需求，在企业项目和资金的支持下，由学校提供场地，建立双方共同投入，地点位于校内的实习基地，并在满足基本教学目标的前提下展开各个方面的合作。学校可以提供实训场地以及一定的资金，由企业派出相应的管理人员、设备和生产技术，借用学校场地作为厂房，企业进行有计划的投资、经营与管理。以企业的实际生产项目为基础，结合学生的实习操作，使生产与培训同步进行。

校外共建实训基地：校外实训基地是高职院校实训系统的重要组成部分，是高职学生与职业技术岗位“零距离”接触，巩固理论知识、训练职业技能、全面提高综合素质的实践性学习与训练平台。高职院校充分利用区域内行业、企业先进的生产设备、企业场地以及优秀的企业师资，在培养符合企业要求的高技能人才的同时也可为企业创造经济效益。

2）典型案例

浙江机电职业技术学院坚持以“真设备、真项目、真要求”的校内实训机电建设方针，注重与企业的合作共建，实现双赢。强化的基本技能实训基地建设，满足学生基本技能训练与机电类个职业工种资格鉴定、社会培训需要；建设了一批新技术实训室，提高装备技术水平，适应企业新技术发展步伐。近3年来，共投入建设资金4 929.31万元，接受企业捐赠设备值约定2 736.2万元，新建、扩建实训室64个，形成了集教学、培训、技能鉴定、生产、技术服务“五位一体”的高水平校内实训基地，使生产性实训比例达到82.01%，较好地满足了学生实训与社会服务需要。

目前，已有西门子、FANUC公司、博士电动、SANDIVK刀具、博士力世乐、欧姆龙等国内外主流自动化大公司公司落户学院，建立了10余个培训基地，使该校成为自动化领域高技能人才培养的重要基地。

据最新数据显示，FANUC数控系统在浙江地区的市场占有率已达到85%，具有很大的学生就业和客户技术培训市场。依托FANUC数控系统应用中心，浙江机电职业技术学院校内建设与工厂实际应用完全一致的实践教学平台，校外提供技术服务，并把承接的技术服务项目应用于教学促进教学改革，打造数控系统应用的“教学工厂”。为该校机电类专业的进一步发展助力，从而进一步对浙江省乃至长江三角洲地区制造产业人才培养以及产业升级发展发挥作用。

2010年4月—9月，青岛职业技术学院（在世界500强企业建立校外实训基地）的软件与服务外包学院共有115名学生分两批赴青岛朗讯科技通讯设备有限公司进行为期3个月的顶岗实习。主要进行设备组装、质量检测和系统测试三方面工作。实习期间，不仅配备辅导员进行全方位的学生安全和思想工作的管理，还组织老师进企业研修并安排所有专业课老师在企业工作一线的车间内为学生上课。辅导员负责统计每天学生的出勤率和晚上学生回宿舍的情况，保证学生的思想统一和日常的安全；教研室主任和老师针对学生在企业的实习工作状况进行专业课程的教学，基础课程方面英语老师针对企业文化和专业情况进行专业英语授课。与青岛朗讯的合作，应用了新型的教学方式——工作课堂。工作、学习地点同步，教学与企业培训同步。朗讯公司的优秀工程师、车间师傅们以及学院选派的专业课教师、辅导员全程参与指导，收到了良好的效果。通过实施课堂教学，教师体会到教材的编写需要有企业技术人员和学校教师共同开发，教材不仅有原来的理论知识，更有鲜活的实际内容。在教学过程中，要重视学生的主体地位，教师要向企业技术人员学习，向工作在一线的学生学习。同时将能力训练、知识学习、素质培养与职业技能鉴定相结合，多元考核学生能力。

3）进一步分析

共建实训基地在资金方面，可以由学校与企业共同出资，建设兼具生产任务和培训任务的实训基地，也可以由校企双方共同提供资金与技术，从而达到优势互补。这样的话，就可以克服企业由于设备和场地问题无法建立用户培训以及研发基地的窘境，同时也可解决学校虽有场地硬件与师资力量，却缺乏资金和设备的问题，通过彼此的合作而取长补短，便可建成具有一定的规模和技术含量、兼具生产与教学功能的培训基地，从而达到共同培养人才的最终目的。教师可以结合自身的科研项目，通过对企业的商业信息的收集与分析，将企业产品的设计与研发拿到课堂上，由学生根据企业的实际要求来完成，而学生的设计成果则在企业的遴选与评估之后，择优作为新的技术方案并得到采纳。

模式3——政府主导校企共建产学合作平台（产业园）

1）政府主导校企共建产学合作平台（产业园）的特点

与知名行业企业共建的产业园，为学生工学结合，校企深度融合搭建开放的管理平台，集生产性实训、企业产品开发、新产品开发、教师下企业锻炼、教师科研等产学研为一体的产业园区，或将企业引入学校共建校中厂，创造真实的生产环境和真实的生产任务培养学生的工作能力。这样的模式可以使学生得到真实的职场训练，提高工作能力。同时，产业园又成为企业技术研发与成果转化的基地。

2）典型案例

常州信息职业技术学院（“信息产业园”创新校企合作模式）“信息产业园”依托政府的政策和资金支持、行业的项目资助与优惠政策、企业的设备与技术资源、学校的专业与人才优势，继而成为学生实习的场所，教师科研的基地，校企合作的平台。学院规划了占地155亩，总建筑面积75 000m^{2}的“信息产业园”，现已完成2栋研发大楼、一栋标准厂房的一期建设，建筑面积48 202m^2（其中学院建设13 502m^2，其余由企业投资建设）。园区企业包括：江苏远宇电子集团，常州北大众志网络计算机有限公司、常州欧开通信技术有限公司等6家企业，惠普软件服务、东软清泰信息安全等一批知名企业也将入驻。实行“官助民办、市场化运作”的运营模式。通过政府资助（出台对企业的扶持和优惠政策，在项目审报、项目配套、税收政策上给予支持，为校企合作创造良好的条件）、行业牵线（主管行业利用其自身的企业资源的优势，组织企业老总来校参观洽谈，继而为对口企业进园牵线搭桥，保证了进园企业的质量）、学校主导（整合内部资源，成立产学合作部，为企业进驻提供全方位的咨询与服务）、企业主角（企业视自身情况，可在信息产业园内自建或与学校共建生产性实训厂房，或租用学校的标准厂房进行产品加工生产，同时接纳学生实训，企业技术人员可以作为学校的兼职教师）的多元化合作机制来吸引企业，由津通弘扬信息科技发展有限公司负责整个园区的基础建设、环境规划、招商引资、学生生产性实训、社会培训、技术服务以及配套管理职能、背靠政府，服务社会。

广州铁路职业技术学院（校企共建“校中厂”、“厂中校”工学结合基地）广州铁路职业技术学院与广州市花都区中小企业局和粤宝丽工业园合作，引企入校，政校企合作在花都共建工学结合示范园。以政、校、企共建“管委会-项目部-教师工作室”三级管理模式创新为突破口，以校企共建“校中厂”生产性实训基地为抓手，以实践“产教一体、寓学于工”人才培养模式为主线，通过“人才共育、过程共管、责任共担、成果共享”，建立校企互利双赢的长效合作机制。工业园占地面积100亩，建筑面积6万多平方米，宿舍500间，园内有8家实体企业，与机械、电子类专业相对接，校企双方设备总值达3 800万元。基地资源实施集中管理，统一调度，实现校企各取所需，互利双赢。

3）进一步分析

企业利用自身优势，在实训基地、师资培养，科研等方面投入资金、设备、设施、仪器，大大地充实了职业院校在资金、生产设备上的力量，为人才培养与培训、科技研发与服务提供了物质保障，增强了学校的活力。这些设备、场地的扩大和人员素质的增强也壮大了学校和企业科研团队的研发力量，有力地促进了企业技术更新，增加其产品和服务的技术附加值，增强市场竞争力，同时，校内基地的生产化又可为企业提供新的车间，能扩大生产能力，缓解用工矛盾，这些最终表现为企业经济利益的提升。只有企业的利益得到了满足，才可能为职业院校提供更多的资源。

在此模式中，政府、企业和学校如何各司其职，共同提高办学质量和办学水平，是当前面临的关键问题。在一些产业园中，政府、企业、学校的关系不明晰，还无法做到完全制度化和规范化。同时，政府和学校对于校企合作机构过多的行政干预最终很可能发展成为单纯的研究所或校办企业，背离初衷。目前，校企合作所必需的权益分配和风险投资机制尚未建成。一是知识产权的归属问题，目前尚没有明确规定和政策指标标准；二是权益如何在各参与主体之间进行公平合理分配，投资风险分担机制的不成熟也成为影响建立校企合作联盟积极性的重要因素。我国目前尚未形成有效的技术市场中介和高素质的技术人才队伍，科技中介服务机构和人才无论从数量和素质上远远不能适应校企合作中科技成果转化的需要，和当前日益增长的服务需求严重脱节。

模式4——校企共建学院

1）校企共建学院模式的特点

学校与企业共建学院，解决学校办学过程中专业设置与生产、行业需求脱节，专业教学标准，核心课程标准与企业职业岗位人才需求标准错位，教师实践能力与职业技术人才培养不适应，校内实训基地投入不足、使用效益不明显，校外实训实习基地无保障，企业员工继续教育缺位等实训资源、师资资源、管理资源不足的问题。具体表现为：校企共同成立管理机构，提供组织保障；建立管理制度，规范合作运行；依据企业要求，开办相关专业；借助管理平台，开展课程改革；完善培训体系，建设双师团队；校内校外结合，共建实训基地；共建培训中心，实施员工培训；联合行业协会，整合社会资源。

2）典型案例

新疆农业职业技术学院依据自身的办学特色，立足新疆社会经济发展实际，提出了由自治区治教工作领导小组主导，新疆农业职业技术学院、阿克苏职业技术学院、新疆天海绿洲农业科技有限责任公司三方发起，在新疆第一产业职教园区的平台上共建董事会办学体制的“天海学院”。董事会办学体制的灵活性和自主性使得学院的专业优势可以和企业的产业链紧密结合。在试点内，开办3个以上优势专业。在2011年开始订单招生。招生基数由教育厅单独核拨，天海集团接纳30%以上的毕业生就业。天海公司的20万亩基地建成产职教园区的公共实训基地，把“天海学院”办成新技术的研发机构，学生的创业就业机构，企业职工、基层技术人员以及果农、菜农的技能培训机构。

广东岭南职业技术学院2003年与广州今明模具科技有限公司共同创建现代制造学院，打造产学研一体的现代制造职教平台。该学院既是企业的研发中心、生产基地，又是行业职业资格认证培训中心。拥有18间实训室、省机械专业技术服务平台、省（市）模协研发与技术培训中心、美国UGNX中国华南培训中心、省数控技术示范实训基地。使学校办学优势与企业的人才、技术、设备、行业资源优势相结合，研发案例成为培养学生的素材。并通过与香港压铸模具协会、德国凯勒公司合作，培养国际视野的模具人才。目前该分院在校生已达2 100人，毕业生深受业界欢迎。学院还与全球通讯设备供应商中兴通信股份有限公司组建了“岭南中兴3G学院”，该分院完全按照最前沿技术要求和企业标准设计人才培养方案，采用中兴MIMPS教学模式和SMART职业规划平台，引进企业师资，投入国内三大3G网络运营商的现役通讯设备1 600万元，用企业真实的实践平台，培养达到国际企业标准、面向中兴及其合作伙伴就业的高素质技术人才。

3）进一步分析

校企共建二级学院，将企业的优势资源或开发的教育产品应用在学校人才培养中，大大缩短高职毕业生与实际工作需求的距离。但目前主要问题在于现有的管理机制和教学制度尚不能适应发展的需要，产学研合作教育制度不健全，教学制度改革也未能体现产学研合作教育的要求，并没有完全实施弹性学分制和完全学分制。学生对于合作课程的选择和到企业实习也受到一定的限制，专门教材的选用还有随意性。

模式5——校企共同承担教学改革项目（参与人才培养模式改革、专业与课程开发）

1）校企共同参与人才培养模式改革的特点

校企联合参与人才培养模式改革，主要是学校开展的教育教学改革企业完全参与进来，包括专业的需求调研、职业分析、人才培养定位、课程模式改革、课程体系与教学内容的开发、共同制订人才培养方案等。其特点在于人才培养更能体现企业实际需求，加强教学的针对性和实用性，提高学生的综合素质，培养学生的动手能力和解决问题的实际能力，以产学研结合人才培养模式为平台，以专业建设为龙头，以课程改革为关键。

2）典型案例

内蒙古机电职业技术学院汽车电子技术专业与内蒙古利丰企业集团有限公司进行小区深度合作构建“工学结合、校企双向介入”的人才培养模式，在人才培养过程中，校企双方在“六个共同”的框架下深度融合。双方共同构建基于企业工作过程的课程体系，共同开发紧密结合生成实际的实训教材，共同管理学生，共同建设校内生产性实训基地，共同培养专业教学团队，共同对学生进行综合考核评价。提高了人才培养的适应性，促进了学生就业。

黑龙江农业工程职业学院与哈尔滨市农科院合作共同构建了校农联合双主体人才培养模式，责任共担、利益共享、资源共用、人才共育、共同培养有时代责任感和较强工作技能的工厂化农业人才。按照专业能力递进规律，分为“学校培养+农科院培养+企业顶岗实习”三个阶段，共进行两轮生产性实训，实现了学校与企业结合、教学与生产结合，使课堂教学与现场教学一体化、理论教学与实践教学一体化。

3）进一步分析

企业的天职是谋取利润，没有利益，或者利润不够的项目，企业自然不愿意参加，或者积极性不高。因此，企业参与学校人才培养模式改革与教学改革的积极性或动力何在是需要分析考虑的。作为主导方的学校，必须首先把企业的利益和回报考虑进去。校企合作的关键，是让企业、学校、学生获得共赢，从而形成良性循环，纵深推进，许多校企合作由于效果不佳，企业不积极，最后演变成为走形式、走秀，从而有悖于校企合作的初衷，深入开展，持续开展也就无从谈起。

模式6——职教集团

1）职教集团模式的特点

从职教集团发展的实践看，一般以一两所高职院校为龙头，以相关院校和合作企业为主体，以行政区域或行业领域为边界，以促进职教资源优化配置为原则，以促进地方经济发展、实现集团成员“共赢”为目的，以专业和课程为纽带，已经逐步成为职教集团的基本框架。

从职教集团的内涵看，职教集团由职业院校、行业企业以及其他社会力量等自主独立又相互联系的要素构成，形成院校之间、校企之间互补型的横向联结和人才培养链上的纵向链接。

职教集团是一个新的组织形态，它通过“专业+产业”、“教学+研发”、“培养+就业”等链条，把学校、企业等市场主体和人才培养的各个环节有机地联结，动态地加以组合，形成单个成员的“小”与“专”和整个集团的“大”与“全”的综合优势，实现资源优化和功能整合，促进专门人才、技术和设备的社会化、产业化以及教育效益、经济效益、人才效益的最优化，形成“共建、共赢、共长”的新机制。

2）典型案例

湖南机械装备制造业职业教育集团是一个省机械行办担任理事长单位，高职院校担任牵头学校（秘书长单位）的职教集团。由湖南工业职业技术学院牵头下的职业教育集团设有秘书处，安排了专人负责职教集团的日常工作，副理事长成员学校湖南工业职院、湖南机电职院、湖南电气职院、湖南机械工业技术学院，以及中联重科、远大空调、长丰汽车、湘电集团、博世公司、机械研究所、机械工程学会等成员企业，由于行业的属性建立了兄弟般的合作关系，2011年，华中数控股份有限公司加入。集团内成立了由相关成员和企业和成员学院担任主任委员和副主任委员的工程机械类、汽车及零部件了、电工电器类三个专业合作建设委员会，旨在通过集团成员之间的资源共享，密切专业与产业的联系，为专业的发展提供适时的指导和服务，三个专业合作建设委员会参与了人才培养模式改革、专业建设的研究、课程改革、实训基地建设。职教集团内的高职、中职院校与职教集团内的企业合作进一步加强，全面开展“订单式”人才培养。校企共建实训基地，联合培养技能型人才。通过主办、协办和组织成员单位参加“校企对接会”、“人才论坛”等活动搭建校企直接见面沟通的平台。2010年职教集团主办了“湖南机械装备制造类人才对接会”，分别有中联重科、三一重工等150余家行业内骨干企业和10余家职业院校参加，对接会上数十家企业和院校签署了合作协议，招聘了所需的技能人才，同时还举办了2010年企业文化巡展，展出了湖南机械装备制造重点企业的企业文化，企业核心价值理念，为学生职业道德、吃苦耐劳精神的培养搭建平台。

唐山工业职业技术学院。组建校企联合体式的职教集团，将生产资源和教育资源加以系统整合，成为实现工学结合人才培养模式的一种有效途径。学院牵头组建了河北省曹妃甸工业职业教育集团。该集团是在职业院校和相关企业现有资源的基础上，按照“互利双赢”原则建立的包括核心层、紧密层和松散层的机构，通过定期协商机制开展活动，现已吸引了40多家企业加盟，唐山轨道客车有限公司、曹妃甸港务有限公司、冀东油田、津西钢铁等一批大型企业成为学院紧密的合作伙伴。高职教育集团化办学建立起了校、企、政之间的对话机制，促进了多方文化的融合，从而形成了校企合作制度不断巩固完善的长效机制。该集团由省政府综合部门领导担任理事长，以便在全社会范围内整合教育资源。市政府牵头组织学院与大型企业签订合作协议，保证了合作程序的顺利启动。

3）进一步分析

职教集团的发展要建立有效的政府引导机制。如果缺乏正确的导向，职教集团就会处于一种茫然的状态。职教集团的调控能力、办学自主权、资金等均十分有限，如果缺少政府支持，将直接影响集团的运行和成效、生存和发展。另外，由于集团的参与单位的多元利益需求和集团面临的众多制约因素，需要政府指导和协调。为职教集团提供有力的政策支持和创造良好的发展环境，是政府和有关部门应尽的责任，也是职教集团健康发展的基本保证。

政府和教育行政部门在财政投入上应对职教集团重点倾斜，在集团建设实训基地、推动产学研一体化进程、搭建信息平台等方面提供了较大力度的财政支持；协助职教集团开辟或拓展自筹资金的渠道。随着职业教育布局调整和办学体制改革的深化，在政府的支持下，企业可以参与职业院校的资源重组，有的职业院校可以进行股份制改革，集团内企业参与办学和管理，也可以由企业与高水平职业院校联手兼并和托管集团内部的其他职业院校。

三、构建产学合作模式的状态分析

对以上统计数据进行分析并得出如下结论：

1. 产学合作的认识大幅提升

调研显示，由于各级政府教育管理部门十分重视产学合作，提出产学合作是发展高等职业教育的根本途径，实施产学合作、工学结合的人才培养模式，正确指导和有力推动了产学合作的发展。使各高职院校广泛和深化在高等职业教育中实施产学合作重要性的认识，学校领导、教师对产学合作在高等职业教育中作用的认识大幅提升。

更为可喜的是，伴随着经济社会的发展，企业实力的增强，一些企业开始从企业长远发展和企业责任的视角思考教育与企业的关系，以及人才培养与企业的关系，尤其是一些大型国企、民企、外企逐步表现出参与高等职业教育的兴趣，有力地推动了产学合作模式和机制建设。

2. 产学合作实践呈多样化发展趋势

在高等职业教育实践中，各高职院校已创造出成百上千种不同形式、各有特色的产学合作方案和案例，并在实施中不断改进和完善，对推动产学合作教学改革、提高人才培养质量发挥了重要作用；在产学合作中也锻炼了教师队伍，增强了教师的实践经验；同时随着高职院校实力的增强，产学合作的深化，产学研结合的开展，在不少地区、不少领域中院校为企业服务，使企业受益，推动了地方经济发展。

3. 逐步凝练产学合作模式

随着实践中产学合作方案和案例的增加，逐步形成了一些在高等职业教育中有明确教育教学功能指向、相对稳定的产学合作模式。这些产学合作模式对高等职业教育的不同专业都具有普适意义，可以明确指导产学合作的实践。本项目在对高等职业教育产学合作方案和案例研究基础上，分析归纳形成产学合作典型模式10余种，并对其内涵和功能进行了阐述。这些都标志着我国高等职业教育产学合作的深化和逐步向凝练产学合作模式新方向的发展。

4. 产学合作模式类型不够丰富

高等职业教育必须实施全过程产学合作，但适应不同教学环节应有不同的产学合作模式，这些不同的产学合作模式大体可归结为校企双边的产学合作模式和政府主导的产学合作模式两大类型。正如调研结果所示，尽管当前高职院校已有多种产学合作方案和案例，但归纳为产学合作模式的类型仍较单一：不同调研方式显示产学合作典型模式中排列前五位的相同，且均为校企双边直接合作形式。这说明在产学合作典型模式中，仍以校企双边直接合作的产学合作模式居多，或说当前产学合作模式还不能适应高等职业教育的需要。

总体上讲，企业参与产学合作的积极性还不算高，使不少院校的产学合作还缺少可持续性，甚至流于形式，使得通过产学合作提高教育质量的期望还未充分显现。调研反映，缺少制度保障是其重要原因之一，建立制度明确政府、学校、企业各自在产学合作中的责任与义务十分必要。

第十七章 高职教育产学合作机制的调研分析

一、构建产学合作机制的五种基本形态

在分析归纳产学合作模式的基础上，为进一步研究这些模式的可持续性和可推广性，分析模式的存在是否已建立起有效机制的保障，我们从第三章中归纳的模式中选择了12种产学合作模式，并进一步对模式实施的校企双方实际互利状况进行初步调研，依据调研结果归纳设计了5种可以作为形成产学合作机制基础的实际状态——产学双方互利互惠的利益平衡点，简称为：机制（平衡点），构成高等职业教育产学合作模式-机制调研表（见附件）。

其中归纳的5种机制（平衡点）的内涵解释为：

机制（平衡点）1：经费—服务，即企业以多种教育产品形式参与学校教学，学校向企业拨付使用经费。

机制（平衡点）2：报酬—服务，即企业多以个人形式参与学校教学改革、专业建设和教学工作，学校给与企业个人相应报酬。

机制（平衡点）3：学生—报酬，即学校学生以顶岗实习等形式到企业参加实际工作，增长实践经验，也补充企业劳动力，企业付给学生一定的报酬。

机制（平衡点）4：服务—服务，即学校以多种形式与企业合作，为企业提供合格人才、提供技术研发、生产发展、员工培训服务等，提高企业效益；企业为学校需要的教学改革和建设提供各种服务。

机制（平衡点）5：其他，指无固定机制，根据实际情况随机处理的不可持续机制。

二、产学合作机制调研

项目组分别对江苏、浙江、广东、西藏、重庆、北京等17个省（自治区、直辖市）的44所高职院校进行调研，回收有效调研表49张，对回收调研表数据进行统计，形成统计结果，如表17-1、图17-1、表17-2和表17-3所示。

表17-1 高职院校实施产学合作模式统计表

模 式 名 称	采用院校数	占比/%
订单培养	44	89.80
校企共建实践教学基地	40	81.63
校企共同承担教学改革项目	37	75.51
产学合作日常教学	37	75.51
技术研发服务	30	61.22
校企共同组织职业技能竞赛	20	40.82
产学合作开发职业标准和职业资格证书	17	34.69
职教集团	15	30.61
校企共建二级学院	14	28.57
设立教育基金	7	14.29
政府主导校企共建产学合作平台	6	12.24
行业企业办学	4	8.16

注：调研含有效院校数49所。

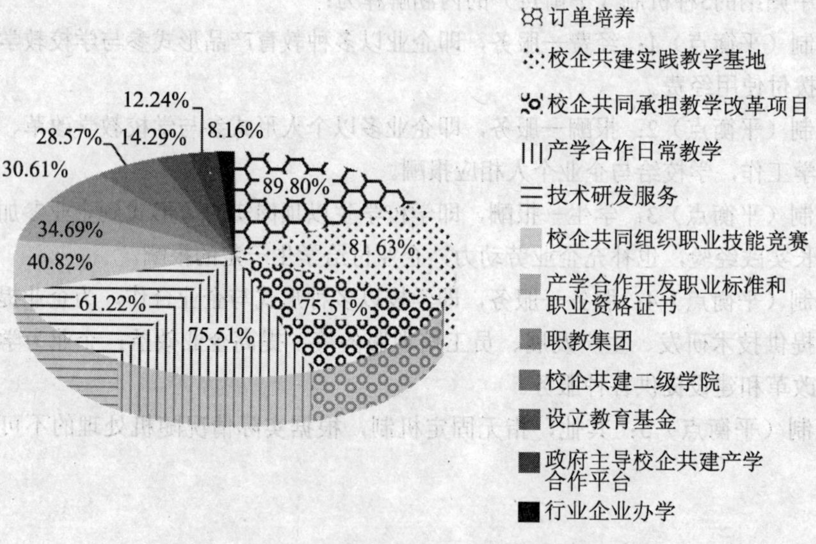

图17-1 高职院校实施产学合作模式统计图

表17-2 高职学院产学合作模式-机制统计表

模式名称	支撑机制	采用院校数
订单培养	机制（平衡点）3	22
	机制（平衡点）4	14
	机制（平衡点）5	10
	机制（平衡点）1	4
	机制（平衡点）2	3
校企共建实践教学基地	机制（平衡点）1	13
	机制（平衡点）4	11
	机制（平衡点）5	10
	机制（平衡点）3	5
	机制（平衡点）2	4
校企共同承担教学改革项目	机制（平衡点）2	17
	机制（平衡点）5	7
	机制（平衡点）4	5
	机制（平衡点）1	4
	机制（平衡点）3	4
产学合作日常教学	机制（平衡点）3	17
	机制（平衡点）2	14
	机制（平衡点）5	10
	机制（平衡点）4	7
	机制（平衡点）1	5
技术研发服务	机制（平衡点）4	18
	机制（平衡点）5	10
	机制（平衡点）1	3
	机制（平衡点）2	3
	机制（平衡点）3	2
校企共同组织职业技能竞赛	机制（平衡点）5	7
	机制（平衡点）2	5
	机制（平衡点）1	4
	机制（平衡点）3	3
	机制（平衡点）4	3

续表

模式名称	支撑机制	采用院校数
产学合作开发职业标准和职业资格证书	机制（平衡点）4	7
	机制（平衡点）2	6
	机制（平衡点）5	3
	机制（平衡点）1	2
	机制（平衡点）3	2
职教集团	机制（平衡点）4	6
	机制（平衡点）5	5
	机制（平衡点）3	3
	机制（平衡点）1	2
	机制（平衡点）2	2
校企共建二级学院	机制（平衡点）3	5
	机制（平衡点）4	4
	机制（平衡点）1	3
	机制（平衡点）2	3
	机制（平衡点）5	3
设立教育基金	机制（平衡点）4	2
	机制（平衡点）5	2
	机制（平衡点）1	1
	机制（平衡点）2	0
	机制（平衡点）3	0
政府主导校企共建产学合作平台	机制（平衡点）5	2
	机制（平衡点）3	1
	机制（平衡点）4	1
	机制（平衡点）1	0
	机制（平衡点）2	0
行业企业办学	机制（平衡点）5	3
	机制（平衡点）4	2
	机制（平衡点）1	1
	机制（平衡点）3	1
	机制（平衡点）2	0

表17-3 高职示范、骨干校与一般校产学合作机制基础建设比较统计表

学 校 类 型	支撑机制为5即“其他”	学校数	支撑机制总数	“其他”/总数
示范、骨干校	33	33	165	20%
一般校	35	16	80	43%

三、构建产学合作机制的状态分析

对以上统计数据进行分析并得出如下结论：

（1）从表17-1可以看出，排在“采用院校”数前五位，且“占比”超过60%的产学合作模式都是校企双方直接进行的产学合作，而排在后面的7种产学合作模式基本都属于需要政府主导或以政府搭台为基础的产学合作，因此可以说当前高等职业教育产学合作大部分为校企双边的产学合作。

（2）从建立产学合作机制基础的视角分析，“订单培养”在高职院校已较普遍实施，其机制（平衡点）多为第3种，即“学生以顶岗实习等形式到企业参加实际工作，增长实践经验，也补充企业劳动力，企业付给学生报酬”。在日常教学中学校聘请企业专家上课和学校请企业专家共同参与学校教学改革项目等，也是学校经常采用的产学合作方式，其机制（平衡点）多为第2种，即“企业多以个人形式参与学校教学改革、专业建设和教学工作，学校给与企业个人相应报酬”。“校企共建实践教学基地”是产学合作的又一重要方面，“校企共同设计，企业为学校提供设备，学校向企业付款”是机制（平衡点），“学校企业双向服务、共同受益的服务型合作” 近年有所发展，可能形成新的产学合作机制（平衡点）。

（3）机制（平衡点）5“其他”的选项设计，即“无固定机制，根据实际情况随机处理”，目的是了解现行产学合作是否已具备可持续进行的形式，或仅只是处于依据学校专业情况，有合适机会则进行，无合适机会则停止的随机性较大的产学合作状态。值得注意的是，在排序前4种经常采用的产学合作模式中，选择机制平衡点5的都占有较大比例，说明有较大比例的产学合作形式还缺乏建立机制的基础。

（4）位于表17-2产学合作模式-机制调研统计中12种产学合作模式后几位的有“政府主导校企共建产学合作平台”、“职教集团”、“共同开发职业标准”等，它标志着这些模式目前在高职院校中尚采用较少。究其原因很重要的一点是这些产学合作模式难于在校企双边直接进行，而需要中间媒介的作用，创造一定的条件并加以引导，其中最重要的是政府和相关教育管理部门的主导和指导作用。

（5）从表17-3 高职示范、骨干校与一般校产学合作机制基础建设比较统计表中可见，一般高职院校与示范骨干校之间在建立产学合作的可持续发展长效机制方面存在较明显差异。在表17-2 高职院校产学合作模式-机制统计表中填写“支撑机制”一项时，一般高职院校填写产学合作模式 “其他”一项的占模式总数43%，而示范、骨干高职院校为20%，一般高职院校是示范骨干校的2.2倍。这一方面说明，加强示范、骨干校建设在产学结合方面已取得较好的成效；另一方面也说明，在产学合作方面如何使所有高职院校共同发展，已成为当前需要关注和着力解决的重要问题。

第十八章 对当前我国产学合作建设的几点建议

产学合作制度建设是在高等职业教育中实施产学合作的基本保障，要有效促进产学合作进行，提高产学合作效果，必须在政府层面制定好产学合作制度。产学合作制度可以包括法律、政策和具体制度三个方面：要修定《职业教育法》，从法律层面保障产学合作的进行；要制定鼓励性、强制性和惩罚性政策，激励产学合作发展；要制定如产学合作政府部门联动制度、产学合作人才培养制度、产学合作监督评估制度等系列性相关制度，保障产学结合实施。但本项目旨在从模式和机制层面研究高等职业教育教学中的产学合作，所以下面仅就高等职业教育教学中产学合作模式和机制建设提出五点建议。

一、做好高职教育产学合作整体规划

我国政府在高等职业教育中十分重视产学合作的作用，提出产学合作是发展高等职业教育的根本途径，在高等职业教育中实施产学合作、工学结合的人才培养模式等重要战略决策，并且在实践中已经呈现出产学合作的良好发展趋势。但时至今日，我们还没有一个基于高等职业教育产学合作的整体规划，包括宏观层面的产学合作国家框架、国家制度建设等，也包括微观层面的推动高等职业教育教学改革的产学合作建设等方面。本项目仅涉及微观层面，即高等职业教育教学改革中产学合作的顶层设计。

高等职业教育教学改革需要产学合作的支撑，但高等职业教育的教学过程是分为不同环节的，不同环节所需要的产学合作形式往往是不同的。因此深化教学改革，创新产学合作模式，必须首先搞清高等职业教育的教学过程可以分为哪些不同环节。借鉴经济发展中“产业链”的提法，高等职业教育教学过程也可概括成相应的“教育链”，对于高等职业教育专业来说，其教育链从上游至下游可包括专业设置、专业定位分析、职业分析、专业课程设计、教学资源开发、教学环境建设、师资队伍建设、教学设计、教学实施、教学质量评价等不同环节。教学实施还包括课堂教学和课外教学活动，课堂教学又可分为理论课程教学，实践课程教学，理论-实践一体化课程教学等。在高等职业教育的“教育链”中，专业设置、专业定位分析、职业分析、专业课程设计属于教育链的上游；教学资源开发、教学环境建设、师资队伍建设属于教育链的中游；教学设计、教学实施、教学质量评价为教育链的下游。在教育链中产学合作应贯穿全过程的，每个教学环节都应实施产学合作，但产学合作的形式应有所不同。

正如本项目调研结果显示，在我国高等职业教育中已经创新出了很多具体的产学合作模式，但这些模式也呈现出一定的无序性，与教学环节的衔接目标不够明确。因此科学分析产学合作与教学改革和建设的关系，作好产学合作顶层设计，形成基于高等职业教育产学合作的整体规划，时机已经成熟，抓好当前机遇十分必要。

基于高等职业教育教学改革的产学合作整体规划可包括如下方面：

（1）分析高等职业教育的教学过程，教学改革和建设的形势和要求，科学划分教育环节，准确定位其教育内涵，形成高等职业教育的教育链；

（2）按高等职业教育的教育链分别规划适合教育链上、中、下游的指导性产学合作模式；

（3）研究不同产学合作模式的实施机制和推动机制形成的保障措施，建设可持续发展的产学合作模式。

二、重视政府主导的产学合作建设

调研反映的产学合作目前主要以在校企双方中开展的居多，尤其没有提出“政府主导的产学合作”这一概念。我们认为在我国高等职业教育中政府主导的产学合作应是产学合作不可或缺的重要方面，政府主导产学合作的作用主要是在高等职业教育的教育链上、中游的由政府直接负责的产学合作作用和教育链下游的政府搭建产学合作平台，因此政府主导产学合作的作用也可简称为“上中游负责，下游搭台”。下面我们从政府主导产学合作模式入手来分析产学合作的具体作用，政府主导的产学合作模式大体可分为如下形式：

1）属于教育链上游的产学合作模式

- 合作开发专业设置标准；
- 合作开发专业规范和课程标准；
- 合作开发人才培养质量评价标准。

2）属于教育链中游的产学合作模式

合作开发教学资源（课程教学资源、实践教学资源、制定职业资格标准）。

3）属于教育链下游的产学合作模式

• 共建产学合作平台（职教集团、产业园区、产学研基地、师资培训基地、基于教指委平台的产学合作）；

• 组织技能竞赛。

规范和标准的开发属于高职教育教学中的“一次开发”，处于教育链的上游。规范和标准体现高等职业教育的中国特色和理念；规范和标准的颁布会对高等职业教育教学和人才培养起着重要的指导作用，也是各高职院校专业建设的基础，或者说各高职院校专业必须以规范和标准为指导，并进一步结合自身实际进行“二次开发”，才能既体现高等职业教育的国家意识又办出自身的特色。规范和标准的开发必须通过产学合作完成，是高职教育教学中产学合作的政府责任。

由政府主导进行专业规范和标准建设，可以最大限度地调动各方面参与的积极性，更容易把握高等职业教育教学的基本规律和全局需要，获得投入产出的高性价比，保证专业规范和标准建设的质量。专业规范和标准建设包括：专业设置、专业规范、课程基本要求制定等。这些工作都应由国家和省市教育主管部门直接负责，组织教育、企业专家共同完成，并由政府给予经费投入，这也是形成有效机制的关键。而专业规范和标准建设的质量取决于政府部门组织指导的力度、投入的力度和专家水平。

处于教育链中游的教学资源建设，可分为普适性教学资源和定制性教学资源建设两部分。普适性教学资源是对全部或一定领域的高职教育适用的教学资源；定制性教学资源是由某一所或少数高职院校订制，适用于学校实际，且旨在突出其特色的教学资源。政府主导的产学合作教学资源建设主要适用于普适性教学资源，这部分教学资源建设应在政府主导下，政府、企业共同投入，组织产学双方专家共同完成。有些企业可直接获得经济效益的资源建设项目，可由企业投入为主。

处于教育链下游的产学合作，主要应在校企双边开展，但政府的搭台作用不可忽视。针对不同地区或产业发展的特色和不同教学环节的特点，搭建不同的产学合作平台：如上述职教集团、产业园区、产学研基地、师资培训基地、基于教指委平台等，学校企业可以借助这些平台开展具体的产学合作项目，政府对搭台投入，而平台上实施的产学合作项目，需校企双方互利互惠、构建机制、精诚合作。

三、建设可持续发展的校企双方产学合作模式

从表17-1中可见，占大部分的是校企双方的产学合作模式，在教育链的上中下游都需要要校企双方的产学合作模式。

（1）属于教育链上游的校企双方产学合作模式主要是校企联合参与人才培养模式改革，高职教育教学中的“一次开发”成果，如专业规范和课程标准等需要学校根据自己的专业特色和资源特点进行教学资源的二次开发。科学的专业人才培养方案需要以职业分析为基础，企业提供人才需求和行业发展的信息，帮助学校进行职业分析。校企双方共同组成专业建设委员会等组织机构，长期合作保证人才培养过程始终科学有效的培养方案。校企双方合作开发课程以保证培养方案能够落到实处。

（2）属于教育链中游的校企双方产学合作模式主要有：教学资源二次开发、共建基地等。职业教育的发展需要更加立体化的教学资源，不仅仅是教材，还需要与教材配套的案例、教师用书、学生手册等，教学资源的呈现形式也越来越多样化，纸制材料、光盘资料，还出现了能实时更新教学内容，能与学生互动的教学平台。这些教学资源的开发需要越来越多的企业参与。为满足教学需要，越来越的学校选择与企业一起建设生产性实训基地和专业教室。从房间的设计和陈设布置到设备的购买和安装，需要企业专家的意见和建议，有的就是企业和学校一起建设完成的。

（3）属于教育链下游的产学合作模式主要是校企合作开展教学活动，兼职教学、订单培养、企业实习、参与学校教学等形式。企业实习是校企合作中常见的一种合作模式：企业为学生提供实习岗位，有效补充人力资源，控制人力成本；学校作为实训环境的补充，使实习学生获得实践经验。订单培养是现在学校努力建设的校企合作模式，主要是企业提供用人标准，在学校设立订单班，企业将学校作为人才储备基地。学校按照企业的用人标准进行人才培养，向企业输送合格的人才。

只有建设可持续发展的校企双方产学合作模式，才可以使产学合作具有长效性和可推广性，而建设可持续发展的产学合作模式取决于产学合作机制的建设，为此提出以下几点建议：

第一，随着中国高等职业教育教学改革的深化，专业规范、专业教学基本要求、课程标准、精品课程等的颁布和国家教学资源库的建立，使高职院校在专业建设和教学改革中可参照的资源越来越多。如何以此为基础，结合学校专业自身实际，搞好教学二次开发，创造二次开发的产学合作模式和机制是高职院校的新任务。

第二，伴随产学合作制度建设，无论从形式上，还是数量上，政府主导搭建的产学合作平台也会越来越多，高职院校要积极参与平台搭建，并努力创新借助政府平台的产学合作模式和机制。

第三，研究新形势下“顶岗实习”等学生到企业去参加实际工作的产学合作模式，创新切实有利于学生能力提升、身心成长的校企互惠的产学合作机制。

第四，示范骨干校要将产学合作机制建设作为深化产学合作的主要任务，尤其是加强学校的科研能力，在技术研发和改变生产方式、推动产业升级等方面提升学校的服务能力，使学校为企业服务成为，建立产学合作机制的重要基础。

第五，示范骨干校要积极发挥示范骨干作用，努力向一般高职院校推广产学合作经验，帮助其建立产学合作机制。

四、在产学合作中注意发挥行业、企业、学校各自的优势

就一般规律而言，行业企业要全程参与高职教育，因此产学合作应贯彻高职教育教学全过程。但要进一步深化教学改革，必须分清行业、企业、学校各自在产学合作中的作用，注意发挥行业、企业、学校各自优势。这就意味着首先要对高等职业教育的教育链进行需求分析，找出教育链中的主要需求要素，再分析行业、企业、学校各自在需求要素中的作用。

对高等职业教育教学来说，从教育链上游至下游主要的需求要素可以包括如下几个方面：

1）技术—应用—产业—职业

只有在技术发展到实际应用，并形成产业，出现相应职业，才有职业教育专业。因此搞清技术发展、技术应用、产业形成、职业状态是搞好高等职业教育专业建设和教学的首要需求。

2）职业和职业岗位

做好职业分析，即用某种结构和非结构性模型和方法描述职业，使其更好的逼近职业的真实状态，而又易于作为专业和课程开发的起点，是搞好高等职业教育教学的另一重要需求元素。

3）专业开发、教学资源和保障体系

将职业描述结果转换为专业课程体系和课程，并进行教学资源和保障体系建设，是搞好高等职业教育教学的第三方面的需求要素。

4）教学实施

教学实施过程是搞好高等职业教育教学的第四方面的需求要素。

就以上四方面看，高等职业教育教学中的全部需求要素都应通过产学合作完成，但行业、企业、学校各方在每一种需求要素中可能发挥的作用不同，需要优势互补。首先行业的指导作用，尤其是在技术产业分析等第一要素方面要起主导作用，它决定了高等职业教育的专业设置和培养定位；企业在第二要素方面起决定作用，它决定了

高等职业教育的课程设置和课程内容；第三、四方面需要教育的理念和规律的把握，因此应由学校主导，以教师为主，企业参与，行业的作用更多表现为指导和评价。

但是，当前正处于高等职业教育教学改革过程中，学校对高等职业教育改革的理念和规律都还有一个认识过程和实践过程；行业由于多年与教育分离，也还需要对教育，尤其是职业教育有一个了解和认识的过程，要培育行业的教育专家，提升行业对职业教育的指导力。因此当前要更加强调行业企业的参与作用，行业、企业、学校通过产学合作，共同探索高等职业教育的教学规律。同时要加强对行业、企业、学校在教学中实施产学合作作用的研究，从理论上指导发挥好产学合作各方作用的培育工作。

五、强化“产学合作目的在于培养人才”的认识和实践

产学合作是发展高等职业教育的根本途径，高等职业教育必须实施产学合作、工学结合的人才培养模式，说明产学合作在高等职业教育中的重要作用；同时也说明产学合作是发展高等职业教育的手段，产学合作目的在于培养人才，高等职业教育必须以产学合作为手段，通过产学合作的途径，才能培养众多经济社会发展需要的高素质技能型专门人才。

当前仍然要强化产学合作的目的在于培养高素质人才的认识和实践，这是因为调研中我们发现有些产学合作的环节容易忽视对产学合作根本目的的认识与把握。比如对“顶岗实习”这一教学环节，往往企业缺少一线劳动力或是从降低成本考虑需要高职院校学生，而学校又必须完成顶岗实习的教学任务，使双方出现利益的平衡，学生也可以获取暂时的经济收入。这样达成的顶岗实习协议和实践，实质上把产学合作当成了发展高等职业教育的目的，而忽视了学校教育的根本目的和学生的长远利益。因此当前仍然有必要加强对产学合作只是人才培养的手段和途径，它必须服务于人才培养目的的认识。

第十九章 结 语

我国高等职业教育教学改革已经进入了创新中国特色人才培养模式的新阶段，产学合作、工学结合是这一模式的基础，也是培养高素质技能型专门人才的根本途径。调研显示我国高等职业教育的广大师生已在教学实践中创造了多种形式的产学合作方案，为支持和推动高等职业教育教学改革奠定了坚实的基础。本项目组基于高等职业教育教学改革的层面，通过调研成功的产学合作案例，了解高职院校实施产学合作的状态，在此基础上，统计归纳出10余种使用较多的产学合作模式，分析阐述典型模式的特征。

在产学合作模式现状分析基础上，进一步对产学合作机制进行调研。产学合作机制建立的基础应该是互利互惠，一般来说企业以赢利为目的，学校以育人为根本，两者目标有差异，但企业赢利需要学校培养的人才（学生），也需要借助学校拥有的人才（教师），这又将双方需求联系起来，形成互利互惠的基础。因此，项目组在调研基础上，归纳出五种可能的互利互惠产学合作形式，并对这五种互利互惠产学合作形式在产学合作中使用状态进行调研，统计分析得出当前高等职业教育产学合作机制建设的基础状态以及存在的问题。

对高等职业教育教学层面实施产学合作的模式和机制现行状态的掌握和问题分析，促进项目组进一步研究提出了对我国在高等职业教育教学中深化产学合作的五点建议。

然而，这只是对产学合作研究的一种视角，并且时间经费等原因使本项目调研还不够深入，研究分析还只是初步的。产学合作是高职教育发展中的一个大课题，也是发展中的瓶颈问题，值得高度关注。作为高等职业院校应将产学合作作为学校教育教学改革发展的生存工程、发展工程去对待，探索、选择适合自身发展的产学合作模式并逐步建立起可持续发展的机制；作为政府应发挥主导作用，统筹规划，组织实施，搭好平台，引导、促进产学双方深度融合持续合作；作为行业、企业在互惠共赢的基础上应肩负起促进高职教育发展的责任。在各方的共同努力下，推动产学合作深入发展，开创产学合作新局面。

附件

高等职业教育产学合作模式-机制调研表

高等职业教育产学合作模式-机制调研表填表（见表A-1）说明：

(1) 在调研表中我们列出了12种产学合作模式，请您首先仔细看一下12种模式，然后在模式名称右侧一列中填写“目前采用的产学合作模式”，即在对应的12种模式空格中，选择您采用的模式打√，可以多选。

(2) 模式选择完成后，请您进一步对支撑各种产学合作模式的机制（平衡点）进行选择，在表中我们给出了5种机制（平衡点），每一种机制（平衡点）的内涵解释如下，请您参考以下机制（平衡点）的内涵，根据您在实践中的体会，在各模式对应的机制空格中打√，一种模式如果认为有多种机制支撑，可以多选，如果不熟悉，也可以不做选择。

各种机制（平衡点）的内涵解释：

机制（平衡点）1：经费—服务（企业以多种教育产品形式参与学校教学，学校向企业拨付使用经费）。

机制（平衡点）2：报酬—服务（企业多以个人形式参与学校教学改革、专业建设和教学工作，学校给与企业个人相应报酬）。

机制（平衡点）3：学生—报酬（学校学生以顶岗实习等形式到企业参加实际工作，增长实践经验，也补充企业劳动力，企业付给学生报酬）。

机制（平衡点）4：服务—服务（学校以多种形式与企业合作，为企业提供合格人才，提供技术研发、生产发展、员工培训服务，提高企业效益，企业为学校需要的教学改革和建设提供各种服务）。

机制（平衡点）5：其他（无固定机制，根据实际情况随机处理的不可持续机制）。

(3) 请您填写表中的基本信息。

高等职业教育产学合作模式-机制调研表

序号	模 式 名 称	目前采用的产学合作模式	支撑各种产学合作模式的机制（平衡点）选择				
			机制（平衡点）1	机制（平衡点）2	机制（平衡点）3	机制（平衡点）4	机制（平衡点）5
模式1	订单培养						
模式2	校企共建实践教学基地（实训基地、培训中心、校中厂）						
模式3	政府主导校企共建产学合作平台（产业园）						
模式4	校企共建二级学院						
模式5	校企共同承担教学改革项目（参与人才培养模式改革、专业与课程开发）						
模式6	校企共同组织职业技能竞赛（组织竞赛或相关活动）						
模式7	设立教育基金						
模式8	职教集团						
模式9	行业企业办学						
模式10	产学合作日常教学(企业兼职教师、学生顶岗实习等)						
模式11	产学合作开发职业标准和职业资格证书						
模式12	技术研发服务						

基本信息（带*为必填项）：

*所在省市：______________________学校名称：__________________________________

*是否国家示范或骨干校：___________________________________

Part One

Research Report on Tertiary Technical and Vocational Education Curriculum Reform in China

Chapter 1 Background and Summary of Research

1. Background

Since the reform and opening up, especially from the beginning of the new century, China has seen fast economic development which requires a large number of quality skill-type professionals. As a result the Tertiary Technical and Vocational Education (TVE) to cultivate such professionals keeps developing. Especially after the colleges began to expand enrollment in 1999, Tertiary TVE has obtained robust development. From 1999 to 2009, the quantity of China's Tertiary TVE schools had increased from 474 to 1215 and the quantity of the students of Tertiary TVE has increased from 1.174 millions to 9.648 millions. Today Tertiary TVE has become an important force in China's higher education, playing a vital role in helping China realize popularization of higher education, a historic leap, at the beginning of this century and providing powerful human resource support for development of economic society.

Through fast development in over ten years, China's Tertiary TVE realized great progress and seen a number of outstanding achievements. But it also faces a series of obstacles and challenges. Today Tertiary TVE in China has marched into a new historic development period. According to "Outline of National Educational Reform and Development Plan in Middle and Long Term (2010-2020)" which was issued and came into effect in 2010, development of Tertiary TVE reform is an integral part of the macro plan, curriculum reform is the core of Tertiary TVE teaching reform and combination of work and study and cooperation between school and enterprise are the last approach to curriculum reform. During the processing of deepening reform, we have made huge achievements and also face a lot of problems to be solved out. However the research, report or literature related to overall progress of Tertiary TVE curriculum reform has not been seen yet. Therefore it is necessary to make a comprehensive survey on conditions of Tertiary TVE curriculum reform in China and whereby form a research report in order to see clear and grasp the status quo of Tertiary TVE curriculum reform in China.

This research initiative obtained the UNESCO' s recognition and support with research fund and specific technical guidance from UNESCO Beijing Office and the Secretariat of Chinese National Commission for UNESCO, which enabled the project approved and implemented on time.

2. Purpose and target

We selected typical cases in different fields to make analysis and research at different dimensions and investigated in the conditions of Tertiary TVE curriculum reform in China so that we can comprehensively grasp conditions of curriculum reform and form a research report which will provide consulting opinions for implementation of "Outline of National Educational Reform and Development Plan in Middle and Long Term (2010-2020)" and the new round of connection construction and reform development of Tertiary TVE in China and a set of basic materials for Tertiary TVE in China to further carry out international communication and cooperation in curriculum and teaching fields.

3. Design of research plan

This project is to investigate in and make basic estimation on the status quo of Tertiary TVE curriculum reform in China, so we should set eyes on the course of China' s Tertiary TVE curriculum reform first of all, and then make clear the overall trend of the development of China' s Tertiary TVE curriculum reform and analyze the phase features of the curriculum reform in the forms such as literature research, expert interview and conclusion on actual experience of the experts in our Project Group, and finally on the basis of above works design survey, analysis and assessment tables and carry out project research.

Make survey and analysis on the six factors directly related to Tertiary TVE curriculums and teaching and influence of four factors of Tertiary TVE curriculum reform on all aspects in the society. Hand out survey questionnaires online or by non-network channels, and the survey interviewees should come from four types of specialty with extensive teaching network in various demonstration, core and common Tertiary TVE schools in all areas in east, west, south, west and mid areas in China as possible as we can; besides the interviewees should include teachers, students, graduates and industrial employers related to the curriculums so that result can reflect the overall conditions objectively. Conduct project organization, task division and independent research in the form of Research Team under Project Group.

Based on literary material research, network information research and questionnaire survey, the project is to make further onsite investigation to solve out the deeper problems related to curriculum reform which cannot be reflected by above methods in the principle the same to the principle followed in the questionnaire survey aforesaid.

Based on above works, the Research Team gets the primary conclusion and prepares a sub-report through data statistics analysis. The Project Group makes further research and supplementary investigation according to the sub-reports and conducts comprehensive analysis and then forms research conclusions mainly including performance of current China' s Tertiary TVE curriculum reform, problems existing and suggestions and outlook on the curriculum reform, etc. and write the Project Research Report in the end. The Project Group should make a feasible project research plan and hold several internal meeting in different phases of the project research to ensure the successful advancement and the phase outcomes.

4. Survey data

The survey data used in this report came from survey samples within following survey scopes:

Area: 20 province and municipalities directly under Central Government including Beijing, Tianjin, Shanghai, Chongqing, Jiangsu, Zhejiang, Guangdong, Guangxi, Fujian, Shandong, Shanxi, Anhui, Hebei, Henan, Hubei, Liaoning, Heilongjiang,Gansu,Ningxia and Xinjiang.

Schools: over 110 full-time common Tertiary TVE schools and Tertiary TVE schools in common universities.

The specialty under research: 4 specialty categories and 9 specialties were selected from relatively more specialty subjects and more students, including:

Computer class: computer application technology, computer network technology and software technology.

Electron class: application electronic technology and information safety technology

Machinery class: numerical control technology, motor test and repair technology

Management class: marketing and accounting computation

Over 260 specialties researched in total.

Research objects: 2457 interviewees in total including teachers and faculties, students, graduates, employees of the enterprises in the industry, and relevant experts.

This survey involves 73 cultivation plans, 93 kinds of teaching materials and 13 seminars in different areas and different personnel and 2247 questionnaires have been withdrawn.

5. Method and process

The Project Group made qualitative and quantitative analysis and research with methods such as literature research, network information research, questionnaire survey, sampled teaching materials assessment, sample cultivation plan assessment onsite seminar and investigation, expert interview and consultation, and analysis research.

A sampled survey has been conducted on 4 specialties-Computer, Electronics, Machinery and Management- among over 110 Tertiary TVE schools and the universities with high vocational education in 20 provinces and municipalities directly under Central Government. Through literary material research, network information research, questionnaire surveys and seminars aiming at Tertiary TVE teachers, management persons, students, graduates and relevant persons in the industrial enterprises, typical case analysis, onsite investigation in the Tertiary TVE schools and some other means to collect the survey data. Make survey analysis on the six factors influencing education in Tertiary TVE professional cultivation (specialty setting, specialty positioning, cultivation goal, vocational analysis, curriculum system and curriculum and teaching); and then conduct statistics and analysis on the survey data in the angle of the view of influence of Tertiary TVE curriculum reform on different relevant aspects (curriculum and student, curriculum and work, curriculum and employment, curriculum and cooperation between enterprise and school) in the society; based on above works, make further overall comprehensive analysis on the Tertiary TVE curriculum reform and finally draw conclusions and bring out suggestions.

(1) Design a survey plan

Confirm sampling sites and the specialty survey plan.

Make a network information research plan.

Make a specialty setting research plan.

Make a questionnaire survey plan (design a questionnaire).

Make a site seminar survey plan.

Make a teaching material sampling investigation & appraisal plan.

Make a plan on specialty cultivation plan sampling investigation & appraisal.

(2) Investigation and data statistics

(3) Research seminar

(4) Research data and typical plan analysis

(5) Research report writing

Chapter 2 Development of Tertiary TVE and course of its curriculum reform in China

The first step of investigation in status quo of Tertiary TVE curriculum reform in China is to know clear the course of Tertiary TVE development and trace of Tertiary TVE curriculum reform, and accordingly conduct a contrast analysis so as to make an accurate judgment on current reform level. Therefore the research team made a lot of literature researches and expert interview and consultations and arranged the development of Tertiary TVE in China and course of curriculum reform.

1. Period of rise and steady development of Tertiary TVE (1980-1999)

The Tertiary TVE in China was started in early 1980s and steadily developing in middle period of 1990s and booming in late 1990s. After reform and opening up, in order to meet urgent demand of fast development of local economy on application - oriented professionals, China' s developed areas put forth a thought-founding vocational universities. In 1980 the former State Education Commission approved the establishments of 13 short-term vocational universities like Nanjing Jinling Vocational University and Jianghan University. Taking this initiative as a sign, the Central Government clearly brought out the problems about development of Tertiary TVE. "Decisions of Central Committee of Communist Party of China About Educational System Reform" issued in May, 1985 brought out "Positively develop Tertiary TVE schools and gradually establish a vocational skill education system from primary level to high level, with appropriate industrial direction, reasonable structure and interconnection with common education" for the first time. In the years later vocational universities have been developed fast in central cities all over the country. Featuring "facing economy, benefiting local, mainly recruiting day students without allocation, with less investment and immediate effect", these universities have provided more opportunities of higher education with less resource and input and solved out the problem of shortage of professionals those years. However, in the point of professional cultivation, these universities basically followed the systemized compact undergraduate specialty course system used in common Tertiary TVE.

At the end of 1980s and the beginning of 1990s, boosted by reform and opening up, the Tertiary TVE in China started its steady development: during the period, China made cultivation goal and development orientation of Tertiary TVE clearer, and determined basic guidelines and policies of developing Tertiary TVE by "three kinds of institutions are reformed to develop Tertiary TVE" and "three kinds of educations are developed under an overall planning"

Frame notes 1:"Reform in three types of schools and a supplementary method" and "Overall management of three former education divisions"

【"Reform in three types of schools and a supplementary method" refer to that Chinese government held National Education Work Meeting in 1994 and the meeting brought out the Tertiary TVE development thought ,which is "develop Tertiary TVE by reforming schooling mode and adjusting cultivation goal in existing vocational universities, some Tertiary TVE schools and separately set adult higher schools. If these cannot meet the requirements, through approval, some core mid technical schools can be reorganized or some Tertiary TVE classes may be set as a supplementary method." –which has been called basic guideline of "reform in three types of schools and a supplementary method".

"Overall management of three former education divisions" refers to that he Ministry of Education of PRC included the common Tertiary TVE education, Tertiary TVE and adult higher education under Department of Higher Education, Department of Vocational and Technical Education and Department of Adult Education respectively in the system of the Department of Higher Education in 1998, i.e., "overall management of three former education divisions" management system reform and decided generally naming the education entities covering relevant three types "the Tertiary TVE".】

The enactment and implementation of Chinese vocational education law and higher education law further confirmed the legal status of Tertiary TVE. We should make clear that Tertiary TVE is an integral part of higher education, higher education at level and vocational education in terms of type. In 1989, the Ministry of Education organized a delegation to learn advanced vocational education thoughts and experience overseas in Canada and introduced CBE vocational education thought and DACUM curriculum mode from North America. Later the ministry organized another two delegations to learn CBE in Canada. After returned back to China, CBE had been promoted throughout the country and put it practice in some pilot areas.

Frame notes 2: CBE

【In comparison with China where the Tertiary TVE follows curriculum development process of undergraduate academic system in common higher education, most of countries in the world implement Competence–Based curriculum modes in vocational education, represented by CBE(Competence-Based Education) and DACUM (Developing a Curriculum) brought in North America in 1980-1990 as post competence–based modes. The competence standards come from detailed analysis on the assignment of the post and a corresponding curriculum will be developed for each special competence. Such mode is relatively suitable for the post requiring high operation skills with important learning meaning for vocational education in early and mid periods of industrialization and reference meaning for modern vocational education aiming at comprehensive competence. Therefore so far some western countries still keep reforming and improving this competence–based curriculum mode. 】

Finally "competence-based" thought entered into Tertiary TVE in China and provided important base of learning and reference for China's Tertiary TVE curriculum reform. China's market-oriented economic system reform and fast economic development require higher education to cultivate diverse professionals. In this way establishment of a new professional cultivation mode have become the most important cause of Tertiary TVE curriculum reform, greatly boosted practices and rational thinking of curriculum reform and post powerful impact on the Tertiary TVE which using compact undergraduate courses at that time. In professional cultivation plans of many schools, the principle "necessary, adequate" theory course has been followed, the period has been shortened and the similar courses have been adjusted appropriately, especially in collective practice link. During this period the first Tertiary TVE curriculum reform has been started with obvious characteristics. This reform can be traced back to the documents issued after the first "Tertiary TVE Workshop" held by the Ministry of Education in November, 1999 and typical specialty curriculum reform plan. In the first document of the Ministry of Education about Tertiary TVE professional cultivation – "Opinions of the Ministry of Education about Enhancing Professional Cultivation of Tertiary TVE" (Jiao Gao (2000) No. 2), the principle about making teaching plan points out "the specialty teaching plan should take adapting society demand as the goal and cultivating technological application competence as the main line. Basic theory teaching should take application as the goal and 'necessary and adequate' as the line", "specialty class teaching should enhance pertinence and practice competence", "enhance practice teaching line and increase time and contents of site training and practice" and "site training curriculum may be set separately". This reform was a huge impact on the Tertiary TVE curriculums, i.e., the compact undergraduate curriculums actually. It enhanced cultivation of practice competence of the students and laid foundation for follow-up reform. However, generally speaking, based on knowledge of Tertiary TVE at that time, influenced by traditional "subject-oriented" higher education, this reform was still built on subject system of the specialty, follow the curriculum structure featuring three sections- basic curriculum, basic specialty curriculum and specialty curriculum as a reform over traditional subject system curriculum.

2. Period of fast growth of Tertiary TVE (1999-2005)

The Tertiary TVE marched into a booming period in the beginning of the new century. After the third National Education Work Meeting made the decision on making a great effort to develop Tertiary TVE in 1999, the Tertiary TVE schools began to expand enrollment at a large scale and thus rapidly grew up. As result they havc become an important force of higher education, provided more opportunities for the whole society, especially the young people of the right age, to accept higher education, effectively met the demand of people on obtaining higher education and played a basic, final role when China was accomplishing the higher education polarization, a historic leap, in this century.

In July, 2002, the State Council held the 4th National Vocational Education Workshop and issued "Decisions of the State Council about Greatly Boosting Reform and Development of Vocational Education"; in June, 2004, the 5th National Vocational Education Workshop took place and promulgated "Several Opinions of the Severn Ministries and Commissions like the Ministry of Education about Further Enhancing Vocational Education Works"; in October, 2005, "Decisions of the State Council about Greatly Developing Vocational Education" was officially promulgated; On the 7th day of November, the State Council held the 6th National Vocational Education Workshop and Premier Wen Jiabao delivered an important report themed by "Make Effort to Develop Vocational Education with Chinese

Characteristics" on the meeting. We can find, the state has held three vocational education workshops in less than four years and the strategic position of the vocational education has been enhanced so as to provide great strategic opportunities for development of Tertiary TVE in China.

With this macro background and the development of China' s economic society, Tertiary TVE kept deepening its teaching reform while it was expanding the scale. The Ministry of Education started up "Plan on Project of Reform and Construction of Professional Cultivation Mode and Teaching Contents of Tertiary TVE in New Epoch" and widely carried out pilot schools carrying out specialty teaching reform among Tertiary TVE schools all over the country; it has organized three delegations to visit Australia to learn and see about TP and TAFE there.

Frame note 3: TP and TAFE

【Australia Qualification Framework (AQF) built in 1995 in Austria aims at establishing an educational system for national lifelong learning and training. the Framework formulates the separation and connection of basic education, vocational education, and higher education with the use of 12 levels of qualification. Thereinto, the vocational qualification certificate system constituted by four levels of diplomas and two levels of certificates is on the basis of achieving industrial competence standard, rather than achieving the education background qualification standard to a certain learning years, but as for further study, it can convert mutually. In 1998, Australia built National Training Framework (NTF) and Training Package (TP) on the basis of this, which are also called overall training program, and they are extremely important constituent part for national training framework, which are formulated by the industry and approved by the country. Unified qualification vocational competence standards and assessment guidance are provided in the training package, and relevant teaching and auxiliary materials are supplied.

Australia vocational education and training are provided by National Registered Training Institution, whose main subject is Technical and Further Education (TAFE).】

In 2002, the Ministry of Education approved that the 62 specialties would be included in the construction of the first group of core specialties of national Tertiary TVE; in 2003, the Ministry of Education listed core Tertiary TVE curriculum construction in four major contents of "Higher Schools' Teaching Quality and Teaching Reform Project" and jointly circulated a notices on giving priority on four specialty fields to "implement the project of cultivation and training of required skill-type professionals in manufacturing and service industries in vocational schools" and carrying out pilot two-year Tertiary TVE reform with then the Ministry of Labor Security, The Commission for Science, Technology and Industry for National Defense, the Ministry of Information Industry, the Ministry of Communications and the Ministry of Health; especially the Ministry of Education held three National Experience Communication Meeting of Enterprise, University and Research of Tertiary TVE in 2002, 2003 and 2004 respectively and confirmed that Tertiary TVE should take employment as orientation and service as tenet; it should go a way of development featuring combination of enterprise, university and research institution. it also emphasized that Tertiary TVE schools should actively meet demands of development of economy and society, determine schooling goal oriented by employment and keep cultivating experienced skill-type professionals with good professional ethics which is required by the basic units of production, construction, management and service. In 2004, the Ministry of Education issued "Guiding Catalogue of Specialties of High Vocational and technical Education in Common Higher Schools" (Trial) and its Higher Education Department also released the "Opinions on Principle of Setting and Administration of Specialties of Tertiary TVE in Common Higher Schools" to regulate setting and administration of specialties of Tertiary TVE; in 2004, the Ministry of Education issued "Notice about Carrying out Level Assessment Professional Cultivation Works in Tertiary TVE" to officially start up and comprehensively carry out level assessment of professional cultivation works in Tertiary TVE schools, further boost professional cultivation mode and curriculum reform of Tertiary TVE and effectively ensure quality of professional cultivation.

During the implementation of a series of policy-oriented reform projects and pilot projects in this period, the specialty curriculum reform of Tertiary TVE schools began to transmit "subject-oriented" to "competence-based", tried to use advanced curriculum modes and development methods overseas selectively, developed and designed curriculum starting from and based on vocational analysis, imported vocational standard, implemental double graduation certificate system, researched, developed and introduced some typical curriculum modes and development methods oriented by vocational competence cultivation, such as "Broad Basic, Live Mode" (KH), "Diversified integrated curriculum mode", "Practice-oriented vocational education curriculum development" and "Vocational. Competence Systematized Curriculum (VOCSCUM) and its development method", formed a number of outcomes of Tertiary TVE specialty curriculum reform in theory and practice and thus stood out in selection of national higher education teaching outcome award in 2005.

Frame note 4: About "Broad Basic, Live Mode", "Pluralistically integrated curriculum model", "Practice oriented vocational education curriculum development" and "VOCSCUM and its development method"

【On the basis of learning and referring international vocational education experience, since 2001, many experts and scholars in the field of domestic vocational education have carried out an intensive research, putting forward curriculum models and development methods with vocational education characteristics in China. For example, the curriculum model of "Broad Basic, Live Mode" put forward by Mr. Jiang Naiping is the exploration started comparatively early where vocational education transfers from subject based to competence based; professor Huang Kexiao of Shanghai Education Science Institute has raised "Pluralistically integrated curriculum model" aiming at the curriculum system reform of vocational education, trying hard to integrating advantages of each kind of vocational education curriculum model, so as to achieve the object of vocational education; Prof. Shi Weiping and Dr. Xu Guoqing of East China Normal University have put forward "Practice oriented vocational education curriculum development", which has had important influences in vocational education teaching reform in east China; "VOCSCUM" raised by Professor Gao Lin and Professor Bao Jie of Beijing Union University has brought into the leading project of the Ministry of Education, to the whole country. The emergence of these new vocational education curriculum models marks that Chinese Tertiary TVE teaching reform has walked out the frame of traditional subject curriculum, starting to build new curricula on the basis of vocational competence cultivation.】

3. Period of Connection development and comprehensive education quality enhancement in Tertiary TVE (2005-2008)

In the "Eleventh Five-year Plan" period, China's Tertiary TVE began to develop in a way of enhancing connotation construction and education quality. In 2006, the Ministry of Education and the Ministry of Finance jointly launched "National Demonstration Tertiary TVE school Construction Plan". By financial appropriation from Central Government , they provided support in constructing 100 national demonstration Tertiary TVE schools, 9 Tertiary TVE schools with special cultivation and support and 440 specialties so as to effectively drive construction and development of over 1200 Tertiary TVE schools all over the country. Later, “Several Opinions of the Ministry of Education about Comprehensively Enhancing Teaching Quality of Tertiary TVE” (Jiao Gao (2006) No. 16 or Document No. 16 of the Ministry of Education) was released to enhance comprehensive instruction on teaching reform of Tertiary TVE, guide Tertiary TVE schools to effectively put the priority of construction and development on strengthening schooling features and comprehensively enhancing teaching quality and ensure sustainable healthy development of Tertiary TVE.

“Design of a Curriculum on Curriculum Development” (DCCD) under “Asia-link” project which had been initiated by Beijing Union University in cooperation with some overseas universities has introduced the most advanced vocational education thought and curriculum development method in Germany in China and begun localization promotion. In June, 2007, China Research Team of DCCD compiled and published Chinese edition of “Handbook of Curriculum Development of Vocational Education & Training Learning Field” (Higher Education Publishing House) , a work introducing the latest vocational education curriculum development in Germany, so as to provide a schoolbook for the Ministry of Education to organize teachers of demonstration schools to accept instructions and trainings in Germany several times and start the research and exploration of learning curriculum development based on working process in Germany in combination with curriculum reforms in demonstration schools.

Frame note 5 “Design oriented curricula based on working process and their development method”

【Design oriented curricula based on working process was developed in the later period of 1990s by Professor Felix Rauner, the leader of the Technology and Education Research Institute of Germany Bremen University, and his research team and Volkswagenwerk. The vocational education thought of shaping oriented reveals modern advanced vocational education concept, and curriculum development method (BAG method) based on working process abides by modern vocational education thought of shaping oriented, giving brand new connotative meanings to vocational competences. In addition, it not only breaks through the constraint of traditional subject systematization, but also brings new development to the vocational education of competence based, connecting learning process, working process, students' competences, and personality development together, and emphasizing the cultivation of "shaping competence" in the cultivation goal, rather than passively and inappropriately training. The integrity of working process and the creativity for completing work tasks are stressed in BAG method, and practical knowledge is enhanced to a new level.

The topic "Design of a Curriculum on Curriculum Development" (DCCD) supported by European Union "EuropeAid Asia-Link" project is the research project co-developed by vocational education experts of six universities like Germany, China, Malaysia, and Ireland headed by Prof. Felix Rauner, aiming at extending the use of design oriented curriculum model based on working process and development method in more countries in the world. China Project Team is mainly made up of Beijing Union University and Beijing Normal University, and Prof. Gao Lin is served as the team leader of China Project Team.

This project research has established a theoretical basis for introducing design oriented curriculum model based on working process and development method into China.】

During the process of keeping implementing project of enhancing teaching quality and making teaching reform in Tertiary TVE schools, carry out construction and selection of state-class core curriculums and selection of state-class teacher award and state-class teaching team. The selection stresses the standard of curriculum reform based on working process, gives more prominence to the feature of Tertiary TVE-cooperation between school and enterprise and combination of work and study, and deriving curriculum reform of Tertiary TVE and construction of faculty team.

Driven by demonstration schools, the Tertiary TVE schools were carrying out the document No. 16 of the Ministry of Education, enhancing professional ethics, making clear orientation of quality skill-type professional cultivation goal, thoroughly getting rid of compact undergraduate courses and deepening the reform of professional cultivation mode oriented by cooperation between school and enterprise and combination of work and study. Driven by tasks, oriented by projects, these schools were "customizing" professionals for enterprises and allowing students to practice on production posts so as to integrate teaching and learning in operation. They were learning and selectively using advanced curriculum mode and development method used in Germany, strengthening cultivation of vocational competence of the students and position of "competence -oriented" in Tertiary TVE and beginning to pay attention to enhancement of connection of competence in "competence-based" with demand of development of economic society and human being.

4. Period of sustainable development realization and Chinese characteristics formation in Tertiary TVE (2008-present)

In 2008 the Ministry of Education issued the new "Plan on Assessment on Professional Cultivation Works in Tertiary TVE schools", starting a new round of assessment on professional woks in Tertiary TVE schools. The new plan changes "level assessment" used before into "work assessment" and clearly requires "not only reviewing professional cultivation effect, but also paying attention to process of professional cultivation works and seting eyes on development of the schools" , makes analysis and assessment on the main aspects of professional cultivation works through analysis on the data of data collection platform of professional cultivation work state, in support of selective site investigation, brings opinions and suggestions on work improvement and guides Tertiary TVE schools to enhance professional cultivation quality consciously. The goal of this plan is to effectively boost Tertiary TVE schools to enhance connotation construction in the new situations, deepen professional cultivation mode featuring cooperation between school and enterprise and combination of work and study, urge educational administrations to complete macro management of Tertiary TVE schools and gradually form a teaching quality assurance system which is cored by the schools, led by education administrations and participated by the whole society.

In July, 2009, Zhang Yaoxue, then Director of Department of Higher Education, Ministry of Education, summarized the development of vocational education in these years and the direction of Tertiary TVE reform after entering into the new period and put forward "1221" development pattern on a Tertiary TVE reform and development seminar.

Frame note 6: About 1221 development mode

【On July 7th, 2009, on a Tertiary TVE reform and development seminar, Professor Zhao Yaoxue, then Director of Department of Higher Education, Ministry of Education, Academician of China Academy of Engineering, pointed out, "National Tertiary TVE reform and development seminar" : every country has their own physical truth, such as America, Germany, and Australia, we are learning their vocational education, but we can not apply mechanically their vocational education in our country. We need combine good experiences and practices of foreign countries with the reality in China, creating personnel training model with Chinese characteristics. Through the work of these years, we have explored a development way for the Tertiary TVE which is appropriate for China' s actual conditions and possesses Chinese characteristics, forming new development models for cooperation between enterprise and school and the Tertiary TVE combining enterprises and schools, which is summarized as "1221" model. In the "1221" model, he has emphasized the importance for the combination of vocational education theory and practice- never emphasize practice and forget theoretical basis or emphasize theoretical basis and ignore practice. 】

In 2010, "Outline of National Educational Reform and Development Plan in Middle and Long Term" was issued by the State Council and came into effect as a behavior guideline of the new round of development of Tertiary TVE in a certain period in the future. At the same year, the Ministry of Education and the Ministry of Finance organized 100 Core Tertiary TVE school Construction Project, giving prominence to innovation of mechanism of cooperation between school and enterprise.

Taking advanced experience in other countries as references, with the instruction of professional cultivation mode featuring cooperation between school and enterprise and combination of work and study, the Tertiary TVE schools probe into Tertiary TVE professional cultivation mode and curriculum solution which are suitable for Chinese current conditions with innovative Chinese characters, starting a critical new epoch of Tertiary TVE curriculum reform.

In this period, combining the Tertiary TVE demonstration and the establishment of core schools, each Tertiary TVE school has put forward a lot of professional cultivation plans with different characteristics, accumulating experiences for exploring the professional cultivation mode confirming to China' s actual conditions with creative Chinese characteristics; "vocational competitiveness oriented working process – support platform systematization curriculum model" and "semester project curriculum model" whose popularization and use is promoted by Computer Based Education Seminar of National Association of Colleges and Universities and professional cultivation plan formed in the electronic information field are innovative exploration achievements in this period.

Frame note 7: About "vocational competitiveness oriented working process – support platform systematization curriculum model" and "semester project curriculum model"

【*Computer Education Curriculum System 2010 of Chinese Tertiary TVE* (CVC) of the new edition issued by Computer Based Education Seminar of National Association of Colleges and Universities in 2010 recommends two curriculum models, namely "vocational competitiveness oriented working process – support platform systematization curriculum model" and "semester project curriculum model", as typical models for professional cultivation plan design of vocational education.

"Vocational competitiveness oriented working process – support platform systematization curriculum model" was put forward by Prof. Gao Lin, Beijing Union University and Prof. Bao Jie, as another curriculum model developed according to the development of world vocational education concept and China's actual conditions. In addition, this model has gained preferable implementation effects through combining the formulation of Professional Norms made by Professional Teaching Committee of Electronic Information of Higher Education of the Ministry of Education of China in cooperation with teachers of relevant specialties of Tertiary TVE schools all over the country. This curriculum model has analyzed the competence system for the personnel training of the Tertiary TVE in China and changes in demand with the development of economy and society, which is summarized as vocational competitiveness model. This model not only gives the theoretical frame of "vocational competitiveness oriented working process – support platform systematization curriculum model", but also develops curriculum development method, forming the development frame system for integrative curriculum of "philosophy – model – method".

"Semester project curriculum model" is a curriculum model facing vocational post analysis explored by Prof. Ding Guizhi, Tianjin Vocational University, on the basis of referring to advanced educational ideas and curriculum model of Singapore Nanyang Polytechnic in combination with the economical and social development status in China and schooling experiences, featuring post analysis based, term program oriented curriculum system development.】

Chapter 3 Analysis on Status Quo of Tertiary TVE Curriculum Reform Based on Internal Factors

Curriculum reform is the core of professional cultivation and teaching quality enhancement in Tertiary TVE. The factors influencing the curriculum reform are both inside and outside education. In this project, the inside influencing factors mainly are some education links during professional cultivation of the Tertiary TVE schools and the main outside factor is relationship between the professional cultivation of the Tertiary TVE schools and some groups. According to the data from the outcomes of the research activities such as literary materials, network information research, questionnaire survey, seminar and discussion and sampled teaching material assessment, the project makes analysis on the status quo of China' s Tertiary TVE curriculum reform in the dimensions of some education links directly reflecting the curriculum reform status in Tertiary TVE professional cultivation respectively.

1. Specialty setting

The specialty setting is a key link to professional cultivation in the Tertiary TVE schools at two levels: the first is the specialty setting at the level of the state, referring to the standardization requirements of the Ministry of Education on specialty setting in the Tertiary TVE in common higher schools, mainly reflected on the guiding catalogue of specialties of Tertiary TVE schools released by the state including the list of specialties of Tertiary TVE schools, cultivation target of different specialty, direction of employment, main curriculums, etc; the second is the specialty setting at the level of school, referring to all specialties determined by the Tertiary TVE schools according to the demand of local economic and social development and educational requirements and actual conditions of the schools, and the guiding catalogue of specialties of Tertiary TVE schools. This part mainly analyzes the influence of the specialty setting on the higher vocational curriculum reform at the level of the specialty setting management of the state.

The Ministry of Education has issued "Guiding Catalogue of Specialties of Tertiary

TVE in Common Higher Schools (Trial)” (herein refer to “Catalogue”) in 2004 to make a systematic regulation on the specialty setting of Tertiary TVE. Before then, the Ministry of Education had not set any specialty catalogue for Tertiary TVE. After 1998, the Ministry of Education transferred the management right of Tertiary TVE to the provincial education administrations and required the latter to support the schools in flexibly setting specialties according to social demand and actual requirements of technical field and vocational post (group). The statistics of the specialty setting of national Tertiary TVE in 2000 showed, there were over 1500 specialties in Tertiary TVE schools all over the country, among them some used the specialty names in the undergraduate courses and middle technical education, some different specialties had similar contents and some were easily confusing with special trainings provided by the society.

The “Catalogue” issued and implemented classifies the specialties the Tertiary TVE into 531 specialties in 78 level-2 types in 19 classes. The classification of specialties follows the principle of combination between vocation and subject, stcompetence and flexibility, universality and diversification, as well as adaptcompetence and pertinence; the determination of special names follows the principle of xx technique, xx service, xx repair, xx management and others without “xx science”. The “Catalogue” briefs every specialty, including name, code, cultivation goal, core competence, core curriculums and main practice links, directions setting, employment orientations, possible vocational technical qualifications for each specialty, etc. In order to coordinate the use of the Catalogue, the Ministry of Education also made and issued “Measures on Management of Specialty Setting of Tertiary TVE in Common Higher Schools (Trial)” (herein refers to “Measures”). In 2005, the Ministry of Education started a large-scale standard recognition initiative for over 1500 specialties in Tertiary TVE schools nationwide and obtained remarkable achievements in the standardization construction of specialty setting management of the Tertiary TVE. Since then the Higher Education Department of the Ministry of Education prepared and published “Overview on Specialties of Tertiary TVE in Common Higher Schools in China in 2005” and “Overview on Specialties of Tertiary TVE in Common Higher Schools in China in 2007” (herein refers to Specialty Overview xxx) and “Overview on Specialties out of Catalogue of Specialties of Tertiary TVE in Common Higher Schools in China” (2005-2008). These documents are implemented even today. The relevant data and information about the specialty setting of the Tertiary TVE in higher schools in the country comprehensively reflect the overall development status of the specialty setting of the Tertiary TVE in higher schools in China since 2004. Based on these documents, the Project Group conducted some surveys and analyses and made collection, statistics and analysis on the current specialty setting information in some demonstration Tertiary TVE schools and the data and information released by MyCOS.

(1) Specialties out of "Catalogue" show a trend of fast growth

The data in "Specialty Overview 2005" and "Specialty Overview 2007" and "Overview on Specialties out of "Catalogue" 2005-2008" show, since 2005, the specialties out of "Catalogue" showed a trend of fast trend. In 2007, there were 209 specialties out of "Catalogue" in the country, representing a growth of 39% in comparison with 531 specialties provided in the "Catalogue". Among them, the specialties out of "Catalogue" in the six classes including manufacturing, electronic information, light textile and foods, cultural education, art design and media and law increased by 56%~84%; among the 19 classes, only 3 classes with less than 20% of newly increased specialties out of "Catalogue". While there were 452 specialties out of "Catalogue" released by the Ministry of Education for student recruitment in 2011 (see "Circular of the Ministry of Education Concerning Releasing Outcomes of Registration of Specialty Setting of Tertiary TVE in Common Higher Schools in 2011" Jiao Zhi Cheng Han (2011) No.1), a growth of 85% in comparison with 531 stipulated in "Catalogue". The high growth rate of specialties out of "Catalogue" shows that the fast developing Chinese economy contributes the higher growth rate of the demands on the Tertiary TVE professionals on the one hand; on another hand, it also reflects that the "Catalogue" and "Measures" may be not very scientific or standardized with regard to specialty setting management.

(2) Too many types and classes of specialties in the Tertiary TVE schools have passive influence on teaching quality

The information of "MyCOS" from MyCOS Institute shows, "Special Planning" in its 2011 New Year Issue has analyzed the correlation between the number of specialties of the Tertiary TVE schools and the employment. The data used in the analysis came from the survey aiming at 63000 graduates of 85 Tertiary TVE schools in Yangtse River Delta who had graduated in 2009, a half of year ago, and the survey samples covered 18 classes of higher vocational specialties in "Catalogue" and 217 Tertiary TVE specialties. This correlation analysis drew following conclusions:

First of all, the graduates of the Tertiary TVE school setting more classes faced lowered employment rate after they left the school for a half of year; the graduates of the Tertiary TVE school setting less than 5 classes faced employment rate of 92.3%; the graduates of the Tertiary TVE school setting 5-10 classes faced employment rate of 90.4%; and the graduates of the Tertiary TVE school setting over 5 classes faced employment rate of 89.4%.

Secondly, the more the Tertiary TVE school sets the specialty classes, the lower employment rate its graduates will face after they left the schools for a half of year. After leaving the school for a half of year, the average monthly incomes of the graduates were RMB 2109, RMB 2035 and RMB 1963 for the Tertiary TVE schools setting less than 5 classes, 5-10 classes and over 10 classes respectively. The specialty-to-job rates of the graduates were 54%, 53% and 52% for above three types of schools respectively.

Thirdly, the more the Tertiary TVE school sets the specialty classes, the lower employment stcompetence its graduates will face after they left the schools for a half of year. After leaving the school for a half of year, the dismission rate of the graduates was 41%, 45% and 46% for the Tertiary TVE schools setting less than 5 classes, 5-10 classes and over 10 classes respectively.

MyCOS' s data analysis shows, too many specialty classes set in the Tertiary TVE school have passive influence on both quantity and quality of employment of their graduates in 2009.

(3) The brief of specialties lags behind the actual specialty teaching reform in the Tertiary TVE schools

The Tertiary TVE schools the specialty setting has implementing "Specialty Overview 2007" until today without any update. Since December, 2006, the universities with Tertiary TVE have been positively implementing "Several Opinions about Comprehensively Enhancing Teaching Quality of Tertiary TVE" (Jiao Gao 2006 No.16) and all specialties of Tertiary TVE began to start reform of content of professional cultivation goal and relevant curriculum setting according to the target position "quality skill-type professional" required by the document and positively explored professional cultivation mode featuring cooperation between school and enterprise and combination of work and study. The Tertiary TVE schools that have started the national demonstration Tertiary TVE school construction program are going through strengthened specialty teaching reform. In comparison with 2005, their specialty setting status shows remarkable difference. However, in the specialty brief part of "Specialty Overview 2007", the special cultivation goal was the basic the presentation in 2005 Edition— "high-grade technical applied professional" (high-grade technical applicable professional in 2005 Edition), inconsistent with the goal positioning "quality skill-type professional" advocated by the Ministry of Education in the same year. The contents in specialty brief part about some matters such as core curriculums and employment orientation also copied the contents in 2005 Edition without adjustment or modification. So the "Specialty Overview 2007" failed to adapt to the significant change of the Tertiary TVE reform in China in time and the contents in specialty brief part lagged behind the actual conditions of the specialty teaching reform in the Tertiary TVE schools, especially there was some deviation to the connotations of specialties of Tertiary TVE demonstration schools under key construction so as to weaken the guiding role for the specialty setting in the schools to some extent.

Based on above data and analysis, we can draw following conclusions:

(1) "Catalogue" laid a firm foundation for the state to enhance macro instruction and management of specialties of Tertiary TVE.

"Catalogue" was a theoretic innovation forming on the basis of combination of practical experience of the Tertiary TVE teaching staff for years. As the whole "Catalogue" and corresponding measures on management were the first set of systematic comprehensive specialty setting management documents issued by the government authority in the field of China's Tertiary TVE. Since the documents have been implemented in 2004, they effectively enhanced the standardization level of the specialty setting in China's Tertiary TVE and changed the situation of confusing specialty names, unclear specialty contents and impertinent management in Tertiary TVE at that time.

Meanwhile the stipulation and implementation of "Catalogue" boosted the healthy development of the Tertiary TVE. In the support of "Catalogue" about specialty classification framework of the Tertiary TVE, based on mobilizing enthusiasm of some ministries and commissions in this field, the Ministry of Education set up teaching instruction committee for each specialty class so as to take the role of industrial experts and relevant scholars into full play in research, consultation of instruction of specialty teaching reform and construction in higher schools and pertinently guide in-depth development of specialty teaching reform of Tertiary TVE and other works. Since China entered into its "Eleventh Five-year Plan" period, the teaching instruction committees of classes have made fruitful achievements in the aspects such as specialty standard construction, specialty teaching reform project research, selected curriculum construction and specialty skill competition organization. In the support of "Catalogue" about specialty classification framework of the Tertiary TVE, based on the outcomes of the core specialty construction in the national demonstration Tertiary TVE schools, the Ministry of Education has formed various specialty teaching resource database and those quality resources have provided valuable reform experience for the same specialty of the Tertiary TVE nationwide and accelerated the enhancement of the overall level of specialty teaching reform of Tertiary TVE as influential quality specialty construction resources.

(2) The specialty setting management mechanism of the Tertiary TVE to be further improved

The data aforesaid show, the essential reason of too fast growth of the number of specialty was incomplete specialty setting management mechanism. Since 2005, the specialty out of "Catalogue" should be submitted to the Ministry of Education after review of competent authority of the province or the municipality directly under Central Government and then reviewed by the teaching instruction committee of the corresponding under the trust of the Ministry of Education and resubmitted to the Ministry of Education for planning and coordination. Due to the difference of the review standards for newly increased specialty between relevant provincial and municipal authorities as well as different teaching instruction committees, absence of review standard of the newly increased specialties out of "Catalogue" and an unified provision on implementation procedure of relevant hearing systems in the Ministry of Education and lack of support of special authorities in planning and coordination, so the biannual update of "Catalogue" had to stay on the paper. Facing the trend of decreasing student sources in higher schools and the fact that too many classes and types of the specialties in Tertiary TVE schools had passive influence on the teaching quality, the Ministry of Education and Provincial/Municipal Education Commissions should adjust and complcte the specialty setting management mechanism of the Tertiary TVE in time, set up standing specialty review authorities in combination of education, employment and industry on the basis of education under the guidance of the industry to limit the fast increasing number of specialties, by modification of "Catalogue" and conclusion on the experience and faults found during trial implementation of "Catalogue" and "Measures" for six years, solve out the issues caused by non-match between the "Catalogue" and other Tertiary TVE documents released by the Ministry of Education and the inadaptable "Catalogue" to the demand on the specialty setting of Tertiary TVE schools, complete the classes and types of the specialties, lead the Tertiary TVE schools to enhancement of specialty teaching quality and the employment quality of the graduates of the higher vocational and technical schools, as well as build up a specialty management mechanism boosting healthy development of China' s Tertiary TVE.

2. Specialty positioning

Specialty positioning involves two aspects: the first is the vocational field as the goal of the professional cultivation of the specialty setting in the Tertiary TVE schools; the second is the educational thought of the specialty and the guiding thought of professional cultivation. For the first aspect, "Catalogue" has guiding requirements, but these requirements should be adjusted according to practices because that whether or not the vocational fields can be positioned accurately on the specialty technical fields and jobs the Tertiary TVE school graduates can be engaged has direct influence on the specialty curriculum setting and professional cultivation quality; while whether or not the "Competence-based" thought can be insisted and implemented in the specialties of Tertiary TVE is the orientation reflecting the natural features of the Tertiary TVE and has influence on the specialty curriculum setting and professional cultivation quality too.

(1) Vocational positioning of specialty

The job description of a specialty reflects the vocational positioning of the specialty. Table 3-1 shows the statistics of the assessment of the Tertiary TVE schools on the employment field of the specialty which have been obtained by the Project Group form network survey.

Table 3-1 Network survey—statistics of assessment on employment fields of specialties in the Tertiary TVE schools

Grade	Assessment standard	Number of quality	Percentage/%
A	The employment field matches specialty requirements, job description is clear, the number is appropriate, consistent with the requirements on professional cultivation in Tertiary TVE	57	32.39
B	The job description is clear, the number is appropriate, consistent with the requirements on professional cultivation in Tertiary TVE	56	31.82
C	The job description is not very clear, or the number is too large or not very consistent with the requirements on professional cultivation in Tertiary TVE	39	22.16
D	The job description is unclear, or inconsistent with the requirements on professional cultivation in Tertiary TVE	17	9.66
E	Totally inconsistent with the requirements of professional cultivation of Tertiary TVE	1	0.57
Subtotal		170	97

Refer to Table 3-1 (continued)

Grade	Assessment standard	Number of quality	Percentage/%
Fail to find materials related to job description		6	3.40
Total		176	100

Among 176 specialties in the scope of network sampling survey, 170 specialties had detailed descriptions on the future employment fields of the professionalś cultivated. Among the 170 specialties above, 66.5% (Grade B or above) has clear job descriptions and appropriate number, consistent with the requirements of professional cultivation of the Tertiary TVE, showing that over 60% of specialties had accurate employment field positioning-oriented by employment. Less than 22.9% (Grade C) had unclear job descriptions on the future employment fields or too large number. For instance, the description of the employment field of a software technology specialty was "application software design and development technologies for IT industry, software enterprises, system integration companies, various public service institutions and enterprises and government agencies" and its main jobs included "design and development of application software and dynamic networks, coding of various management information system, management and maintenance of database system and software sale and technical support". These show too extensivc job description and unclear post positioning. 10.6% (Grade D or below) had unclear job description. For instance, the description of the employment field of a computer network specialty was "management, maintenance and application of computer network and communication of public service institutions and enterprises, network construction and network making of computer enterprises" to include all possible network-related jobs in the employment field. Only accurate employment field positioning of specialty professional cultivation can lay foundation for follow-up determination of the cultivation goal of the specialty, development of curriculum system of the specialty and setting of curriculum so as to cultivate professionals satisfying the demands of different posts in different industries of the state. To sum up, over 60% of specialties of Tertiary TVE had a relatively accurate positioning, laying a firm foundation for professional cultivation. There were nearly 40% of specialties with too much extensive job descriptions in the "employment field" and some included the jobs of middle vocational schools graduates, Tertiary TVE school graduates, undergraduates and even graduate school students so as to cause the inaccurate specialty positioning. When we analyze the reasons, we find that such conditions reflect the there is no in-depth detailed survey and knowledge on the jobs of Tertiary TVE school graduates on the one hand, another hand, the conditions reveal the absence of in-depth realization on the type of the professionals cultivated by the Tertiary TVE, while positioning is the key to the professional cultivation of the specialty. So, the figure, 40%, should not be ignorable.

(2) Competence-based

The result of Project Group' s sampling survey on the Tertiary TVE schools professional cultivation plan shows, over 90 % of specialties were clear that the professional cultivation positioning of the Tertiary TVE was based on competence and oriented by employment, reflecting the shift of specialty professional cultivation of China' s Tertiary TVE from "Subject-based" to "Competence-based". However in "Competence-based" thought, the connotation of the competence changes with the development demand of society and people. Therefore, when determining the specialty professional cultivation positioning, the Tertiary TVE institutions should make an in-depth survey and analysis on the requirements on professional cultivation in Tertiary TVE aiming at development of current economic society development and people, with different statuses and features of local (industrial) development to set a clear goal of competence connotation.

3. Cultivation goal

Cultivation goal is the general direction and general rule of the specialty professional cultivation as the basis of the teaching organization and curriculum design.

"Several Opinions about Comprehensively Enhancing Teaching Quality of Tertiary TVE" (Jiao Gao 2006 No.16) issued by the Ministry of Education in 2006 makes clear that the cultivation goal of the Tertiary TVE is "quality skill-type professional", in fact confirming the positioning and presentation of the professional cultivation goal of Tertiary TVE at the level of teaching instruction. At the level of realization, according to the statistic outcome of the questionnaire survey aiming at teachers in the Tertiary TVE schools (including the leaders and managements of the schools, the persons in charge of each specialty, teachers and assistant teachers), 76.6% of teachers believed the professional cultivation goal of Tertiary TVE was "quality skill-type professional". See Table 3-2.

Table 3-2 Questionnaire survey aiming at teachers and management persons in the schools —statistics of goals of Tertiary TVE professional cultivation

Type of professional	Number	Percentage/%
Quality skill-type professional	109	79.6
Skill-type profession	5	3.6
Technical and applied professional	9	6.6
Applied and compound professional	8	5.8
Subtotal	131	95.6
No answer	6	4.4
Total	137	100.0

Four types of presentation of professional cultivation have been mentioned in the questions of the survey, among them "quality skill-type professional" was the presentation of professional cultivation goal in Tertiary TVE clearly brought in "Several Opinions about Comprehensively Enhancing Teaching Quality of Tertiary TVE" (Jiao Gao 2006 No.16) issued by the Ministry of Education. While "technical applied professional" and "applied and compound professional" were between the presentations of professional cultivation goal of Tertiary TVE and applied undergraduates. 79.6% of questionnaires chose "quality skill-type professional", showing most of teachers in Tertiary TVE schools were clears about professional cultivation goal in Tertiary TVE. A small proportion of teachers were unclear about or confused by professional cultivation goal and such circumstance would be related to the diverse presentations of professional cultivation goal in Tertiary TVE for many years. For instance, the Ministry of Education's "Guiding Catalogue of Specialties of Tertiary TVE in Common Higher Schools in China" believes professional cultivation goal in Tertiary TVE should be "applied high-grade professional", different from the presentation about professional cultivation goal in Tertiary TVE in Ministry of Education's "Several Opinions about Comprehensively Enhancing Teaching Quality of Tertiary TVE" (Jiao Gao 2006 No.16).

At the level of practice, according to professional cultivation plans in sampling survey, among cultivation plans, only 33% took "……quality skill-type professional" as the professional cultivation goal, in the view of professional cultivation plan from network survey, only 38% took "……quality skill-type professional" as the professional cultivation goal. Most of other expressions were not very standardized and they were some discretionarily, inconsistent with presentation of professional cultivation positioning of the Tertiary TVE, such as applied and compound professional, high-grade technical applied professional and professional possessing both competence and political integrity. The data of network survey will be found in Table 3-3.

Table 3-3 Network survey——statistics of professional cultivation goals in specialty cultivation plan

Type of professional	Number of specialty	Percentage/%
Quality skill-type professional	68	38.6
Applied and compound professional	54	30.7
Skill-type profession	35	19.9
Technical and applied professional	18	10.2
Others	1	0.6
Total	176	100

Among questionnaire survey aiming at teachers in the schools, the conditions that the recognition degree of "quality skill-type professional" as the cultivation goal was relatively high and the recognition degree of "quality skill-type professional" as the cultivation goal in professional cultivation plans from sampling survey was relatively low show, most of teachers were clear about the professional cultivation goal of Tertiary TVE— "quality skill-type professional", but the actual specialty cultivation plans had no a standardized presentation on professional cultivation goal, so there were a low proportion conforming to the requirements. Maybe there were multiple reasons, such as non-preciseness, subjective will and poor regulation.

4. Vocational analysis

Vocational analysis refers to making the vocational requirements a model with certain analysis method. the vocational analysis in the Tertiary TVE refers to that when making a professional cultivation plan, the specialty should make survey and analysis on corresponding employment fields and determine the requirements of the professionals, post and work by cooperation between enterprise and school so as to determine the vocational positioning, professional cultivation goal and standards of the specialty and thus form basis of specialty curriculum development. There are different ways to divide the vocation, so the results of vocational analysis with different vocational analysis method may be different. The vocational analysis is the start and an indispensable core link of specialty curriculums of the Tertiary TVE and requirements of vocation on professionals are the basis of specialty construction. Through vocational analysis, we can convert the requirements of vocation on professionals into basic demands of the specialty curriculum development so as to ensure the professional cultivation is compliant to demand of the vocation.

Data

Table 3-4 shows the statistic outcomes of the questionnaire survey aiming at teachers in the Tertiary TVE schools (including the leaders and managements of the schools, the persons in charge of each specialty, teachers and assistant teachers) about basis of making professional cultivation plans which have been obtained by the Project Group.

Table 3-4 Questionnaire survey of teachers and management persons in the schools——statistics of basis of making professional cultivation plans

Basis of making a professional cultivation plan	Time of appearance of option	Percentage/%
Result of brain storm of industrial experts	81	58.3
Result of survey on industrial enterprises	44	31.7
The plan made by other school	12	8.6
Others	2	1.4
Total number of questionnaire choosing the option	139	100.0

In Table 3-4, 81 chose "Result of brain storm of industrial experts" as basis of making a professional cultivation plan, 58.3% of total; 44 chose "Result of survey on industrial enterprises" ,31.7%. The figures showed most specialties of the Tertiary TVE schools took the result of the vocational analysis as the basis of making a professional cultivation plan.

Table 3-5 shows the statistic result of the survey on "Which vocational analysis mode has been adopted in making this professional cultivation plan". 116 chose market survey method, 66.7% of total, showing the universality market survey method in the vocational analysis method of specialty of Tertiary TVE.

Table 3-5 Questionnaire survey of teachers and management persons in the schools——vocational analysis method adopted in making a professional cultivation plan

Vocational analysis method adopted in making a professional cultivation plan	Time of appearance of option	Percentage/%
DACUM method	22	12.6
Market survey method	116	66.7
VOCSCUM method	11	6.3
BAG method	15	8.6
Others	5	2.9
Doesn't make vocational analysis	5	2.9
Total	174	100.0

The data of network survey conducted by the Project Group show, among the sampled 176 specialties, except 42 had no clear materials showing conditions of the vocational analysis, among remaining 134, about 70% (Grade D or above) had made a vocational analysis during specialty construction process. Among these specialties, except about 10%(Grade D) had illogic process and thus didn't draw a clear conclusion, most of them had clear conclusion of the vocational analysis so that their conclusions could be taken as the curriculum design basis to guide the curriculum construction. See Table 3-6.

Table 3-6 network survey——statistics of assessment on employment analysis on specialties in the Tertiary TVE schools

Grade	Assessment standard	Number of specialty	Percentage/%
A	The vocational analysis method is right; brain storm of experts from enterprises in the industry; the experts choose and distribute scientifically; the clear conclusion of vocational analysis can be taken as curriculum design base	16	9
B	The vocational analysis method was appropriate; the clear conclusion of vocational analysis can be taken as curriculum design basis	47	27

Refer to Table 3-6 (continued)

Grade	Assessment standard	Number of specialty	Percentage/%
C	Have adopted the vocational analysis method; the clear conclusion can be taken as curriculum design basis	45	26
D	Have adopted the vocational analysis method, but the logic process or the conclusion was unclear	14	8
E	Doesn' t make vocational analysis	12	7
Subtotal		134	76
No clear materials showing conditions of the vocational analysis		42	24
Total		176	100

Above survey data show, taking vocational analysis as the basis of specialty construction and curriculum development has become an extensively recognized and common adopted method for most of the Tertiary TVE schools during making a professional cultivation plan. The most extensively used vocational analysis method was "market survey method", a small proportion of specialties could give survey analysis result in professional cultivation plan and some of them were clear brief. However, there are not too many specialties which had determined the specialty professional cultivation standard in the form of specialty professional cultivation demand analysis seminar (collective discuss) taking industrial enterprises as main body by cooperation between school and enterprise, especially the specialties adopting scientific vocational method. Duo to the gap between understanding level and application level of the vocational analysis method, the guiding role of the conclusion of vocational analysis in curriculum development had been weakened to some extent. Besides, a small proportion of specialties had never made any vocational analysis and just developed the curriculums by their experience or under the plans made for the same specialty by other school. That is inappropriate.

5. Curriculum system

Curriculum system refers to regular curriculum structure system set of a specialty following certain education theory and rule. The result of the vocational analysis is the basis of the curriculum system development in Tertiary TVE schools and different professional cultivation modes and curriculum development methods form different curriculum systems for Tertiary TVE. After the professional cultivation goal of the specialty has been determined, the curriculum system design will become the core content during preparing a professional cultivation plan.

(1) Mode reference and basis of the curriculum system design

The result of questionnaire survey conducted by the Project Group aiming at teachers and management persons in the schools about "which international professional cultivation mode has been taken as a reference during making this professional cultivation plan" (statistics will be found in Table 3-7), most of specialties have taken overseas professional cultivation modes. Different modes have different thoughts and will lead to different curriculum systems and professional cultivation plans.

Table 3-7 Questionnaire survey of teachers and management persons in the schools——statistics table of international professional cultivation modes as references in professional cultivation plans

Making international professional cultivation modes as references in professional cultivation plans	Time of appearance of option	Percentage/%
Dual system	54	25.6
TAFE mode	26	12.3
CBE mode	17	8.1
Based on work process	95	45.0
Others	13	6.2
None	6	2.8
Total	211	100.0

Table 3-8 reflects the statistics of the overall assessment of Project Group on the sampled professional cultivation plan during network survey process.

Table 3-8 Network survey—professional cultivation plan assessment data statistics

Grade	Assessment standard	Number of specialty	Percentage/%
A	Have advanced professional mode as a guide, have a scientific curriculum design method; took result of the vocational analysis as the basis of curriculum design; comprehensively implement cultivation goal and cultivation standards; have a standardized teaching plan.	26	15
B	Have advanced professional mode as a guide, have a scientific curriculum design method; took result of the vocational analysis as the basis of curriculum design; basically implement cultivation goal and cultivation standards; have a standardized teaching plan	89	51
C	Have advanced professional mode as a guide, have a scientific curriculum design method; have a standardized teaching plan; but failed to take result of the vocational analysis as the basis of curriculum design or comprehensively implement cultivation goal and cultivation standards;	38	22
D	No a advanced professional cultivation mode as guide or scientific specialty curriculum design method	23	13
Total		176	100

Table 3-8 shows, among statistics about assessment on professional cultivation plans, about 13% of specialties (Grade D) had no a advanced professional cultivation mode or scientific specialty curriculum design method as guide, and the cultivation plans (the curriculum systems) of these specialties were going through partial vocational education curriculum reform under the subject curriculum system in the early period of the Tertiary TVE development. Over 75% (Grade C or above) had selected use overseas mature professional cultivation mode to different extents such as Australia' s TAFE mode, Germany' s Dual system and CBE mode. Over 60% (Grade B or above) made their professional cultivation plans (curriculum systems) with scientific specialty curriculum design method by taking conclusion of the vocational analysis as basis of their specialty curriculum design. These specialties should realize the specialty professional cultivation goal logically if we just read their professional cultivation plans.

(2) Curriculum type

Curriculum system consists of curriculums of different types. According to the analysis on specialty cultivation plan survey, with advancement of the curriculum reform in Tertiary TVE, the reform reflects not only on using international advanced professional cultivation mode and art-of-the-state vocational analysis method and curriculum development method in design of professional cultivation plan (curriculum system), but also a factor of curriculum system structure- setting of different types of curriculums. Presently the curriculums set in every specialty in Tertiary TVE schools can be classified into three major types: relatively systematic theoretic curriculums taking grasping theoretic knowledge as main goal, practical curriculums focusing on basic technique & skill training taking grasping special competence, i.e., basic skill of specialty and professionals, as main goal, and comprehensive curriculum in combination of theory and practice taking cultivating comprehensive vocational competence, solving out specialty-related problems and learning about working as main goal.

The statistics of survey of teachers and management persons in the schools show (statistics will be found in Table 3-9), all of Tertiary TVE schools set three types of curriculums mentioned above and vocational qualification certificate curriculums, vocational extension curriculums, etc.

Table 3-9 Questionnaire survey of teachers and management persons in the schools——statistics of curriculums involved in professional cultivation plans (1)

Curriculum involved in professional cultivation plan	Time of appearance of option	Percentage/%
Specialty theory curriculums	107	20.0
Special technical and skill training curriculums	111	20.7
theory & practice integration curriculums	100	18.7
Vocational extension curriculums	89	16.6
Vocational qualification certificate curriculums	99	18.5
Frontier applied technology curriculum	30	5.6
Total	536	100

The project group further made statistics according to option combinations and got statistic result as shown in Table 3-10. There were 20 option types and the table lists the main combinations. among them, 31.69% of combinations included all curriculum types, 60.4% included the first three types of curriculums and others combinations accounted for 39.6%.

Table 3-10 Questionnaire survey of teachers and management persons in the schools——statistics of curriculums involved in professional cultivation plans (2)

Curriculums involved in professional cultivation plan	Option combination 1	Option combination 2	Option combination 3	Option combination 4	Option combination 5	Option combination 6	Other combination	Total number of Option combination
Specialty theory curriculums	√	√	√	√	√	√		
Special technique ands kill practical curriculums	√	√	√	√	√	√		
Theory-practice integration curriculums	√	√	√	√	√	√		
Vocational extension curriculums	√	√	√	√				
Vocational qualification certificate curriculums	√	√			√			
Frontier applied technology curriculums	√		√					
Total	17	32	1	5	6	10	60	131
Percentage/%	12.98	24.43	0.76	3.82	4.58	7.63	45.8	100

Data of network survey show (see Figure 3-1), among data of sampled cultivation plans of 176 sampled specialties, nearly 70% set three types of curriculums and just 30% set incomplete types of specialty curriculums with situation as below: some specialties still stressed the theory curriculums under subject system; on the contrary, another some tried to include all curriculums in the curriculum system, for instance they included the foreign language, politics and some other basic curriculums in the universal knowledge field, with inaccurate concept understanding in the learning field and deviation to the reform orientation so as to be far away from the goal-integration of theory and practice.

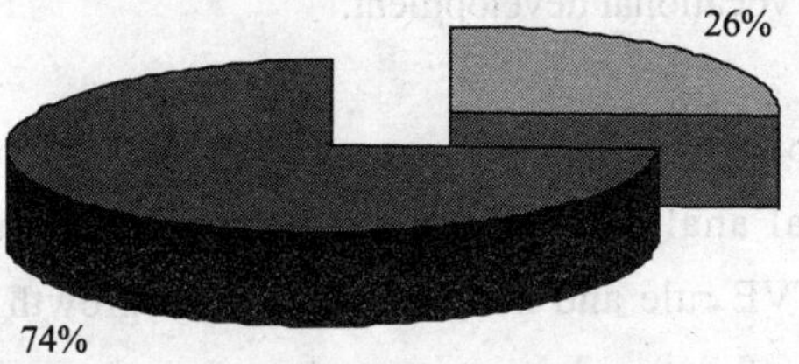

Figure 3-1 Network survey——data statistics and distributions of types of curriculums set in professional cultivation plan in the Tertiary TVE schools

Figure 3-2 shows further survey data.

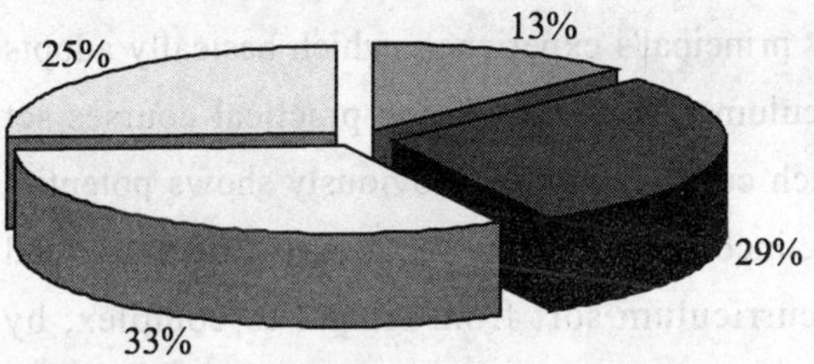

Figure 3-2 Network survey——distribution of curriculums of three classes in professional cultivation plan in Tertiary TVE network survey

In the 123 specialties including three types of curriculums each, 25% had seriously unbalanced setting of curriculum types, mainly reflected on the theory & practice integration curriculum accounted for too small proportion in the whole curriculum system and some specialties just have graduated interns so as to cause the seriously unbalanced proportion of such three types of curriculums, with adverse influence on the cultivation of the comprehensive vocational competence of the students. 29% could arrange the curriculum system according to the vocational growth rule of skill-type professional, while nearly 60% of specialties (the sum of the specialties of appropriately proportion and the specialties of unbalanced proportion) could not design the curriculum system according to the vocational growth rule from a "learner" to an "expert", showing that, in the Tertiary TVE, after subject-based specialty curriculum system has been decomposed, the theoretical basis specialty curriculum system design had not been formed. 13% setting meaningful extensive curriculums or frontier applied technology curriculums or vocational qualification certificate curriculums. All these curriculums are compliant to the requirements of the enterprises in the industry and give students better contents for vocational development.

(3) Curriculum System Structure

During the formulation of professional cultivation program, the three types of curriculums shall be based on vocational analysis to form a reasonably structured curriculum system according to Tertiary TVE rule and human professional growth rule. According to the research analysis result of curriculum system structure, the national leveled campus schools and backbone schools and higher vocational major teaching steering committee of Ministry of education have introduced many good typical examples of specialty curriculum system, which are of certain demonstrating and guiding significance to promote specialty teaching reform. However, a majority of specialty curriculum system is still being constructed based on specialty principal's experience, which basically adopts theoretical knowledge courses, with curriculum sort of cultivation practical courses set up followed by comprehensive courses. Such curriculum class obviously shows potential trace of subject systematic curriculum sort, incompliant to the requirement of vocational competence growth rule. To implement curriculum sort from simple to complex, by combination of skill and knowledge with comprehensive courses as main line, according to network research data, specialties of such curriculum sort account for 29%, mainly of which are from national level campus schools and backbone schools, as well as common Tertiary TVE school specialties.

(4) Vocational qualification certificate

The survey data show, in the teacher questionnaire survey on " How students get their vocational qualification certificates (technical level certificates)" (statistics will be found in Table 3-11), most of Tertiary TVE schools implemented dual-certificate system according to requirements of the Ministry of Education and other concrete requirements on various vocational qualifications or skill certificates acquired by the students. From the curriculum system design of cultivation program and from the prospect of teaching, certificate courses have been incorporated partially into professional cultivation course, how to obtain vocational certificate or skill certificate also greatly associates with the school's attention degree, teaching force, organizational mode. Difference in schools leads to co-existence of many certificate acquisition methods.

Table 3-11 Questionnaire survey of teachers and management persons in the schools——Statistic table of certificate acquirement method in specialty teaching

Certificate acquirement method	Time of appearance of option	Percentage/%
Knowledge required by the certificate acquirement has been integrated in daily teaching	74	30.7
Cultivation plan involves separate training curriculums	80	33.2
Organize students to take part in training and examination after class	74	30.7
Just organize students to take part in examination	10	4.1
No requirements on certificate acquirements	3	1.2
Total option	241	100.0

6. Curriculum and teaching

Curriculum (subject curriculum) is the basic unit of the teaching. All of knowledge learning and competence cultivation are reflected on the implementation of each curriculum and teaching is the implementation of the curriculum. Setting and teaching of subject curriculums of Tertiary TVE are essential contents of the curriculum reform.

(1) Subject curriculums

With in-depth advancement of the Ministry of Education "Higher School' s Teaching Quality and Teaching Reform Project", the national core curriculum construction started in 2003; after 2007, the assessment standard of core curriculums of Tertiary TVE has been made to guide the Tertiary TVE schools to work together with the enterprises in the industry in construction of curriculums involved in cooperation between enterprise and school and push for vocational competence cultivation and give prominence to the features of the Tertiary TVE. This survey shows, through constructions of previous years, a number outstanding curriculums and materials as the outcomes of the curriculum reform in Tertiary TVE. By the end of 2009, over 800 national core curriculums of Tertiary TVE have been selected, covering all specialties of the Tertiary TVE. Driven by the national core curriculums and teaching materials, local governments and the Tertiary TVE schools enhanced the construction of the curriculums and teaching materials and formed a national, provincial/municipal (Education

Instruction Committee) and school-level core curriculum construction systems. These outstanding outcomes are the signs and the crystals of the curriculum reform in Tertiary TVE in an all around way these years, enhancing the overall curriculum reform and construction level in the Tertiary TVE schools.

Generally the construction of core curriculums of Tertiary TVE stresses specialty curriculum field and the common curriculum reform got more recognition in teaching of the Tertiary TVE. For most of common curriculums oriented by methods and applications taking basic theoretic knowledge as main goal, the designer should not only make clear professional cultivation goal in Tertiary TVE, understand professional cultivation rule in Tertiary TVE schools and realize the role and positioning these curriculums in professional cultivation in Tertiary TVE schools, but also allow these curriculums to take the mission of laying firm foundation for specialty knowledge learning and overall quality enhancement of the students. The statistics of this survey aiming at teachers in the Tertiary TVE schools reflect the conditions of reform of common curriculums. See Table 3-12.

Table 3-12 Questionnaire survey of teachers and management persons in the schools——Statistics of the results of the question: whether or not the curriculum reform has been made for common curriculums in the specialty

Common curriculum reform in professional cultivation plan	Number	Percentage/%
All common curriculums have been reformed	32	23.4
Some common curriculums have been reformed	93	67.9
Curriculum reform has not been made	8	5.8
Total	133	97.1
Blank	4	2.9
Total	137	100.0

Table 3-12 shows, in this professional cultivation plan, 67.9% of the sampled questionnaires chose "some common curriculums have been reformed"; 23.4% chose "all common curriculums have been reformed"; 5.8% chose "curriculum reform has not been made'. The data show the current common curriculum reform of the Tertiary TVE schools have been stressed and implemented by most of teachers, but the reform effect is to be reviewed and the reform is to be further deepened.

Basic technique and skill training curriculums are main curriculums for Tertiary TVE to cultivate the practical competence of their students. According to student questionnaires, the what the students were interested the most were those pragmatic curriculums where they could operate and exercise by themselves and the percentage of this option was higher than other types. So we find the students liked basic technique & skill training curriculums than other types. The result reminds us that the curriculum reform should stress analysis and realization on the cultivation objectives and the basic technique & skill training curriculums should pay more attention to the reform and enhance curriculum quality.

Enhancement of teaching quality and reform for curriculums and teaching are the most important missions. In the results of this teacher questionnaire survey, When surveying "whether or not there are contrast assessment before and after specialty teaching reform and assessment result, 49.6% of the sampled questionnaires chose "Yes" 43.1% chose "No" and 7.3% didn't make choice. This statistic result shows only the teachers in nearly a half of schools have made assessment before and after reform and the all-around advancement of the reform and the assessment and reflection of the reform effect are to be further carried out.

(2) The methods of teaching and assessment

After determining the contents of the curriculums the key to teaching reform will be the teaching method reform during curriculum implementation. If the curriculum reform in Tertiary TVE couldn't get support of teaching method reform, it's hard to accomplish the pre-set curriculum reform goal.

The data on network information survey will be found in Table 3-13. Among sampled 176 specialties, 26 had no clear materials showing conditions of teaching reform. Among 150 specialties with materials showing the conditions of their teaching reform, over 90% (Grade D or above) had made teaching & assessment method reform such as modern teaching methods like program teaching and assignment leading, establishing a teaching resource database with advanced education technology like IT and shift the class teaching from the student-based teaching method. The teachers had mad a lot of efforts in teaching & assessment method reform, but there were less than 40% specialties seeing the good effect. The reason is that the specialty practice experience of the teachers is to be enhanced and the level of grasping modern teaching method and education technology is to be lifted.

Table 3-13 Network survey——teaching method and assessment method assessment table

Grade	Assessment standard	Number of specialty	Percentage/%
A	Adopt modern teaching method and advanced education technology; teaching method taking learning as main body; the curriculums of different natures adopts different assessment method; see good effect	54	31
B	Adopt modern teaching method and advanced education technology; teaching method taking learning as main body; the curriculums of different natures adopts different assessment method	60	34
C	Some curriculums adopt modern teaching method and advanced education technology; teaching method taking learning as main body; some curriculums of different natures adopts different assessment method	18	10
D	Pay attention to reform of teaching and assessment method (no action, thought it has such design)	8	5
E	Basically fail to conduct reform of teaching and assessment method	10	6
Total valid answer		150	85
No clear materials showing teaching reform		26	15
Total		176	100

Data of teacher questionnaire survey (see Table 3-14) show information of assessment method reform.

Table 3-14 Questionnaire survey of teachers and management persons in the schools——Whether or not the reform has been made for curriculum assessment method

Assessment method change	Number	Percentage/%
Different assessment methods were adopted for the curriculums in different natures	76	55.5
Different assessment methods were adopted for some curriculums in different natures	53	38.7

Refer to Table 3-14 (continued)

Assessment method change	Number	Percentage/%
The assessment method reform has been put on the table, but it failed to be implemented in the practical teaching	2	1.5
Assessment method reform has not been made basically	2	1.5
Subtotal	133	97.1
Blank	4	2.9
Total	137	100.0

As the teaching method changes, the requirements regarding assessment method are correspondingly proposed. From the statistics, most different curriculums could change in terms of the assessment method after reform, adjust or find out corresponding assessment method through investigation. Also, the assessment' s effect is necessarily considered to perform evaluation.

The statistics above show that most of Tertiary TVE school teachers had an initial understanding of teaching & assessment method reform. No matter on curriculum design or teaching plan draft, they proposed request of using modern teaching method and explore and use it in the colleges' experimental unit course, which requires to use different assessment method to explore different types of courses. However, during the investigation of deepening the Tertiary TVE schools, we found that the teaching & assessment method reform needs further fulfillments in terms of teachers' actual implementation. Most teachers are frequently unfamiliar with modern teaching method in professional education, and therefore, the teaching method in most curriculums stays traditional. Fulfilling the study-based concept is anticipant, and full implementation of reforming teaching method will face lots of difficulties. But from the student-investigating report, we knew that the students' favorite teaching method involves both guidance and behavior direction and this is the main teaching method requirements of professorship education. Thus, the teachers should reform traditional teaching method, and pay more attention to the study and use of these teaching methods.

(3) Teaching materials

Teaching materials are the carriers of curriculum contents as well as the guidebook of implementing teaching. They are crucial to the reform of curriculum contents, teaching method and assessment method, and on the other hand, they are the solidifying result of the curriculum reform.

The investigating project group this time randomly sampled teaching material of recent 3 year publication from 7 presses, the presses who mostly publish teaching material. This sample mainly includes the teaching material published in 2010 (above 60 %), and involves specialized fields such as finance and accounting, automobile, numerical control, mechanism, computer and etc., 93 types in total. Related experts of organization perform assessment and analysis and adopt the following assessment steps:

The first step: according to the characteristics of different developing stage of national education in the curriculum reform, the teaching materials could be classified as the following 5 categories:

Ⅰ.The teaching materials which highlight overall vocational competence, focus on cultivating problem-solving competence (vocational competence-oriented, design-oriented);

Ⅱ.The teaching materials which highlight cultivating post technique (technique-oriented);

Ⅲ.The teaching materials that knowledge system is unchanged, and focuses on enhancing practical education (curriculum systematization reformed-oriented)

Ⅳ.The teaching materials that are unreformed (traditional curriculum systematization type).

Ⅴ.The teaching materials whose contents are inconsistent with concepts (disguise replacement of concept type)

The second step: according to the editing quality of teaching materials, the teaching materials can mainly be classified as good level or general level based on if the content is obsolete and if it has good quality (whether the concept is right or not, whether the logic is clear or not and whether the sentence is fluent or not)

The third step: according to the predominant content of the teaching materials, the teaching materials can mainly be classified as Type-A, interpreting theoretical knowledge, Type-B, interpreting technology and techniques, Type-C, focusing on practical-oriented and cultivating overall vocational competence based on different content focus.

The expert assessment result will be found in Table 3-15.

Table 3-15 Statistics of result of expert assessment on sampled Tertiary TVE teaching materials

Code of class	Type	High quality			Common quality			Total
		A	B	C	A	B	C	/%
I	teaching materials giving prominence to comprehensive vocational competence And competence of finding solution (oriented by vocational competitiveness and design)	0	1	3	0	1	2	7/ (7.5%)
II	teaching materials giving prominence to post skills	2	6	0	1	12	1	22/ (23.7%)
III	Teaching materials with unchanged knowledge system to enhance practical teaching (systematized subject reform)	0	1	1	6	8	2	18/ (19.4%)
IV	Unreformed teaching materials (traditional subject systematization)	3	3	0	29	4	1	40/ (43%)
V	The teaching materials with contents incompliant to the concept (disguised displacement)	1	0	0	0	3	2	6/ (6.4%)
Total		6	11	4	36	28	8	93/ (100%)

The data in the form show, there were some good teaching materials conforming to current demand on the curriculum reform, but the number was small. As to Type-A, it highlights overall vocational competence, focus on cultivating problem-solving competence has only 7 books (7.5%). The better quality among them has only 3 books. The Type-C teaching materials that knowledge system is unchanged, and focuses on enhancing practical education and type-D teaching materials that are unchanged, (traditional one) are totally 58 books (62.4%), reflecting that most teaching materials are basically belonging to subject system, that theory-focused teaching materials is predominant and lack of vocational education. However, among the Type-A and Type-B teaching materials reflecting the curriculum reform, most are the teaching materials that enhance technique cultivation and practical training. This kinds of books has 20, occupying 69% of the total amount of Type-A and Type-B teaching materials. In addition, no matter the type of teaching materials is, from the perspective of editing quality, the better quality is less, 21 books (22.6%).

The problems that expert assessment raises are: from the printing quantity, teaching material reform by using certain quantity and traditional teaching materials are predominant, reflecting the implementing situation between the Tertiary TVE schools and the curriculum reform from aside aspect; traditional teaching materials has a serious problem regarding content duplication, which has common place in both content and edition; from the contents of teaching materials, we could know that the author lacks of practical experience, enterprise lacks of involving teaching materials edition and editing people are those who has less working experience; in the teaching materials, the selection between knowledge and practical experience regarding the students in Tertiary TVE schools is unclear. In the minority of Type-E teaching materials, the concepts are inconsistent with contents, and using currently the latest-fashioned noun conception of curriculum reform such as based on working process, project, mission and etc. are totally reflecting this inconsistency, because the actual contents of these nouns retain their contents of previous knowledge systems.

To sum up, we should make further effort in teaching material reform, especially in how to prepare “Competence-based” teaching materials which are interesting for students and able to enhance vocational competence.

Chapter 4 Analysis on Status Quo of Tertiary TVE Curriculum Reform Based on External Factors

The user is the best judge for the quality of the professional cultivation. So we should analyze the status and effect of the curriculum reform based on not only internal factors, but also external factors. This Chapter mainly analyzes the responses of some groups (aspects) involved in professional cultivation process in Tertiary TVE to the statuses of the curriculum reform in four dimensions.

1. Curriculums and students' requirements

The students in Tertiary TVE schools are the objectives of the Tertiary TVE. Whether or not the curriculums of Tertiary TVE can satisfy the demands of the students and mobilize the enthusiasm of the students is also one of factors reflecting the status of the curriculum reform. Through the survey on the Tertiary TVE school students and the graduates, this part analyzes the conditions whether or not the curriculums of the Tertiary TVE can satisfy the demand of the students.

(1) The most interesting curriculum for the students

In this the survey of the Tertiary TVE school students, for the question "three most interesting curriculums", we got 247 questionnaires. Among them 18 had no answer or invalid answer and 92.7% were valid. The interviewed students came from different specialties in different schools filling in many curriculums they were interested in. for the convenience of statistics, we classified the curriculums filled by the students into four classes as show in Table 4-1 and Table 4-2.The first three interesting curriculums for the students were basic technique & skill training curriculums, 101.7% of valid interviewees (229 students); specialty theory curriculums, 84.3% and theory & practice integration curriculums,33.2%.

Table 4-1 Questionnaire survey aiming at students in Tertiary TVE schools——statistics of the most interesting curriculum survey

Quantity distribution					
Virtual value		Missing value		Total	
Quantity	Percentage/%	Quantity	Percentage/%	Quantity	Percentage/%
229	92.7	18	7.3	247	100.0

Table 4-2 Questionnaire survey aiming at students in Tertiary TVE schools——statistics of the frequency of the most interesting curriculum

curriculum types	Quantity	Percentage/%	Percentage of valid questionnaires/%
Universal knowledge theory curriculums	185	26.9	80.8
Specialty theory curriculums	193	28.1	84.3
Basic technique and skill training curriculums	233	33.9	101.7
theory & practice integration curriculums	76	11.1	33.2
Total	687	100.0	300.0

From above data we can find, in the rank of the three types of curriculums, the basic technique & skill training curriculum was ranking the first, showing that students had interest in such curriculums stronger than the interest in theoretic curriculums and the students in Tertiary TVE schools were the most interested in the pragmatic curriculums where they can operate and exercise by themselves. But such interest had not been far stronger than the interest in theoretic curriculum, showing that the students in Tertiary TVE schools still had a high demand on theoretic knowledge. There was no too wide gap of the interest in universal theory curriculums and specialty theory curriculums among students in Tertiary TVE schools.

Above data also show, the students had not too much recognition on the theory & practice integration curriculums, while the curriculums featuring combination of work and study and integration of theory in the practice are advocated and promoted in China’s the Tertiary TVE field as the directions of the curriculum reform. The teachers in the Tertiary TVE schools, especially in the demonstration Tertiary TVE schools made a lot of explorations and obtained some achievements. There are some highlights in this field, but the reformers of theory & practice integration curriculums have completed the curriculum reform at the highest speed while they had not realized the essences of such curriculums so as to cause some inefficient basic works and unsatisfying effect.

(2) The most interesting curriculum in the schools for Tertiary TVE school graduates

In this survey of Tertiary TVE school graduates, for the question "the most interesting curriculum for Tertiary TVE school graduates", we got 173 questionnaires. Among them 25 had no answer or invalid answer and 85.5% were valid. The interviewed Tertiary TVE school graduates came from different specialties in different schools filling in many curriculums they were interested in. for the convenience of statistics, we classified the curriculums filled by the students into four classes as show in Table 4-3 and Table 4-4.The first three interesting curriculums for the students were basic technique & skill training curriculums, 16.8 % of valid interviewees (148 graduates); specialty theory curriculums, 85.1% and theory & practice integration curriculums,41.9%.

Table 4-3 Tertiary TVE school graduate questionnaire survey—statistics of the most interesting curriculum in the school

	Quantity distribution					
	Virtual value		Missing value		Total	
	Quantity	Percentage/%	Quantity	Percentage/%	Quantity	Percentage/%
\$set1[a]	148	85.5	25	14.5	173	100.0

a. Group

\$set1[a] refers to taking the survey title "the most interesting curriculum in school" as an entire mark.

Table 4-4 Tertiary TVE school graduate questionnaire survey—statistics of the frequency of the most interesting curriculum in the school

		Responses		Percentage in
		Quantity	Percentage	virtual value/%
The most interesting curriculum I the school for Tertiary TVE school graduates[a]	Universal knowledge theory curriculums	18	4.1%	12.2
	Specialty theory curriculums	126	28.4%	85.1
	Basic technique & skill training curriculum	238	53.6%	160.8
	theory & practice integration curriculums	62	14.0%	41.9
	Total	444	100.0%	300.0

a. Group

According to analysis on the data in the table, the most interesting curriculums for Tertiary TVE school graduates were the pragmatic curriculums where they can operate and exercise by themselves, the students also had interest in specialty theory curriculum and certain recognition on the theory & practice integration curriculums. But they had no too much interest in universal theory curriculums, so such curriculums are the last one on the list.

(3) The most interesting teaching method and assessment method in the schools for Tertiary TVE school graduates

In the survey of the Tertiary TVE school students, for the question "the most interesting teaching method", among the 247 sampled questionnaires, Heuristics was chosen by 83, 33.6% of total sampled questionnaires, followed by behavior-oriented didactics chosen by 63, 25.5%; and then training method chosen by 20, 8.5%, and the fourth one, teaching method chosen by 20, 8.1%. Other 60 questionnaires had not been adopted for unclear answers, 24.3% of total. Data statistics will be found in Table 4-5.

Table 4-5 Questionnaire survey of students in Tertiary TVE schools —statistics of the most interesting teaching method

Teaching method	Number of sample (piece)	Percentage/%
Heuristics	83	33.6
behavior-oriented didactics	63	25.5
training method	21	8.5
teaching method	20	8.1
Others	60	24.3
Total	247	100

In this survey of the Tertiary TVE school students, for the question "the most interesting assessment method", among the 247 sampled questionnaires, "stress both process and result" was chosen by 88, 35.6% of total sampled questionnaires, followed by "stress process" chosen by 63, 25.5%; and then "stress result" chosen by 25, 10.1%. Other 29 questionnaires had not been adopted for unclear answers, 11.7% of total. There were 42 questionnaires without option chosen, about 17% of total. Data statistics will be found in Table 4-6.

Table 4-6 Questionnaire survey aiming at students in Tertiary TVE schools—statistics of the most interesting assessment method

Assessment method	Number o sample (piece)	Percentage/%
Stress process	63	25.5
Stress result	25	10.1
Stress both process and result	88	35.6
Other methods	29	11.7
Total	205	83.0
No answer	42	17.0
Total	247	100.0

Overall, the survey data above show the students' feeling toward curriculum. And through combination of field investigation and information feedback from lecture, we could further conclude that:

First, the practical courses intending cultivating students' practical competence have widely been introduced in the Tertiary TVE schools and very popular among students, which gained good effects. Theory & practice integration curriculums, such as studying specified curriculum, is not only the main focus of the curriculum reform, but also the innovation of learning international advanced experience and combining ourselves situation. Until now, every Tertiary TVE school, especially model college, have combined their specialties finish a lot of development of theory & practice integration curriculum, but from the practical layer, we didn't obtain the expected effects, and the concrete reasons are worth analyzing. In the survey seminar, we also discussed the related problems with the leader and teachers of the Tertiary TVE schools, and we found that the important reason would be the inconsistency between the understanding on theory & practice integration curriculums and the actual teaching capacity of current teachers.

Second, the students' anticipation toward modern teaching method and assessment method and teaching reform is consistent, but the seminar showed that the curriculum which can adopt modern teaching method and assessment method are mainly in some key specialties and experimental unit courses. Thus, if fully popularizing modern teaching method and assessment method, such as adopting inspiring teaching method in theoretical courses, adopting process-and-result combination assessment method in theory & practice integration curriculums, it must appear lots of difficulties. But there is no doubt that it should become the direction of the curriculum reform and teaching practice.

2. Curriculums and work requirements

China' s Tertiary TVE is oriented by employment, so the curriculum setting, content arrangement, building of the curriculum system and some others have to meet the work requirements. The satisfaction of demand of the employers and the requirement of the post is the start of the curriculum development and also the ultimate goal of the curriculum reform. Through questionnaire survey aiming at industrial enterprises and Tertiary TVE school graduates questionnaire survey, the research obtained the views of these groups to analyze quality of professionals cultivated in Tertiary TVE schools and the status of the curriculum reform.

(1) Opinions of enterprises on the knowledge and competence required by the Tertiary TVE school graduates

In this industrial enterprise survey, when asking whether or not the Tertiary TVE school graduates need specialty knowledge, 94.9% of interviewees believe "need", 3.1% believed "don' t need" and 1.9% believed "maybe not". The data of the survey on the most important knowledge type will be found in Table 4-7 and Table 4-8. Due to this survey was an open title, the statistics in the tables were drawn after classification and arrangement of the questionnaire results.

Table 4-7 Questionnaire survey aiming at enterprises in relevant industry——statistics of the opinions of the enterprises on the most important specialty knowledge required by Tertiary TVE school graduates

	Quantity distribution					
	Virtual value		Missing value		Total l	
	Quantity	Percentage/%	Quantity	Percentage/%	Quantity	Percentage/%
$set1[a]	186	71.8	73	28.2	259	100.0

a. Group

$set1[a] is the entire mark when taking "the most important specialty knowledge for Tertiary TVE school graduates" as a multiple-choice question.

Table 4-8 questionnaire survey aiming at enterprises in relevant industry statistics of the frequency of the most important specialty knowledge for Tertiary TVE school graduates

		Responses		Percentage in
		Quantity	Percentage/%	virtual value/%
The most important knowledge in the opinion of enterprise [a]	Universal theoretical knowledge	50	9.0	26.9
	Specialty theoretic knowledge	159	28.5	85.5
	Work process-related knowledge	349	62.5	187.6
Total		558	100.0	300.0

a. Group

Table 4-7 and Table 4-8 show, 349 interviewees believed the work process related knowledge was the most important, 187.6% of valid interviewees (186 interviewees); and 159 chose specialty theoretic knowledge, 85.5% and than 50 chose universal theoretic knowledge, 26.9%.

These show enterprises require Tertiary TVE school graduates to not only have practical competence, but also support of specialty knowledge. That has been recognized by most of interviewees in the enterprises in the industry. The most highlighting work process related knowledge and specialty theory knowledge are the bases for graduates to complete tasks and create profits for employers.

(2) Opinions of enterprises on competence required by the graduates

In the questionnaire survey aiming at enterprises in relevant industry conduced by the Project Group, almost all of participating experts from industrial enterprises agreed that, when their enterprises hire employees, the first consideration is vocational attitude and core competences (social competence and methodological competence). They also pointed out, the vocational attitude and core competences were absent for today' s Tertiary TVE school graduates. In questionnaire survey, 89.5% of persons in the industrial enterprises believed the most important competence for Tertiary TVE school graduates should be social competence; 80.3% believed the methodological competence was ranking the second; 53.7% believed the professional attitude and quality were ranking the third as a whole. The fourth and the fifth were special vocational competence and comprehensive vocational competence chosen by 41% and 35.4% of interviewees respectively. For the question the competence the most urgent for Tertiary TVE school graduates, the persons in the industrial enterprises believed it should be social competence (91.1% of valid questionnaires), methodological competence (85.4%) and professional attitude and quality (51.6%) in turn. Other two competences were comprehensive vocational competence (47.1%) and special vocational competence (24.8%). These figures show that social competence, methodological competence and professional attitude and quality which were the most important for Tertiary TVE school graduates in opinions of persons in the industrial enterprises are also the most urgent for today' s Tertiary TVE school graduates. Among other two competences: special vocational competence and comprehensive vocational competence, comprehensive competence is the most urgent.

Frame note 8: Ability and professional attitudes and qualities

【The project in the research of Tertiary TVE graduates'competence or cultivating vocational students' competence mainly means the professional competence in professional work. Through the reference of many competence concepts, its connotation classification defined as follows: Vocational competence consists of professional competence (including special competence and comprehensive competence), methodological competence and social competence. The special competence of professional competence means the specialized skills which can complete a specific work task; The comprehensive competence of professional competence means a comprehensive work competence to complete certain work task; Method competence is the competence to independently acquire new knowledge, new skills and the competence to complete complex work task; social competence is the competence to contact and cooperate with other people during the social work and learning. Social competence and methodological competence are still often referred to as core competences. Meanwhile, vocational graduates should have the professional competence, but also should have kind of professional attitude and quality. Professional attitude refers to work responsibility, ethics, honest, law-abiding, etc.; professional quality refers to the basic qualities which any social man should have: such as basic cultural qualities, physical and mental qualities and social morals, etc. 】

(3) The most useful curriculum in the school for Tertiary TVE school graduates

In questionnaire survey of Tertiary TVE school graduates, there were 155 valid interviewees when answering "what curriculums or which kinds of curriculums were the most useful through reflection after graduation". Specialty theory curriculums were ranking the first, chose by 84 interviewees, 54.2% of valid interviewees (155 interviewees), basic technique & skill training curriculums ranking the second, 32.3%, theory & practice integration curriculums ranking the third, 7.1%, and universal knowledge theory curriculums ranking the fourth, 6.5%. See Table 4-9

Table 4-9 Tertiary TVE school graduate questionnaire survey——statistics of the result of the question: which type of curriculum is most useful in the school

		Quantity	Percentage/%	Percentage in virtual value	Accumulated percentage/%
Virtual value	Universal knowledge theory curriculums	10	5.8	6.5	6.5
	Specialty theory curriculums	84	48.6	54.2	60.6
	Basic technique and skill training curriculums	50	28.9	32.3	92.9
	theory & practice integration curriculums	11	6.4	7.1	100.0
	Total	155	89.6	100.0	
Missing value	9	18	10.4		
Total		173	100.0		

(4) The competence, professional attitude and quality the most required by current job of Tertiary TVE school graduates

In this questionnaire survey of Tertiary TVE school graduates, when surveying "the competence, professional attitude and quality the most required by current job", there were 12 questionnaires without this option or compliant option and 161 interviewees were valid interviewees with validation rate of 93.1%. Through statistic and analysis, the graduates believed that among the competence the most required by current job, the first was social competence, 110.6% of valid interviewees, the second was comprehensive competence, 56.5%; and the third was special competence, 54.7%. See Table 4-10 and Table 4-11. Due to this survey was an open title, the statistics in the tables were drawn after classification and arrangement of the questionnaire results.

Table 4-10 Tertiary TVE school graduate questionnaire survey—statistics of the competence, professional attitude and quality the most required by current job

	Cases					
	Virtual value		Missing value		Total	
	Quantity	Percentage/%	Quantity	Percentage/%	Quantity	Percentage/%
$set2[a]	161	93.1	12	6.9	173	100.0

a. Group

Table 4-11 Tertiary TVE school graduate questionnaire survey—frequency distribution of competence, professional attitude and quality the most required by current job

		Responses		Percentage of Cases/%
		Quantity	Percentage/%	
Competence the most required by the job of Tertiary TVE school graduates[a]	Special competence	88	18.2	54.7
	Comprehensive competence	91	18.8	56.5
	Methodological competence	85	17.6	52.8
	Social competence	178	36.9	110.6
	Vocational attitude and quality	41	8.5	25.5
Total		483	100.0	300.0

a. Group

The data show, in practical posts, the social competence was the most important for the works, ranking the first; the second place ranking in the specialized competence shows that under the qualified social competences, the overall competence in the specialized competences is the most important in working post and this is also the embodiment of vocational core competitive strength. However, the vocational attitude and attainment that enterprise values is put in the last position, reflecting the insufficient emphasis of Tertiary TVE school graduates.

Overall, the research data reflects that the curriculums are required by the job. Combining the field research and the information reflected in the conference, we can get further analysis:

First, the industry fully agrees that the procedural knowledge of job is the most important knowledge from the job, which reflects the economic development of our country has already entered into a more advanced modern step. There are more requests to the qualified person, which is at the same direction of the Tertiary TVE teaching reform. It is right to make the curriculum reform based on procedural knowledge and offering theory & practice integration curriculums the important things of teaching reform. But according to the analysis of the former students' thought of the curriculums and the fact that there's no perfect effect of teaching process of theory & practice integration curriculums, it is so important for the teaching reform of acknowledge the theory & practice integration curriculums, and it is more important to make it happen fast.

Second, another agreement on the professionals' industry job requirements is that the high professional qualification needs professional knowledge, which reflects that the high professional qualified person needs the relatively systemic theory knowledge. This supports to get the right conclusion, in the formal discussion, that whether to cancel the specialty theory curriculum from the curriculum reform in Tertiary TVE. But we still have to face the problem - how to develop and reform the specialty theory curriculum.

Third, it becomes more and more important of the basic quality of the professional in the modern society. In the conference of field research, almost all the enterprises put the "professional attitude and quality" that reflects the basic qualify on the first place to recruit. This should be further understood by all Tertiary TVE school graduates who just step into the society and the undergraduates.

3. Curriculum and employment requirements

The analysis of curriculum and employment requirement in this investigation mainly refers to MyCOS' some investigation reports MyCOS "2009 Employment Situation and Employment Competence Analysis Report of Tertiary TVE schools' Graduates" shows that:

The employment rate of the 2009 graduates was 85.2%, 1.7% and 1.1% higher than that of 2008 graduates (83.5%) and 2007 graduates (84.1%) respectively. The half-year employment rate of the 2009 graduates in demonstration Tertiary TVE schools all over the country was 88.1%, higher than 87.4% and 84.3% of non-211 project universities and non-demonstration Tertiary TVE schools respectively. The specialty classes with higher employment rates include resource development and surveying (89.5%), light textiles and foods(89.4%), traffics and transportation (88.9%); the classes with lower employment rates include law (73.2%) and utility (81.2%). 57% of graduates found jobs belongings to their own specialties.

As to the competence helping the career development the most, for 2009 graduates of Tertiary TVE schools, among the most important five basic working competencies, 85% of interviewees believed, the "learning method" the students learnt when they left the schools could help them meet requirements of the first job the most, followed by "effective communication" (84%) and positive learning (84%), "solving problem" (82%) and "negotiation skill" (82%).

2009 graduates of Tertiary TVE schools believed the biggest problem of the teaching in their mother schools was "lack of practice link" (41%).

MyCOS Chinese graduates vocational development survey aiming at 2007 graduates after they left schools for a half of year shows that the average number of times of getting promotion of 2007 Tertiary TVE school graduates was 1.8, the graduates benefited from "the knowledge and skills learned in class". The rise proportion of monthly income of the 2007 Tertiary TVE school graduates, who thought that "the knowledge and skills learned in class" were really helpful, achieves 105% after 3 years. (The calculation of rise proportion of monthly income: The rise proportion of monthly income within 3 years = (the monthly income after 3 years – the monthly income after half of year) / the monthly income after half of year).

Overall, the data in these aspects reflect the influence of curriculum on the employment and further analysis shows:

First, in general, the students in Tertiary TVE schools had a better employment situation, which associated with Tertiary TVE schools' teaching reform, sticking employment-oriented guidance. And also, the knowledge and techniques gained in the curriculum had a promoting effect on increase in average employment opportunity and monthly income of Tertiary TVE school graduates within 3 years. This reflected the effects of the curriculum reform, showing that the curriculum had a positive correlation with employment and vocational development.

Second, the specialties with the higher employment rate such as resource development, surveying and mapping, textiles, foods, transportation and etc., are not the normal heated ones. On the contrary, the hottest specialties for most people like law is the kind of specialties with lower employment rate; and some initial specialties that most students chose didn' t show high employment rate as expected. This could probably show the disparity between specialists demanding of economic development and students' anticipation. And it also hints that schools should balance the different kinds of specialties and deal with the correlation between current and future situation, more scientifically setting specialties.

Third, the core vocational competence includes problem-solving competence about lower employment satisfaction, negotiating competence. Cultivating specialists is required to perform process solution, especially the enhancement of theory & practice integration curriculums. Since theory & practice integration curriculums are aimed in cultivating problem-solving and negotiating competences in the practical problems, this shows that the significance of theory & practice integration curriculums for the curriculum reform in Tertiary TVE and the current inconsistence in the curriculum reform.

4. Curriculums and cooperation between enterprise and school

The cooperation between enterprise and school is the basic approach to development of Tertiary TVE and the quality of the professionals cultivated can be ensured only if cooperation between enterprise and school runs through the whole process of curriculums of Tertiary TVE from curriculum development to teaching implementation and result assessment.

In the survey of the teachers and management persons in the Tertiary TVE schools, when asking "which links of specialty construction did enterprise take part in", we got 417 questionnaires in total. Among them, 121 chose "enterprise staff acts as part-time teacher" 29% of total, ranking the first; 119 chose "Jointly making a professional cultivation plan", 28.5% of total, ranking the second; 113 chose "Provide intern and employment opportunities", 27.1% of total, ranking the third; 48 chose "Enterprise cultivates specialty teacher for school", 11.5% of total, ranking the fourth; 11chose "Taking part in recruitment", 2.6% of total, ranking the fifth; 5 had no choice, 1.2% of total. See Table 4-12.

Table 4-12 Statistic table of link of specialty construction participated by enterprise (1)

Link of specialty construction participated by enterprise	Time of appearance of option	Percentage/%
Jointly making a professional cultivation plan	119	28.5
Taking part in recruitment	11	2.6
Enterprise cultivates specialty teacher for school	48	11.5
Enterprise staff acts as part-time teacher	121	29.0
Provide intern and employment opportunities	113	27.1
Others	5	1.2
Total of option	417	100.0

Statistics has been carried out according to option combination (statistical results are shown in Table 4-13), and there were 19 kinds of options, which were chosen for 133 times. And main combinations are listed in Table 4-13. Among them, only 5.26% combinations contain options of all categories; there were 53 times of combinations of "jointly formulated professional cultivation plan", "enterprise personnel as part-time teachers", and "providing intern and employment posts", occupying 39.85%, and these three options were chosen for the most times, whose quantity was almost the same, and these three kinds of cooperation between enterprise and school was the most common. In Table 4-12, these were the most common projects exchanged and cooperated by enterprise and school; while "enterprise's cultivation of professional teachers for school" and "participation in recruiting students" in the cooperation between enterprise and school was not widespread enough. As for enterprises, cultivating teachers for schools requires considerably large human resource and physical resource costs, as for enterprises, they can not gain benefits in a short term, so enterprises didn't want to adopt this cooperation method. Relevant supporting policies shall be formulated from the aspect of the country, and enterprises shall be encouraged to take part in the cultivation of schools' professional teachers, so as to enhance enterprises' cooperation enthusiasm.

Table 4-13 Statistic table of link of specialty construction participated by enterprise (2)

Link of specialty construction participated by enterprise	Option combination 1	Option combination 2	Option combination 3	Option combination 4	Option combination 5	Other combinations	Total time of Option combination
Jointly making a professional cultivation plan	√	√	√	√			
Taking part in recruitment				√			
Enterprise cultivates specialty teacher for school		√		√			
Enterprise staff acts as part-time teacher	√	√	√	√	√		
Provide intern and employment opportunities	√	√		√	√		
Total	53	32	9	7	6	26	133
Percentage/%	39.85	24.06%	6.77	5.26	4.51	19.55	100

According to network survey, in specialty data from sampling survey, there was no obvious data showing cooperation between enterprise and school for one fourth of specialties; there was cooperation between enterprise and school in a small part of links of curriculum design and implementation for less than 10% of specialties; there was only cooperation between enterprise and school in some links of curriculum design and implementation for 16% of specialties; there was cooperation between enterprise and school in curriculum design and implementation for 16% of specialties; there was in-depth cooperation between enterprise and school in curriculum design and implementation for one third of specialties (Grade A), mainly including demonstration schools and core schools.

Table 4-14 Network survey——statistics of assessment on conditions of cooperation between enterprise and school

Grade	Assessment standard	Number of specialty	Percentage/%
A	in-depth cooperation between enterprise and school in curriculum design and implementation	58	33
B	cooperation between enterprise and school in curriculum design and implementation	28	16
C	cooperation between enterprise and school in some links of curriculum design and implementation	28	16
D	Cooperation between enterprise and school in a small part of links of curriculum design and implementation	16	9
E	Basically no cooperation between enterprise and school	0	0
Subtotal		130	74
No clear materials showing conditions of cooperation between enterprise and school		46	26
Total		176	100

Table 4-15 Types and distribution of schools involved in in-depth cooperation between enterprise and school

School type	Area
Demonstration school	Beijing, Jiangsu, Liaoning, Tianjin, Zhejiang and Chongqing
Core school	Beijing, Jiangsu, Tianjin, Zhejiang and Chongqing
Common Tertiary TVE school	Beijing, Jiangsu, Zhejiang and Chongqing

To sum up, the cooperation between enterprise and school has become an important approach to practical teaching but with different depth and width of specialty cooperation. The cooperation between enterprise and school in some specialties also stay on the superficial layer. For instance some schools invitc enterprise experts as part-time teachers or some enterprises just provide intern opportunities. In-depth cooperation between enterprise and school is a guarantee system for schools and enterprises to set up mechanism and system and for enterprises to take part in the whole process from recruitment of employment of the students. The schools involving such in-depth cooperation between enterprise and school in specialties is centralized in Beijing, Tianjin, Chongqing and developed areas in Jiangsu and Zhejiang, mainly consisting of demonstration schools and core schools, also including some common Tertiary TVE schools in these areas. The in-depth cooperation between enterprise and school is directly related to the developed economy and correct realization on Tertiary TVE in these areas.

During research process, especially on various seminars, no matter teachers from schools or enterprise experts showed higher cognition on the fact that the development of Tertiary TVE must depend on cooperation between enterprise and school. However now we have to tackle a huge challenge influencing the long-term comprehensive development of cooperation between enterprise and school.

The cooperation between enterprise and school has been taken as the foundational approach to development of Tertiary TVE and the professional cultivation mode of Tertiary TVE - "cooperation between enterprise and school" & "combination of work and study" -has been established. These show the important position and role of cooperation between enterprise and school in Tertiary TVE. For Tertiary TVE curriculum reform, the cooperation between enterprise and school is the basis and guarantee to realize the goal of the development. The guarantees of macro environment, mechanism and system are necessary conditions to realize the all-around sustainable cooperation between enterprise and school during professional cultivation of Tertiary TVE. Both parties of cooperation between enterprise and school are education and industry in a wide sense and school and enterprise in a narrow sense. For education party, no matter education authorities or Tertiary TVE schools are higher recognizing and pushing for the cooperation between enterprise and school and urgently hope enterprises can play their role in education undertaking; but for industry party, in current Chinese socialist market economy conditions, it is unrealistic for enterprise to set the first goal as taking part in education without any compensation. As a result, there are many huge obstacles to sustainable development and comprehensive promotion of cooperation between enterprise and school, though, the schools are pushing for cooperation between enterprise and school and many relevant pilot projects have obtained optimistic progress and created a number of valuable cooperation between enterprise and school forms. These obstacles can be classified two types: first, government-level construction of the national framework of cooperation between enterprise and school which has drawn attentions of some state leaders who started up early research on construction of national framework of cooperation between enterprise and school; On another hand, with fast development of Chinese economy, some enterprises, especially some large enterprises have shown their enthusiasm on taking part in cooperation between enterprise and school and taken cooperation between enterprise and school as an integral part of enterprise responsibility, while growing R & D works oriented by social service in Tertiary TVE schools have also become components of industrial development. Therefore the appearance of benefit balance point of both parties of cooperation between enterprise and school laid a firm foundation for the new mechanism of cooperation between enterprise and school based on mutual benefit.

Chapter 5 Comprehensive analysis of the current situation vocational curriculum reform

The Second, Third, four chapters from different levels analyzes the current situation of vocational curriculum reform, this chapter seeks to consolidate the results of the analysis, from the overall level of Tertiary TVE reform, a comprehensive analysis develops in vocational curriculums (curriculum subjects) and professionals professional training program, so that grasp of the overall state of higher vocational curriculums reform.

1. The state analysis of Tertiary TVE curriculum (subject curriculum) reform

From the second chapter analysis shows, Tertiary TVE curriculums and teaching reform can date back to the nineties, through the study of the North American-based international advanced CBE vocational education experience, getting to know that vocational education should be a competence-based education from the concept aspect, in practice, a substantial increase in the proportion of practical teaching were set up, in order to master specialized skills as the goal of training curriculum, began the practice base construction. Research and practice of training curriculums and training base construction became the main contents of the teaching reform, training curriculum mode and curriculum construction was the innovation theme of Tertiary TVE professionals training mode.

Since the new century, China has learnt from Australia and Germany's professional experience in vocational education, especially introduce the most advanced international German occupational education which curriculums and methods are based on the working process, further understanding that vocational education should not only be competence-based education and the connotation of competence continuous develop. This understanding in the professional and curriculum reform can be embodied in the design of professional training programs to develop comprehensive vocational competence, solve the problem of professional work. The emergence of a comprehensive curriculum appears, like theory & practice integration curriculums, as the main curriculum objectives in learning, especially curriculum design and related environmental requirements of research and practice have become the main contents of vocational teaching reform since 2006.

With an open view and spirit of reform, China has learned the concept and the spirit of vocational education in the world. From 2008, we began to reflect on the teaching of Chinese vocational education reform, learning from international experience of advanced concepts in teaching reform, bring new curriculum type for Tertiary TVE, so that twenty years ago at higher vocational development initial period, from the pure theory for the study of the curriculum single target to the present three different types of curriculums complement each other, and then introduce new teaching methods in new curriculum development.

Throughout the development of vocational curriculum reform, combined with the case of this research, can be learned that Tertiary TVE in the subject curriculum reform has made great success, but also faces the challenge of three types of curriculum reform. The relative systematic theory knowledge curriculum reform actually has been carried on for many years and never gave up on Tertiary TVE teaching to offer the theoretical curriculum, but as there is difference between learning from international experience and understanding on its opinion, the current type of curriculum reform programs still have a lot, with large deviation to understanding, it's difficult to form a relative standard template In the actual teaching, we are still following the traditional teaching model, moderately compressed theoretical content of curriculums and teaching materials are still quite common; Basic technical skills training curriculums of practical reform can also be followed to twenty years ago to strengthen the practice of teaching the state curriculum reform, and now all Tertiary TVE colleges pay attention to training curriculum and practice base construction, but survey shows that enterprises believed the vocational school graduates had not grasped the basic technical skills and the analysis shows that such programs need deep reform, emphasis technical skills standards in the curriculum standard, and we should pay more attention to the technical skills training standards in order to improve the quality of curriculum and teaching materials; The theory & practice integration curriculums are the important curriculum form of international higher education and vocational education, it has played an important role to cultivate students. In recent years, China is learning from international advanced vocational education curriculum model, the curriculum format is based on the combination of China's national conditions and currently about 70% of such professional curriculums are set, but most still in the comprehensive training, integrated practice, internships initial stage, lack of theory & practice integration. There are not many good curriculum designs, some demonstration schools base on the working process study method, and they still need in-depth discussion on the remaining problems in the design method and logical process. In particular, the investigation suggests that such practice in teaching and learning results are unsatisfactory, school students, graduates, or the employing departments do not agree with the curriculum's actual work effect in these programs. For theory & practice integration curriculums, the contrast in theory and practice and different Chinese and foreign implementation effect, they are worth deeply review and summary.

As to the design of specialty curriculum system which organizing curriculums of different types as a curriculum system and further make a professional cultivation plan to realize the goal of specialty cultivation, the practice proves complete absorption of overseas experience cannot work out. The specialty curriculum system design is closely related to conditions of different countries, especially the phase, method, features and some other factors of development of economic society; the thought of specialty curriculum system design directly reflects the orientation of professional cultivation of the specialty, and not just the concrete form of the curriculum system; meanwhile the design of specialty curriculum system has influence on the design of the contents of the three types of the curriculums and causes the further reform of the curriculum contents. When we just introduced curriculums based on working process from Germany, we have deviated from specialty orientation and just chased after form of the curriculums. The research result shows, such influence still exists, though, it has decreased a lot. To sum up, our specialty and curriculum reform should not only keep the features of China and Tertiary TVE, but also make innovation according to conditions of China.

The professional cultivation plan is the centralized and comprehensive embodiment of curriculum reform state and the development trend and realistic state of the curriculum reforms foresaid are reflected on the professional cultivation plans. Therefore this research has made topic research and analysis on the professional cultivation plans.

2. Analysis on typical professional cultivation plans

The professional cultivation plan is the basic document of specialty teaching of a school, the curriculum standard at the level of the school and the criterion of the whole teaching activities. The multi-dimensional research and analysis on the status quo of the curriculum reform in Tertiary TVE professional cultivation will reflect the basic conditions of the reform in many ways. The analysis on professional cultivation plans based on the research and analysis foresaid will provide an overview and estimation on the curriculum reform of the Tertiary TVE schools for professional cultivation. During this research, the Project Group received 73 professional cultivation plans being used in schools for 9 specialties including computer network technology, software technology, application electronic knowledge, information safety technology, numerical control technology, motor test and repair technology, marketing and accounting computation among schools in different areas. The research scope covers 12 provinces and municipalities directly under the Central Government including Beijing, Tianjin, Chongqing, Zhejiang, Guangdong, Fujian, Anhui, Hubei, Liaoning, Gansu, Ningxia and Heilongjiang and stressed the proportions of the national demonstration schools, national core schools, provincial/municipal demonstration schools, non-demonstration schools and core schools among school samples in order to reflect the overall conditions more objectively. The professional cultivation plan is generally implemented within the school and unavailable to outside, so the Project Group had made great effort to obtain the 73 cultivation plans. In order to reduce deviation and consider the distribution and proportions of regions, schools and specialties, the Project Group selected 69 plans from the 73 plans obtained to make analysis and assessment, covering 9 specialties in 17 national demonstration schools, 20 national core schools, 4 provincial/municipal demonstration schools, and 28 non-demonstration core schools.

According to spirit of Document No. 16 issued by the Ministry of Education in 2006 and the course of Tertiary TVE development and curriculum reform, especially the features of curriculum & teaching reforms, the Project Group designed an analysis and assessment plan and classified professional cultivation plans into four classes, i.e., four specialty orientations or professional cultivation orientations. The details are as follows:

Class 1 is the competence based professional cultivation plan in combination of cultivations of basic skills and comprehensive competence. Such plan can satisfy the demand of new technology fields in Chinese developed areas and industries and occupations with wide promotion of modern production technologies and computer automation technology on Tertiary TVE professionals.

This class will be assessed in terms of four grades: A (Excellent), B (Good), C (General) and D (Bad):

A: satisfy following four conditions:

(1) Occupational analysis during professional curriculum system development has explained that the enterprises of the industry need professionals in combination of basic skills and comprehensive occupational competence;

(2)Professional cultivation plan covers three types of curriculums: knowledge-based curriculums taking grasping basic theoretic knowledge as major goal, the exercise-based curriculum taking grasping basic skills as major goal and comprehensive curriculums in combination of theory and practice taking grasping comprehensive occupational competence and learning operation;

(3) With clear logic structure, the specialty curriculum system conforms to rule of professional cultivation of higher occupational education;

(4) With specialty and curriculum design methods, ensure science and standardization of the specialty and curriculum designs.

B: Satisfy the first three in four conditions for grade A and the three type of curriculums should be designed well, especially the third type of curriculum.

C: Beside the first three conditions or grade A, the difference from grade B is appropriately loosened requirements on comprehensive curriculums in combination of theory and practice. For instance, some curriculums with unobvious integration of theory and practice like comprehensive practice, operation and comprehensive graduation practice may be deemed as quasi-comprehensive curriculums.

D: Have inadequacy for any of four conditions for grade A.

Class 2 is competence based professional cultivation plan more stressing basic skill cultivation or taking basic skill cultivation as main contents. This Class is more suitable for developing areas in China and the posts more stressing well application of basic skills.

Class 3 is the professional cultivation plan stressing on comprehensive competence cultivation or putting priority on comprehensive competence cultivation. Most of plans in this class have been introduced from the world, suitable for some developed countries. But not of all them are suitable for conditions of current China. China has directly introduced some plans during process of Tertiary TVE teaching reform and the goal of this research is to know about the real state of this class of professional cultivation plans.

Class 4 is the professional cultivation plan based on knowledge used in higher technological schools. This Class is the object of Tertiary TVE curriculum reform. Through reform of two decades, the specialties still using such plans are rare, but maybe existing. One of goals of this research is to know about the real conditions of application of this class in professional cultivation plans.

The corresponding standards for the Class 2, 3 and 4 have been given in terms of four grades - A (Excellent), B (Good), C (General) and D (Bad) - like Class 1.

According to the plans foresaid, we made a comprehensive review, classification and gradation for the items like cultivation goal, professional standard, curriculum system structure, nature and contents of curriculum, requirements on teaching method, requirements on assessment method, curriculum implementation schedule, embodiment of "cooperation between enterprise and school" and cultivation mode. The results are as follows:

Table 5-1 Results of assessment and statistics of cultivation plans

	A(Excellent)	B(Good)	C(General)	D(Bad)
Class 1	2	21	29	0
Class 2	0	1	4	0
Class 3	0	0	0	7
Class 4	0	1	2	2

1A=2 1 national demonstration school, 1 non- demonstration core school

1B=21 4 national demonstration schools, 9 national core schools, 1 provincial demonstration schools, 7 non- demonstration core schools

1C=29 8 national demonstration schools, 7 national core schools, 14 non- demonstration core schools

2B=1 1 non- demonstration core school

2C=4 1 national demonstration school, 3 non- demonstration core schools

3D=7 3 national demonstration schools, 4 national core schools

4B=1 1 provincial demonstration school

4C=2 2 non- demonstration core schools

4D=2 2 provincial demonstration schools

The results of the analysis and assessment reflect follow conditions:

(1) There are only 2 excellent (1 A) competence based professional cultivation plans in combination of basic skill and comprehensive occupational competence, 2% of the total sampled cultivation plans. This figure shows little specialties can really satisfy the demand of development of economic society and people, carry out combination of work and study and cooperation between school and enterprise and realize this goal of specialty orientation and professional cultivation. So far there is only 1 specialty reaching such level of reform in national demonstration schools and it is very difficult that such specialty appears in a non-demonstration core school.

Most of specialties are between 1B and 1C, 30.4% and 42% of the total plans respectively. The figures show, most of specialties had made effort to follow the spirit of Document No. 16 issued by the Ministry of Education in 2006, pursue for the professional cultivation mode of cooperation between school and enterprise & combination of work and study and adapt to demand of economic society development on competence of professionals cultivated by the Tertiary TVE schools, stressed on professional orientation and professional cultivation orientation in combination of basic skill and comprehensive occupational competence and these three types of curriculums, but they were a little weak in designing reasonable curriculum system structure and setting curriculums supporting realization of competence cultivation goal with scientific vocational analysis method and curriculum development method. Especially 42% of specialties have set some quasi-comprehensive curriculums like comprehensive practice, operation and comprehensive graduation practice. So there was a gap for them to meet the requirements on curriculums in combination of theory and practice to realize comprehensive competence cultivation.

There are 52 specialties (sum of quantities of 1A, 1B and 1C) belonging to Class 1, 75.4% of total sampled cultivation plans, reflecting that the development of economic society and people in many areas had brought out demand on professionals in combination basic skills and comprehensive occupational competence cultivated by Tertiary TVE in some way.

(2) There are less specialty cultivation plans in Class 2. There is one plan of 2B, 1.4% of total and 4 plans of 2C, 5.8% of total. These reflect competence based specialty orientation and professional cultivation orientation taking basic skill cultivation as main task. Such specialties are less, but they reflect the existence of fields with such demand on professionals. However, most (2C) of such specialties are not only rough in curriculum system design and curriculum development, especially in design of exercise curriculums cultivating basic skills, but also unclear inaccurate in competence target and exercise standard.

(3) There are only 7 specialty cultivation plans of 3D in Class 3, 10% of total. All these specialties are introduced curriculum mode based on working process from Germany, totally using the form in Germany in order to and forming curriculum system with learning-based curriculum design for cultivating comprehensive vocational competence. But these plans use some confusing basic conceptions, and give names of learning-based curriculums to the curriculums focusing on basic theoretic knowledge and basic skills without the clear logistic relationship between typical task analysis and conversion of learning-based curriculums. We should selectively learn experience from other countries according to conditions in China and should not use it without selection; meanwhile we cannot use the form and ignore the nature. So the 7 specialty cultivation plans of 3D reflect there is still a deviation existing just like that when China has introduced curriculum mode from Germany since 2006.

(4) Class 4 is knowledge oriented professional cultivation plans. There are 5 specialty

cultivation plans in this Class. Among them there is a plan of 4B, 1.4% of total. 4B means that this cultivation plan is curriculum system formed mainly by systemized subject knowledge, but it has increased practice link in curriculums and the hours of the practice teaching in order to satisfy demand of economic society on professionals, improved the systemized subject curriculums and not been out of knowledge oriented framework. There are 2 plans of 4C and 2 plans of 4D, 2.9% of total respectively. These plans are basically compact undergraduate cultivation plans with systemized subjects the main goal of Tertiary TVE curriculum reform. The plans of C4 account for 7.2% of total, showing there are still a small part of specialties in primary state of curriculum reform even in this phase of Tertiary TVE.

Chapter 6 Conclusions and Perspective

1. The outcomes and effects seen in curriculum & teaching reforms of Tertiary TVE

(1) Commonly enhanced realization on Tertiary TVE and made clear the direction of curriculum & teaching reforms

We have made clear that Tertiary TVE was the vocational education in higher education field; professional cultivation should be oriented by competence and employment; realized the competence connotation in "competence based" would be changed with technology advancement and economic development, realized states and features of development of economic society in current China and confirmed that competence connotation was the base and premise of curriculum & teaching reforms of Tertiary TVE and cooperation between enterprise and school should be the fundamental approach to development of curriculum & teaching reforms of Tertiary TVE.

In specialty construction and teaching reform, we have made clear the professional cultivation goal of Tertiary TVE was quality skill-type professionals, enhancement of professional cultivation quality was the core task of Tertiary TVE and "strengthen basic teaching construction" and "deepen teaching reform" are two keys to enhance professional cultivation quality and should be considered as a whole and boosted simultaneously.

(2) Made exploration and innovation of the professional cultivation mode of Tertiary TVE with Chinese characteristics

The learning about vocational education from developed countries for over 10 years and selective use of advanced vocational education experience brought new thoughts, modes and methods of education of Chinese Tertiary TVE, further broke the restriction on the thought, greatly boosted development of Tertiary TVE and also laid foundation for coming developments both in theory and practice. Now Chinese Tertiary TVE has marched into a new approach and begun to probe into and make innovation of professional cultivation mode of Tertiary TVE with Chinese characteristics.

(3) Deepened curriculum & teaching reform and enhanced teaching quality

During probing into and making innovation of professional cultivation mode of Tertiary TVE with Chinese characteristics, through practices of curriculum & teaching reform, we have formed many distinctive professional cultivation plans; explored the occupational analysis method and curriculum development method which meets sustainable development of quality skill-type professionals and connects occupational standards and specialty curriculums; made innovation of curriculum types of Tertiary TVE; developed new curriculums and researched the reform of teaching method and examination method. Led by state-level demonstration Tertiary TVE schools and core schools and the Teaching Instruction Committee of Tertiary TVE of Higher Schools, from plan design to pilot project practice, the Ministry of Education, these curriculum & teaching reforms are carried out all over the country step by step.

Some quality engineering projects like national demonstration school engineering construction project, national key projects, excellent teaching team and famous teachers in Tertiary TVE field starting from 2006 have seen outcomes and completed a group of state-level core curriculums and teaching materials; the outcomes obtained by the construction of faculty and practice base have provided effective guarantee for curriculum & teaching reforms of Tertiary TVE; the construction of teaching resource database of Tertiary TVE starting these years is another project supporting curriculum & teaching reforms of Tertiary TVE with important meanings for enhancing teaching quality.

(4) Spared no effort to boost cooperation between enterprise and school

In the past years, the Tertiary TVE schools have carried out various practices of cooperation between enterprise and school in combination with curriculum & teaching reforms of Tertiary TVE, obtained valuable experience and whereby begun to explore into mechanism of cooperation between enterprise and school in depth.

2. Questions existing in current curriculum & teaching reforms of Tertiary TVE

1) Curriculum and teaching reform faces three aspects of the problem

(1) It' s urgent to construct China's vocational qualification framework system.

As basis of making a professional cultivation plan of Tertiary TVE, the relationship between competence connotation of professional cultivation of Tertiary TVE and demand on professionals determined by development of economic society in current China needs to be analyzed in depth. The certain occupation is related to development state of economic society after formed and requires relatively stable competence, which determines the basic competence connotation of professional cultivation of Tertiary TVE schools. The conversion of requirements of occupational competence to competence connotation of professional cultivation needs relatively standardized guiding requirements from the state; however, due to the existence of regional features and unbalance state of economic development in current China, the competence factors of professional cultivation which are required by the same occupation in different areas and different industries and the relationship among all these factors may bring different requirements, therefore we should determine the competence connotation of professional cultivation in combination with status quo and features of local or industrial economic development. It still cannot fully ascertain the relationship between occupations and professions in absence of accurate grasp on professional positioning of competence and China's current economic relations. Essentially, this is an issue of establishment of vocational qualifications framework system, the current Specialty Catalog of Tertiary TVE can not solve this problem, so education and labor departments must work together to develop national vocational qualifications framework system, understand China' s current Tertiary TVE training capcompetences connotation and lay the foundation to deepen the reform of curriculum and teaching.

(2) Have not formed mainstream mode of curriculum and teaching of Tertiary TVE with Chinese characteristics

"Cooperation between enterprise and school" & "combination of work and study" has become a main professional cultivation mode of Tertiary TVE in current China. The cooperation between enterprise and school & combination of work and study reflect the common rule of vocational education, so the vocational education in all countries in the world depends on cooperation between enterprise and school & combination of work and study.

That means, the cooperation between enterprise and school & combination of work and study themselves cannot reflect features of vocational education in all countries, or features of the Tertiary TVE in vocational education in terms of its "level". Therefore in some sense, cooperation between enterprise and school & combination of work and study is not only a professional cultivation mode of vocational education with common meanings, but also a guiding thought and realizing approach of vocational education. Many features of vocational education in different countries are reflected through curriculum and teaching mode based on cooperation between enterprise and school & combination of work and study. While the professional cultivation plan which can directly guide vocational education curriculum & teaching reforms generally involves curriculum and teaching mode. For instance, some systems like CBE, MES and dual system are curriculum and teaching modes featuring cooperation between enterprise and school & combination of work and study. Besides some other modes like the mode based on national training package and adopted by TAFE school in Australia which we are learning recently, Germany's learning field curriculum mode which is recognized the most advanced mode in the world also belong to curriculum and teaching modes of cooperation between enterprise and school & combination of work and study. These modes reflect common rule of vocational education but with different features. During curriculum & teaching reforms of Tertiary TVE, Chinese government has made great efforts to boost professional cultivation mode featuring "cooperation between enterprise and school" & "combination of work and study" which shows natural features of Tertiary TVE and points out macro direction of teaching reform. But this mode cannot directly guide curriculum & teaching reforms such as making of professional cultivation plans, design of curriculum design and teaching practices, or give prominence to Chinese characteristics of Tertiary TVE. Currently many professional cultivation plans of Tertiary TVE with clear features have been brought out and some excellent of them can reflect Chinese characteristics of Tertiary TVE or level features of Tertiary TVE in different profiles However none of them can grasp the common features of Tertiary TVE comprehensively or construct Tertiary TVE's curriculum and teaching mode at the level of combination of theory and practice; some scholars and experts in research institutes also brought some Tertiary TVE's curriculum and teaching modes with theoretic basis and practical value, but these modes are still limited to pilot applications in some specialty fields or certain regions and have not formed main modes of curriculum and teaching of Tertiary TVE with Chinese characteristics.

(3) The outcomes of curriculums and teaching reforms of Tertiary TVE have not been carried out and promoted comprehensively

On one hand, the survey result shows, generally the education authorities and officials of the schools tend to be optimistic in estimation of outcomes of curriculum & teaching reforms, the common teachers believe the good reform effect requires more works and deeper feeling about the reform among students, while the industry and enterprises have not comprehensively confirmed the effect of the reforms so far. On another hand, the research result shows, the network information playing a role of delivering information of schools shows the most optimistic attitude towards the conditions of the reforms, while the professional cultivation plans and curriculum outlines just used within the schools reflect many problems and the direction communications with teachers disclose more obstacles to basic curriculum & teaching reforms. For instance, how to integrate overseas experiences in Chinese conditions, how to effective combine practice and theory, how to comprehensively carry out cooperation between enterprise and school & combination of work and study and how to effectively inspire initiative of students of Chinese Tertiary TVE schools in learning, and so on.

This shows that the Tertiary TVE curriculum & teaching reform starts gradually from point to area, and many results still remain in the small-scale pilot level, and even the pilot program design level, concept and mode have formalized, superficial, conceptualized tendency, in absence of deep connotation interpretation and implementation of maneuvercompetence, still need the gradual implementation from design to implementation and from the pilot to promotion. On the other hand, it also shows that foreign advanced experience has to carry out combining our National Conditions, reflect Chinese characteristics with a lot of work so as to fully show the quality of Tertiary TVE and training improved.

2) Break through the bottlenecks in promoting the implementation of curriculum & teaching reform

(1)System and mechanism of cooperation between enterprise and school are to be improved

We have obtained fully realization and wide consensus on the important role of cooperation between enterprise and school in Tertiary TVE. By years of the practices and explorations, we have accumulated considerable experience in establishing system and mechanism of cooperation between enterprise and school. More importantly we have carried out main works, obtained good effects and effectively supported curriculum & teaching reforms. However, generally speaking, most of cases of cooperation between enterprise and school are untypical in absence of steady sustainable effective guarantee. How to establish a steady reliable system and mechanism of cooperation between enterprise and school under China' s socialist market economy system is still a significant subject to be studied and solved in current development of Tertiary TVE and also a basic assurance for curriculum & teaching reform.

(2) The urgent need to develop mechanisms for teacher team construction

Research result shows that: with the deepening of the reform of curriculum and teaching, the bottleneck problem of teachers' team construction gradually emerge. Tertiary TVE requirements for teachers mainly shows in the following aspects: First, education degree levels, graduate education teachers are gradually as the main body; secondly, continue to learn, it mainly requires teachers to keep up with the trend of the development of specialty field; thirdly, working experience level, it primarily requires teachers themselves have professional work experience. With the popularization of higher education, the education level of teachers has been enhanced obviously, especially the proportion of high-degree of young teachers have been greatly improved, teachers education background problem has been eased; If the second aspect involves new technology problems can be solved by short-term training, the third aspect may become the most difficult bottleneck to solve. But as the saying goes: only have unawareness problems, any problems can be solved. So as long as pay high attention to the teachers' professional experience accumulation problem, take effective favorable measures to establish vocational education teacher standard and the training mechanism, especially professional work experience accumulation mechanism, it can be used in a shorter time construction with a Tertiary TVE teaching requirements of teachers.

(3) The student' s enthusiasm on learning should be enhanced urgently

From the research report we can see, in general, the students' enthusiasm on enrolling in the Tertiary TVE schools and study in the Tertiary TVE should be enhanced. We can come to the conclusion that two factors are influencing the learning enthusiasm for students: Firstly, it is from the outside, like the influence from Chinese traditional culture, it decides the value orientation of people; Secondly, it is from the inside, because usually in China, the students who are not doing well in Secondary Education will choose to be enrolled in Tertiary TVE schools, however, they are not well prepared for the study in Tertiary TVE, so their enthusiasm and motivation is inadequate. For this, we must implement the reform on the textbook, how to increase the students' enthusiasm on learning now becomes a very urgent question.

3. Suggestions and perspective on curriculum & teaching reforms of Tertiary TVE

(1) Construct theory system of professional cultivation of Tertiary TVE

On the basis of the theoretical system in professional education, combined with China's Tertiary TVE curriculum & teaching reform, build the theoretical system of Tertiary TVE training, give interpretation of the basic problem of Tertiary TVE. Solve the current Tertiary TVE practice problems, seek the answer from theory altitude, it will have the important meaning for leading the curriculum & teaching reform.

If we want to construct a theory system of professional cultivation of Tertiary TVE, we should break the traditional mode of researching on education theory only in education field, at the height of guaranteeing and boosting development of economic society and accelerating cultivation and sustainable development of professionals, according to new requirements of economic development on employment and new requirements of social development on sustainable professional development, make educational rule meeting development of economic society, keep making innovation of theory system of professional cultivation of Tertiary TVE and lead curriculum & teaching reforms.

(2) Make innovation of curriculum and teaching mode of Tertiary TVE with Chinese characteristics

The urgent problem and direction of the reform of curriculum and teaching in Tertiary TVE in current China are to further abstract and sublime, and make innovation of curriculum and teaching mode of Tertiary TVE which is suitable for conditions of current China with Chinese characteristics theoretically practically under the guiding thought and mode "combination of work and study" ,in professional cultivation of Tertiary TVE brought, on the basis of different professional cultivation plans formed and teaching practices and experience of curriculum teaching of Tertiary TVE with Chinese characteristics. The construction of curriculum and teaching mode with Chinese characteristics will immediately solve out many concrete theoretic and practical problems in curriculum & teaching reforms of Tertiary TVE, so the author think we should spare no effort to find the solutions.

(3) Try to solve the bottleneck problems of Tertiary TVE and teaching reform

The action of taking Tertiary TVE curriculum & teaching reform bottlenecks as a focal point to promote the implementation of the outcomes of reform depends on enhancing vocational education basic teaching competence and improve every basic safeguards condition's construction. The priority should be the construction of the teacher teams adaptable to the demand of curriculum & teaching reforms of Tertiary TVE. Aiming at actual conditions of the curriculums and teaching reform and current teacher team of Tertiary TVE in China, suggest we solve out the problems starting from the construction strategy of teacher team, an key indirection; the early works have laid a firm foundation for the cooperation between enterprise and school, it' s better to put the construction of the system and mechanism of cooperation between enterprise and school on the table, and the former should be solved out at the level of the state and the latter should be formed by both parties of the cooperation between enterprise and school through study in exploration. Besides, the construction of some factors like teaching resources, practice environments inside and outside the schools, assessment plan and mechanism are important outcomes of curriculum & teaching reforms driven and implemented by basic teaching construction.The question of how to motivate the students' learning enthusiasm is of having its Chinese character, also the research work on the reform theory and practice on professional course is inadequate. We suggest to setup a special task, further investigate the in-depth reasons, based on the real situation of Chinese TertiaryTVE students，we need provide a tangible solution and action plan, initiating the pilot practice.

(4) Enhance international influence of Chinese Tertiary TVE

The international influence of Tertiary TVE with Chinese characteristics will be enhanced greatly by constructing professional cultivation of Tertiary TVE, making innovation of professional cultivation mode, curriculum mode and teaching mode of Tertiary TVE with Chinese characteristics, deepening reform of curriculums and teaching and comprehensively carrying out outcomes of curriculum & teaching reforms. Through broad international communication and cooperation and learning from each other, Chinese Tertiary TVE will make its contributions to development of vocational education in the world and show the perspective of curriculum & teaching reforms of Tertiary TVE in China.

Part Two

Research Sub-report on Tertiary Technical and Vocational Education Curriculum Reform in China

Chapter 7 Specialty Category Research Data-based Statistical Analysis

Abstract

Specialty Category Research Data-based Statistical Analysis Based on is one of the sub-reports of Research on Tertiary TVE Curriculum Reform in China. With "Overview on Specialties of Tertiary TVE in Common Higher Schools in China in 2005", "Overview on Specialties of Tertiary TVE in Common Higher Schools in China in 2007" and "Overview on Specialties out of Catalogue of Specialties of Tertiary TVE in Common Higher Schools in China" (2005-2008) as the specialty data resources and from the perspective of management of specialty setting of Tertiary TVE in common higher schools, the report conducts research and analysis on impacts of "Guiding Catalogue of Specialties of High Vocational and Technological Education in Common Higher Schools" (Trial) and "Measures on Management of Specialty Setting of Tertiary TVE in Common Higher Schools (Trial)" promulgated in 2004 on reform of higher occupation education curriculum. The analysis report includes four aspects: research and analysis program; discussion on evolution of management of specialty setting of Tertiary TVE in China; professional directory based on survey data analysis and conclusion of the study; analysis based on specialty category research data and research conclusions.

Chapter 8 Online Research Data-based Statistical Analysis

Abstract

Online Research Data-based Statistical Analysis is one of the sub-reports of Research on Tertiary TVE Curriculum Reform in China. Report obtains information on reform curriculum of various majors of Chinese Tertiary TVE institutions via internet to draw the research conclusions after statistical analysis. Information obtained includes specialty setting, talents training targets, talents training mode and scheme, courses types and contents, teaching reform, practical teaching conditions, university-enterprise cooperation and other aspects. Upon specification and classification in accordance with requirements, the sampling data will be incorporated into evaluation database to be evaluated according to the internet survey data evaluation criteria. According to the evaluation results, the report analyzes status of curriculum reform of Chinese Tertiary TVE from aspects of positioning of talent training objectives, training schemes, curriculum reform, teaching process and teaching conditions security and so on, so as to offer internet-based research analysis on status of curriculum reform of Chinese Tertiary TVE. Report consists of four parts, including research program design, online data collection, statistics and analysis of collected data and conclusion of the study.

Chapter 9 Statistical Analysis Based on Questionnaires on Teachers and School Management Faculties

Abstract

Statistical Analysis Based on Questionnaires on Teachers and School Management Faculties is one of the sub-reports of Research on Tertiary TVE Curriculum Reform in China. By conducting questionnaires on teachers and management faculties from more than 60 Tertiary TVE colleges and institutions, the report draws study conclusions based on data statistics and comprehensive analysis. The research involves 17 provinces and municipalities, including teachers and school management personnel from national demonstrative Tertiary TVE colleges and universities, provincial demonstrative Tertiary TVE colleges and institutions, national backbone Tertiary TVE colleges and institutions and some of the non-normal backbone colleges and universities. The total of 248 questionnaires was recovered. Focusing on seven aspects of "personnel training goals, concept and specifications", "talent training model and program", "curriculum design", "public curriculum reform", " teaching reform" and "university-enterprise cooperation", the research is conducted on status of curriculum reform of Tertiary TVE in China, offering research analysis based on questionnaires on teachers for the research on status of curriculum reform of Chinese Tertiary TVE. The report consists of three aspects of “purpose, meaning and plans of the study”, “statistical data analysis", and "conclusion".

Chapter 10 Statistical Analysis Based on Questionnaires on Enrolled Students of Tertiary TVE

Abstract

Statistical Analysis Based on Questionnaires on Enrolled Students of Tertiary TVE is one of the sub-reports of Research on Tertiary TVE Curriculum Reform in China. The report draws conclusions on the basis of data statistics and comprehensive analysis on questionnaires on enrolled students from nearly 20 Tertiary TVE institutions. The respondent students are from national demonstrative Tertiary TVE colleges and universities, provincial demonstrative Tertiary TVE colleges and institutions, national backbone Tertiary TVE colleges and institutions and some of the non-normal backbone colleges and universities of 16 provinces and municipalities, covering specialties of computers, electronics, machinery manufacturing and management. The total of 1569 questionnaires was recovered. Report analyzes status of curriculum reform of Chinese Tertiary TVE from three aspects of "most interested three classes", "teaching methods and evaluation means", and "awareness of post ability, occupation attitudes and quality after graduation", offering research analysis based on questionnaires on enrolled students for the research on status of curriculum reform of Chinese Tertiary TVE. The report is comprised of three aspects of "purpose, meaning and plans of the study", "statistical data analysis", and "conclusion".

Chapter 11 Statistical Analysis Based on Questionnaires on Tertiary TVE Graduates

Abstract

Statistical Analysis Based on Questionnaires on Tertiary TVE Graduates is one of the sub-reports of Research on Tertiary TVE Curriculum Reform in China. The report aims to understand real situation of curriculum courses and reform of Tertiary TVE institutions from the perspective of Tertiary TVE graduates. The report conducts data statistical analysis from questionnaires on Tertiary TVE graduates from the aspects of "their most interested courses during enrollment", "the most useful courses they have learned during the enrollment", and "the ability and occupational attitudes and quality the work post needs the most". The conclusion shows that the courses Tertiary TVE graduates most interested in are: basic technical skills training course ranking the first, specialty theory courses ranking the second, followed by courses integrating theory and practices. The courses Tertiary TVE graduates considered most useful include: professional theoretical knowledge course ranking the first, basic technical skills training course ranking the second, followed by courses integrating theory and practice. The ability graduates considered that the work post needs include: social ability ranking the first, followed by comprehensive ability of the professional ability and special skills of the professional ability.

Chapter 12 Statistical Analysis Based on Questionnaires on Industry and Enterprises

Abstract

Statistical Analysis Based on Questionnaires on Industry and Enterprises is one of the sub-reports of Research on Tertiary TVE Curriculum Reform in China. The Tertiary TVE curriculum and teaching reform involves not only internal factors of Tertiary TVE institutions, but also external factors, especially impacts of industry and enterprises on Tertiary TVE curriculum and teaching reform. With questionnaires on industrial enterprises, the report conducts statistical analysis on aspects of the knowledge, ability, occupational attitudes and quality that Tertiary TVE graduates need the most and the ability they lack the most from the perspective of employers, so as to further analyze the needs of curriculum reform of Tertiary TVE, offering research analysis based on questionnaires on industrial enterprises for the research on status of curriculum reform of Chinese Tertiary TVE.

Chapter 13 Statistical Analysis Based on Questionnaires on Different Groups

Abstract

This report focuses on four different groups including teachers and management faculties from Tertiary TVE institutions, enrolled students, graduates and experts from industry enterprises and is based on analysis of questionnaires on specialty courses and teaching reform status of Tertiary TVE in China, aiming to conduct difference analysis and further analyze and recognize current situation of specialty courses and teaching reform of Tertiary TVE by comparing their views on Tertiary TVE courses, teaching methods and ability training from different perspectives.

Part Three

Research Report on Cooperation between Industries and Colleges Mode in Tertiary TVE in China

Chapter 14 Research Summary

1. Background

After completing the investigation task and forming the research report, "Chinese Tertiary TVE Curriculum Reform Investigation", all members of Project Group believe China' s Tertiary TVE curriculum and teaching reform has made a remarkable progress, but it also faces huge challenges in the angle of view of all-around sustainable development. There are main bottlenccks restricting further Tertiary TVE teaching reform: faculty and students and cooperation between industries and colleges. The enterprise-school cooperation is an important basis and approach for Tertiary TVE teaching reform and implementation, advocated and boosted by the state all along, but the system and mechanism of such cooperation as one of bottlenecks foresaid and its implementation mode have not been figured out yet. The establishment of the system is an issue at the level of government and the setting of mechanism is a research object at the level of market. The economic development and enterprise growth in China enable the exploration and establishment of sustainable cooperation between industries and colleges modes and mechanisms. Therefore based on outcomes of " Chinese Tertiary TVE Curriculum Reform Investigation", this project keeps conducting research on the forms and process of cooperation between industries and colleges in Tertiary TVE teaching reform because it is extremely necessary and urgent to find out typical modes and make research on sustainable cooperation between industries and colleges mechanisms. So the project group is insisting on the research on cooperation between industries and colleges mode in China' s Tertiary TVE teaching reform and fortunately getting support of China UNESCO National Committee and funds from UN China Office.

2. Purpose and objective

Through investigation in existing cooperation between industries and colleges cases, the dig out and explore the typical cooperation between industries and colleges modes, research sustainable cooperation between industries and colleges mechanisms, form an research report and bring out suggestions on extensive deep cooperation between industries and colleges in Tertiary TVE teaching reform.

3. Plan design

This research project is on the basis of following thoughts and realization on cooperation between industries and colleges in Tertiary TVE: Tertiary TVE is the product of industrialization and modernization, naturally connected with the development of economic society and industries and cooperation between industry and colleges is the only way to development of Tertiary TVE. The professionals cultivated can satisfy the industries and employers better and provide industrial development with effective HR support only if the basic issues in Tertiary TVE development such as professional cultivation mode, curriculums and teaching, training conditions and employment are solved out by cooperation in professional cultivation and running school. The cooperation between industries and colleges in teaching reform and implementation in Tertiary TVE are the basis and the research and exploration for sustainable mechanisms are the solution to "work-study combination" development in Tertiary TVE. Therefore this project has three research objectives:

(1) Main cooperation between industries and colleges modes in Tertiary TVE teaching reform

(2) Analysis on different typical cooperation between industries and colleges modes;

(3) The sustainable cooperation between industries and colleges mechanism in Tertiary TVE teaching reform.

Research approach: survey on the latest successful cases of cooperation between industries and colleges(mainly the cooperation between industries and colleges cases in the Ministry of Education Outcome Exhibition for Fourth Anniversary of Demonstration Tertiary TVE Schools Construction), make conclusion and analysis on the mode types based on above work, and then research the supporting mechanism for success and sustainable development of typical cooperation between industries and colleges mode, or balance point of interests of both parties, make classification and research on the mechanism to obtain data of status quo and form research conclusions, and bring out suggestions on development of cooperation between industries and colleges in the end.

4. Research data

The research data referred in this report came form following sources: over 300 latest successful cases about cooperation between industries and colleges in Tertiary TVE collected from the Ministry of Education Outcome Exhibition for Fourth Anniversary of Demonstration Tertiary TVE Schools Construction in June, 2011, and the contents in the outcome network, literature materials, site investigations and other approaches; 49valid returned questionnaires of surveys in 44 Tertiary TVE schools in 17 Provinces, Municipalities directly under Central Government and Autonomous Regions such as Jiangsu, Zhejiang, Guangdong, Tibet, Chongqing and Beijing; visits to 6 Tertiary TVE schools and 5 enterprises.

5. Method and process

The project group employed some methods such as internet information research, literature research, site investigation and seminar, survey, case analysis and conclusion and analysis during this research.

Taking the research on the latest successful cooperation between industries and colleges cases on the Outcome Exhibition for Fourth Anniversary of Demonstration Tertiary TVE School Construction, in combination with other methods such as network information research, literature research and site investigation and seminar, the project group has seen and analyzed the forms and processes of cooperation between industries and colleges in Tertiary TVE teaching reform in different regions. Based on the knowledge about the status quo, the project group has concluded over ten common cooperation between industries and colleges modes and made analysis on the typical successful cases. Based on above works, through research on the existing supporting mechanism of cooperation between industries and colleges mode, the project group has concluded five possible mutual-benefit cooperation between industries and colleges forms and then conducted a survey on the use of the five mutual-benefit cooperation between industries and colleges in cooperation between industries and colleges so as to get the basic status of existing cooperation between industries and colleges mechanism construction in Tertiary TVE and the faults. As a result, the paper brings out five suggestions on how to deepen cooperation between industries and colleges and construct sustainable cooperation between industries and colleges modes in China' s Tertiary TVE teaching.

During the research, the project groups made site investigation in the conditions of cooperation between industries and colleges in some colleges like Xinjiang Vocational Technical College, Xinjiang Light Industry Vocational Technical College, Wuxi Vocational Technical College, Shenzhen Information Vocational Technical College, Zhejiang Mechanical & Electrical Vocational Technical College and Fujian Information Vocational Technical College, researched government-enterprise-school-institute cooperation modes adopted by Jiangsu Vocational Education Group and Fujian Internet of Things, and visited some state-owned and private enterprises such as Fujian Newland Computer Co., Ltd. (Fujian), Digital China Networks Co., Ltd. (Beijing) and ZTE (Shenzhen).

Chapter 15 Teaching Reform and Cooperation between industries and colleges Construction in Tertiary TVE

1. Deepening the reform of Tertiary TVE

Tertiary TVE in China insists on approaching local industries, corporate with industries and enterprises proactively, endeavor to serve the economic social development and train thousands of high-quality skilled professionals. During the period of "the 11th Five-Year Plan", Tertiary TVE had actively explored in the innovating the systematic mechanism of running a school, reforming the professionals training model, enhancing the social service ability and establishing high-quality educational resources; the outcomes of constructing large number of schools and majors are remarkable. Along with the issuing and execution of the "Outlines of National Medium and Long-term educational reform and developing plans (2010-2020)", Tertiary TVE entered a new developing phase. "Certain opinions on promoting Tertiary TVE reform innovation leading scientific development of vocational education by Education Bureau" (Educational Staff for Adults 2011 No. 12) points out: "Our country has been in the critical period of moving forward from a big economical country to a strong economical country and from a big human resource country to a strong human resource country. Tertiary TVE must exactly seize the position and developing direction, be willing to take the current responsibility of serving the transformation of economy developing model and modern industrial systematic construction, take initiation to meet the requirement of the regional economic social development, train sufficient and structure-reasonable high skilled professional professionals"; "Insist on taking service as the goal and employment as the direction, follow the running policy of combining industry, college and research developing way, take improving quality as the core and enhancing the special feature as the key point; take corporation running school, corporation education, corporation employment and corporation development as the principle, innovate systematic mechanism and deepen the educational reform"; "In accordance with the professional requirement for regional industry development, ensure the professional training goals, deepen the combination of industry and school, corporation of school and enterprise and reform training model of the intern replacement. To work out together with the industry (Enterprise) to draw the plan for training professional professionals, achieve the joint of professional curriculum and occupational standards; bring in new technology, new techniques for the enterprise; school and enterprise corporate and develop the professional curriculum and educational resources" ··· The macro, medium and micro requirements in the file have been instructing the Tertiary TVE schools to enhance the professional construction, deepen the educational reform and develop towards improving the overall professionals training quality and school-running standards. Meanwhile it indicates the Tertiary TVE starts to entering "the Deep Zone" and needs to solve the issue which impacts the development.

2. The Significance and Effect of Cooperation between industries and colleges

"Cooperation between industries and colleges" mentioned in this paper is actually "Cooperation between industries and colleges education"; this noun has been translated from the internationally used derivative word "Cooperative Education", direct meaning "corporation education", which is the internationally identified education model for training students by the corporation of the schools and the employers. This concept was brought into China to combine education, research and production; Cooperation between industries and colleges education was changed to "Cooperation between industries and colleges and research education". The representation for defining the Cooperation between industries and colleges education is different, while the core ideology is the same. The description by the World Corporation Education Committee is that "corporation education integrates the study in the class and the study during working, students put the theoretical knowledge into actual practice, and then bring the challenge and experience met during the work back to school to promote the teaching and study." Cooperation between industries and colleges education is with richer intrinsic values and individual features compared with others; after being brought into China since 1980s, continuously developing to be the significant way and method of professionals training of higher education is the inevitable way for the development of Tertiary TVE in China. Cooperation between industries and colleges of Tertiary TVE will be a education model that integrates the students' in-class study with the actual working experience that is with goal, plan and instruction, take education promoting the social economy development as the goal; the corporation of industry department and educational department in fields of professional training, researching and production plays an important role for corporation education, corporation school-running and corporation employment.

3. Cooperation between industries and colleges construction

Presently, during the primary phase of deepening the educational reform of Tertiary TVE, the way Cooperation between industries and colleges plays a basic role could not meet the requirement of the individual successful case of the Cooperation between industries and colleges between the tertiary TVE tertiary TVE schools; education and industry, schools and enterprises, professional constitution and job role, curriculum materials and occupational standards, teaching and production process have not achieved the deep integration and have not got used to the new requirement of developing modern industrial system and service transformation upgrade during the practice. In order to improve the quality and level of the professionals training, Cooperation between industries and colleges is the key factor that determines the Tertiary TVEal quality; Cooperation between industries and colleges construction needs to be strongly enhanced to level up the Cooperation between industries and colleges and move forward to a deep and sustainable Cooperation between industries and colleges phase, which includes Cooperation between industries and colleges system construction, model construction and mechanism construction.

Chapter 16 Research and Analysis on Mode of Cooperation between industries and colleges in Tertiary TVE

1. Research and study on mode of cooperation between industries and colleges

Mainly based on the survey on recent successful cases of Cooperation between industries and colleges displayed in the Tertiary TVE model school construction 4th anniversary achievements exhibition in June, 2011, the project group understood and analyzed the forms and processes of Cooperation between industries and colleges during the educational and teaching reforms of Tertiary TVE schools in different regions. On the above basis of the understanding of current situation, we analyzed and summarized 14 types of the modes of Cooperation between industries and colleges with the statistics of school distribution under each type detailed in Table 16-1.

Table 16-1 Classified Statistics on Modes of Cases of Cooperation between industries and colleges

Number	Mode	Designation of Mode	Number of Colleges
1	Mode 1	Order Training	24
2	Mode 2	Building Practice Teaching Base by both Colleges and Enterprise (training base, training center, college factory)	31
3	Mode 3	Government-Led Building of Collaboration Platform by both College and Enterprise (industrial park)	5
4	Mode 4	Building Secondary College by both School and Enterprise	18
5	Mode 5	Teaching Reform Projects Held by both College and Enterprise (Participating Personnel Training Mode Reform. Development of Majors and Curricula)	50

Refer to Table 16-1 (continued)

Number	Mode	Designation of Mode	Number of Colleges
6	Mode 6	Vocational Skill Competition Organized by College and Enterprise Together (Organize Competitions and Related Activities)	13
7	Mode 7	Setting Up Educational Fund	1
8	Mode 8	Vocational Education Group	7
9	Mode 9	Running School by Industrial Enterprise	3
10	Mode 10	Cooperation between industries and colleges in Daily Teaching (Part-time Teachers from Enterprises, Students' Post Practice)	37
11	Mode 11	Develop Occupational Standards & Professional Qualification Certificate through Enterprise and colleges Cooperation	17
12	Mode 12	Technology R&D Service	30
13	Mode 13	Board of Directors(Shareholding System)	4
14	Mode 14	Teaching Guiding Committee Sets up the Platform of Cooperation between industries and colleges	1
Total	14		241

Briefing of the mode of Cooperation between industries and colleges is as follows:

Mode 1 Order Training:

Order-type training means enterprises can sign contract (or agreement) with schools and schools can develop professional training program together with enterprises based on enterprises' demand on professionals according to enterprises' requirements specifications on talents & skill requirements on posts, organize teaching & training, conduct personnel training under the way of "order" to make teaching & production synchronous and internship & job integrated. Order-type training can be subdivided into various types and targeted-area student is one type of order-type training.

Mode 2 Building Practice Teaching Base by both College and Enterprise (Training Base, Training Center & Factory in School):

Enterprises and colleges can jointly establish practice teaching base (training base, training center & factory in college). Schools or enterprises can provide resources such as space, equipments & teachers, both parties can invest (the investment types can be various) and jointly design practice teaching environment, develop practice teaching resources & organize practice teaching according to needs of p professional training targets and requirements of actual work.

Mode 3 Government-Led Building of Collaboration Platform by both College and Enterprise (Industrial Park):

Colleges and enterprises can jointly establish industrial park led by governments, carry on various activities including productive training of professional training, enterprise products development, teachers' exercise in enterprises, R&D by teachers and entrepreneurial activity. Governments investing and leading to build open management platform is the important basis.

Mode 4 Building Secondary College by both School and Enterprise:

Schools can cooperate with enterprises to jointly establish secondary colleges, combine the school-running advantages of schools and professionals, technology, equipment & industry resource advantages of enterprises, jointly set up administrative organization to provide organizational safeguard and establish management system, normalize the cooperative operation; set up related majors, conduct curriculum reform, improve training system, build double qualified teacher team and carry on order training & employee training according to enterprises' requirements

Mode 5 Teaching Reform Projects Held by both College and Enterprise (Participate in Professional Training Mode Reform And Development on Majors & Curriculum):

Colleges can invite staff of enterprises or enterprises to build alliance (Teaching Guiding Committee) to jointly carry on major establishment, curriculum development and teaching reform in the colleges' professional training.

Mode 6 Vocational Skill Competition Organized by College and Enterprise Together (Organize Competition or Related Activities):

Colleges and enterprises can jointly organize occupational skill competitions. Enterprises can make full use of their technology & equipment advantages and colleges can make full use of their professional resource advantage to cultivate elite of skills through organizing skill competitions together. Enterprises can also select excellent talents from competitions.

Mode 7 Seting up Educational Fund:

Enterprises can set up educational fund in colleges by signing agreement with colleges to encourage students and participate in the professional training of colleges.

Mode 8 Vocational Education Group:

Dominated by governments, Tertiary TVE colleges can take lead and industries & enterprises can extensively participate to jointly invest and constitute vocational education group to carry on order training, student training, teacher practice & exercise, enterprise employee training & production technology breakthrough by cooperation. There are 4 representative modes for vocational education group-running schools: city-town cooperation & town-led-by-city of "Henan Mode", city-county cooperation & three-stage training of "Hainan Mode", school-enterprise cooperation & industry-academy combination of "Tianjin Mode" and medium-high connection & industry leading of "Jiangsu Mode".

Mode 9 Running School by Industries and Enterprise

This mainly refers to industries administrate schools or enterprise groups run schools relying on industries & enterprises with close cooperation between industries and colleges and obvious advantages.

Mode 10 Cooperation between industries and colleges in Daily Teaching (Part-time Teachers from Enterprises, Students' Post Practice):

This mainly refers to schools' cooperation with enterprises on daily teaching including inviting part-time teachers from enterprises, students' post practice in enterprises, teachers' exercise in enterprises with temporary posts and etc.

Mode 11 Develop Occupational Standards & Professional Qualification Certificate through Cooperation between industries and colleges:

Experts from enterprises and schools can jointly participate in the development of new occupational standards & professional qualification certificate lead by industry.

Mode 12 Technology R&D Services:

Teachers from schools can provide services like technology R&D for enterprises and enterprises give rewards (services or other) to schools.

Mode 13 Board of Directors (Shareholding System):

Governments, enterprises, schools can participate together to constitute school board of directors jointly, adopt shareholding system and implement dean-responsibility system led by board of directors to conduct school administration and school-enterprise cooperation.

Mode 14 Teaching Guiding Committee Sets up the Platform of Cooperation between industries and colleges:

Institution of Higher Education, Higher Technical & Vocational College Professional Teaching Guiding Committee of Ministry of Education can take lead and make full use of professional advantages to cooperation with industry & enterprises to set up the platform of cooperation between industries and colleges. Both schools and enterprises can carry on various projects of cooperation between industries and colleges (cooperate to conduct major establishment, curriculum development, practice teaching base construction, teaching resource development and etc.) and integration of superior resources.

2. Some Typical Types of the Mode of Cooperation between industries and colleges

1) Mode 1-Order Mode

(1) Features of Order Mode

Order training is a mode that based on the talent demand of enterprise, according to the talent type demand and vocational skill requirement of enterprise, enterprise and school sign contract (or agreement), determine personnel training scheme, organize teaching and training, which can make synchronous teaching and production as well as integrative internship and employment. This mode calls for school to make corresponding personnel training program based on the enterprise' s requirements of knowledge, ability and quality on a talent. Classes should be mainly taken at school, while practice teaching steps mostly should be carried in enterprise. Graduates who pass the examination and meet the standard of enterprise will get the employ priority from the enterprise. With this customized mode for enterprise, school can give students targeted education and training of professional skill and ability, which can shorten the time period for a graduate that he or she has to spend to adapt the occupation. So he or she will give a full play of professional specialty faster and better, more contributions will be made by them, too. In the perspective of school, this mode can improve its educational level and quality, and the employment rate of graduates will increase as well. In the perspective of enterprise, only offering necessary condition and instruction to students without increasing input, it can get professional talents it needs.

(2) Typical Cases

Tianjin Sino-Deutsch Vocational Technical College (a typical two-track order training which cultivate high technical talent with the combination of college, enterprise, theory and practice). In Feb, 2008, Magna Technology & Tooling Systems Group (Tianjin) Co, Ltd signed an agreement with Tianjin Sino-Deutsch Vocational Technical College on long-term technical personnel training with German dual system. Magna selects about 10 new students from the college to offer them targeted training (The number may change according to Magna' s business demand in China). The college sets up a 'Magna Class', educate the students according to German 'Dual-System Vocational Educational Mode'. Both parties of college and enterprise the annual educational plan and teaching contents, determine and coordinate teacher resource and teaching place. Theory and practice courses are handled by dedicated college teachers at school, while the training course is given to Magna' s trainers in the company. The college sends an enterprise special to coordinate the college and the enterprise. The teaching plan is: 3 days at school and 2 days at Magna for the first term; 2 days at school and 3 days at Magna for the second term; and 1 days at school and 4 days at Magna for the third term.

Wuhan Institute of Shipbuilding Technology (an order training mode featuring educating navigation talents and improving employment quality for students). The major of marine engineering management and Maersk Shipping Wuhan Limited held the 'A.P.Moller maersk line' class together in 2010. With the establishment of this class, the company trains students with the college from their first grade. The company sends teacher for oral English training for 6 hours per week, gives lectures on enterprise culture, shipping affairs, and professional accomplishment, makes regulation of enterprise scholarship and student eliminating system, talks with students aperiodically and learns students' studying and life situation. The college will also improve its education and management, train navigation professionals needed for enterprise based on professional educational plan and the requirements related to certificates of the National Maritime Bureau.

(3) Further Analysis

Carrying on order training, both college and enterprise should together research the trend of talent demand, position studying direction for students, set reasonable majors, take system vocational plan and employment strategy, and conduct tracking survey and actively feedback to employers. However, here is the problem, some students, once get the order training, will probably think that he has got a job. So he will not work as hard as he did before so that he' ll finally be rejected for not meeting the requirements of the enterprise. They were trained with a very specific and professional target, so college should be aware that how they will handle the tough situation once a student is rejected accidently by the employer who is the 'order' enterprise in the agreement.

2) Mode 2 - College-enterprise Cooperative Project for Co-building Practice and Training Base

(1) Characteristics of college-enterprise Cooperative Project for Co-building Practice and Training Base

Co-building training base means through the cooperation between the college and the enterprise, the specific demands of both parties can be satisfied, wherein the enterprise provides projects and funds, the college provides sites, a training base located in the college with the investment of both parties is established, and the cooperation can be made in various aspects on the precondition of satisfying basic teaching goals. The college can provide the training site and a certain amount of funds, the enterprise provides relevant managers, equipment and production techniques, and by using college provide sites as the workshop, the enterprise will make premeditated investment, operation and management. By taking the actual production project of the enterprise as the foundation, and combining with the practical operation of the students, the production and training are synchronously performed.

College-enterprise cooperative project for co-building training base outside college: the training base outside college is an important part of the training system of Tertiary TVE colleges, and it is also a practical learning and training platform for the tertiary TVE students to contact vocational posts without barrier, consolidate theoretical knowledge, train vocational skills, and improve comprehensive qualities. The tertiary TVE colleges make full use of the production equipment, the enterprise site and the superior enterprise teachers, train high-skilled professionals to satisfy the requirements of the enterprise, simultaneously create economic benefits for the enterprise.

(2) Typical Cases

Zhejiang Institute of Mechanical & Electrical Engineering insists on Real Equipment, Real Project and Real Requirement which is the construction policy for mechanical & electrical engineering training inside college, pays attention to the cooperation and the co-building with the enterprise, and the win-win target can be realized. The construction of strengthened basic skill training base satisfies the requirements for basic skill training, the qualification appraisal for mechanical & electrical jobs and social training; build a batch of new technique training rooms, improve the equipment and technology level, and suit the new technique developing steps of the enterprise. In the latest three years, 49,293,100 RMB construction funds are invested, the equipment contributed by the enterprise is equivalent to 27,362,000, 64 training rooms are newly built or extended, a Five-in-One (teaching, training, skill appraisal, production and technical service) high level training base inside college is established, the proportion of the practical training is up to 82.01%, and the requirements for the training of the students and the social services can be well satisfied.

At present, many major automation enterprises at home and abroad cooperate with the college, including SIEMENS, FANUC, BOSCH, SANDIVK, BOSCH REXROTH, OMRON, etc., more than 10 training bases are established, and the college becomes an important base for training high-skilled talent professionals in automation field.

According to the latest data, the market share of FANUC numerical control system in

Zhejiang area is up to 85%, which provides large market for the student employment and the customer technical training. Relying on the application center of the FANUC numerical control system, Zhejiang Institute of Mechanical & Electrical Engineering builds a practical teaching platform in campus which is in full accord with the practical application in factory, provides technical services outside college, and utilizes the received technical service projects during teaching to promote the teaching reformation, and builds a Teaching Factory of numerical control system application. The construction is helpful for the further development of the mechanical & electrical majors of the college, and promotes the professional training for manufacturing industry and industrial upgrading in Zhejiang province and Yangtze River Delta Area.

Qingdao Technical College (builds training base outside college with World' s 500 Largest Companies): Software & Service Outsourcing College of Qingdao Technical College sends 115 students (divided into two batches) to Qingdao Langxun Technology Communication Equipment Co., Ltd. for three months of post practice. The students mainly perform works relative to equipment assembly, quality detection and system testing. During the practice, the college appoints instructors to perform omni-directional management for the safety and ideological work of students, organize teachers to enter the enterprise for advanced study and training, and arrange all teachers for specialized courses to give classes in the front line of the enterprise work. The instructors are responsible for inspecting the attendance rate and the supervising the students to return to dormitory every day, in order to unity the thoughts and ensure the safety of the students; section director and teachers provide specialized courses direct towards to the practical work condition of the students in the enterprise, and on the aspect of basic courses, the English teachers provides professional English courses direct towards to the corporate culture and the professional condition. The cooperation with Qingdao Langxun Technology Communication Equipment Co., Ltd. utilizes novel teaching methods - working classroom. The working site and the learning site are synchronous, and the teacher and the enterprise training are synchronous. Qingdao Langxun' s superior engineers and workshop workers, teachers for specialized courses and instructors appointed by the college participate in the overall process, therefore good result are received. Through the implementation of classroom teaching, the teachers know that the preparation of the technical materials should be finished by the enterprise' s technical personnel and college teachers together, so that the technical materials not only have the original theoretical knowledge, but also have fresh actual contents. During the teaching process, the subject position of the students should be regarded, the teachers should learn from the enterprise's technical personnel, and learn from the students in the front lines of working. Simultaneously, the ability training, knowledge learning, quality cultivation and vocational skill appraisal should be integrated, and the ability of the students should be evaluated in multiple aspects.

(3) Further Analysis

About the funds for co-building training base, the college and the enterprise can make joint investment to build a training base for both production task and training task, or, both the college and the enterprise can contribute fund and technologies, so that both parties can have complementary advantages. In this way, the enterprise can overcome the difficulty that customer training base and research and development base cannot be established due to equipment and site problems, simultaneously the problems of the college is rich in site and teachers but lack of funds and equipment, through the cooperation each party can draw the strong points of the other to offset its own weakness and build a training base with production and teaching functions with certain scale and technology contents, and the final goal for training professional together can be achieve. The teachers can combine the working with his/her scientific research project, by collecting and analyzing the business information of the enterprise, bring the product's design, research and development into the class, then the student can finish the product's design, research and development in accordance with the actual requirements of the enterprise; the design works of the students will be selected and evaluated by the enterprises, and then adopted as new technical proposals.

3) Mode 3--- Government-Led Building of Collaboration Platform by both College and Enterprise (industrial park)

(1) The features of the production-study cooperation platform (industrial park) established jointly by the college enterprise dominated by the government

The industrial park established jointly with well-known industrial enterprises, combined with students' industrial study, the college enterprises deeply integrate and build open management platform, which forms the industrial park combining actual production training, development of enterprise products, development of new products, teacher practicing in enterprise and teacher science research and so on (production, study & research) together, or bring the enterprise into the college to establish the factories in the college and create actual production environment and actual production assignment to cultivate the students' working abilities. The pattern like this can make the students get actual career training and improve their working abilities. Meanwhile, the industrial park also becomes the base for technology research and development as well as result transfer for enterprises.

(2) Typical Cases

Changzhou Vocational College of Information Technology(“Information industrial park” innovates the college enterprise’ s cooperation pattern) “Information industrial park” depends on the government’ s policy and funding support, industrial project funding and preferential policy, enterprise’ s equipment and technology resources, the college’ s professional and professional advantages, and then becomes the place for students’ internships, base for teachers’ science and research and platform for college enterprises’ cooperation. It is planed the college covers 155 Mu, and the total construction area 75,000 square meters information industrial park, which has been completed with 2 research and development buildings, one phase construction of one standard factory workshop, the construction area 48,202 square meters (of which, the college construction covers 13,502 square meters and the rest will be constructed through investment of enterprises). The enterprises in the park include: Jiangsu Yuanyu Electronic Group, Changzhou Peking Zhongzhi Internet Computer Co., Ltd, Changzhou Oukai Telecommunication Technology Co. ,Ltd totally 6 enterprises, and one batch of well-know enterprises like Sharp Software Service, Dongruanqingtai Information Security etc will also come into existence. Implement the operational pattern of “government helps the private sectors, market-based operation”. Through diverse cooperation mechanism including government’ s funding(issuing the support and preferential policies for the enterprises, providing support for project applying, project associated facilities and tax policies and create good conditions for the cooperation between the colleges and the enterprises), industrial connection (the industry in charge uses its advantages of enterprise resources to organize the presidents of the enterprises to visit and negotiate in the college and then make connection for the corresponding enterprises coming into the park and guarantee the quality of the enterprises coming into the park), college dominating(integrating internal resources, establishing production& study cooperation department providing all-around consulting and services for the enterprises), enterprise’ s main role(the enterprises can establish production actual training factory workshop by themselves or jointly with the college in information industrial park in terms of their own conditions, or rent the college’ s standard factory workshops to conduct product processing and production, meanwhile, adopt the students’ actual training, the technicians from the enterprises can be the part-time teacher) to attract the enterprises, and Jinrong Hongyang Information Technology Development Co. ,Ltd is in charge of the infrastructure construction, environment planning, attracting business and investment, students’ production training, social training, technology service and associated management functions in the whole park, depending on the government and serve the society.

Guangzhou Railway Vocational College of Technology ("factory in college", "college in factory" work and study base), Guangzhou Railway Vocational College of Technology cooperates with Guangzhou Huadu district SME Administration and Yuebaoli Industrial Park to introduce the enterprises into the college, the government, college and enterprise cooperate to establish work and study combination demonstration park together. The long-term cooperation mechanism making win-win situation for the college and the enterprise will be established through " cultivating the professionals together, managing the process together, bear the responsibilities together and sharing the results together" with "Administrative Committee- Project Department-teacher studio three management pattern innovation patterns jointly established by the government, the college and the enterprise as breaking point, with "factory in college" production actual training base jointly established by the college and the enterprise as grasp, with practicing professional cultivation pattern "combining production and teaching together, bring study into work" as main line. The industrial park covers 100 Mu, and the construction area over 60000 square meters, 500 dorms and 8 entity enterprises, connect with majors like machine and electronics, and the total value of the equipment' s from the college and the enterprise 38 million Yuan. The base resources are managed collectively and transferred unanimously and realize the college and the enterprise get what they want and mutual benefit and win-win situation.

(3) Further analysis

The enterprise uses its own advantages to invest in funding, equipments, facilities and devices in terms of actual training bases, teacher training and research & development and other aspects, which significantly enrich the vocational colleges' strength in funding and production equipments and provide material guarantee for professional cultivation and training, technology research & development and service, and strengthen the college' s vitality. The expansion of these equipments and fields and the strengthening of the people' s quality also extend the research & development strength of the research & development teams from the college and the enterprise, and significantly promote the technology upgrade of the enterprise and increase the technology added value of their products and services and strengthen the market competitiveness, meanwhile, the production-based base in the college can also provide new workshops for the enterprise, which can extend the production abilities, reduce the conflict in employment, these finally embody the profits of enterprise economic benefit. Only the enterprise benefit is satisfied, the vocational college can be provided with more resources.

In this pattern, how the government, the enterprise and the college run themselves well to improve the teaching quality and level jointly is the key faced currently. During some industrial parks, the relationship among the government, the enterprise and the school is not clear, which can not be realized completely systematic and regulated. Meanwhile, the government and the school make too much administrative intervention to the college-enterprise cooperation organization, which finally may develop into pure institute or enterprise found by the college, and against with the initial goal. Currently, the rights and benefits distribution and risk investment mechanism necessary for cooperation between the college and the enterprise are not established yet. Firstly, the issue of IPR ownership, there are not clear regulations and policy index standards at present; secondly, how to distribute the rights and benefits into all the involved parties fairly and reasonably, and immature investment risk share mechanism also become the key factors affecting the initiatives to establish the cooperation alliance between the college and the enterprise. Currently, we don’t form effective technology market agent and high-quality technology professional team, whether in terms of quantity or quality, the technology agent service organizations and professionals are far beyond adapting the needs of transferring technology results in college-enterprise cooperation and seriously disconnect the rapidly growing service demands at present.

4) Mode 4--- Building Secondary College by both School and Enterprise

(1) The Features of Building Secondary College by both School and Enterprise

The secondary college jointly established by the school and the enterprise can solve the problems like disconnection among major setup and production and industries in the process of establishing colleges, the non-compliance between professional teaching standard, core curriculum standard and enterprise vocational post professional demand standard, inadaptability between the teachers’ practice abilities and vocational technology professional cultivation, lack of investment in actual training base in college, unclear use benefits, non-guarantee for actual training internship base outside college, lack of further education for enterprises’ staff and other problems lack of actual training resource, teacher resources and management resources. The details: the college and the enterprise establish administrative organization jointly, provide organizing guarantee; build management system, standardize cooperative operation; according to enterprise requirements, begin related majors; depending on management platform, conduct curriculum reform; perfect training system, build double teacher team; combine the inside and outside of the college, jointly establish actual training base; establish training center jointly, implement staff training; unite industrial associations and integrate social resources.

(2)Typical Cases

Based on its founding features, standing on the actual development situation of social economy in Xinjiang, Xinjiang Agricultural Vocational College of Technology proposed to establish "Tianhai College" under board of directors college founding system on the platform of Xinjiang No.1 industrial vocational teaching park dominated by autonomous teaching management working leadership team raised by Xinjiang Agricultural Vocational College of Technology, Akesu Vocational College of Technology and Xinjiang Tianhai Oasis Agriculture Technology Company Limited. The flexibility and self-decision feature of board of Directors College founding system make the professional advantages of the college closely connected with the industrial chain of the enterprise. During the trial, open more than 3 advantageous majors. In 2011, it begins to recruit new students. The new student base number will be allocated by Education Administration individually, and Tianhai Group will accept more than 30% graduates. 200 thousand Mu land from Tianhai company will construct into public actual training base in enterprise-school park, and make "Tianhai College" become new technology research & development organization, students' business starting organization and skill training organization for enterprise employees, grass-root technicians and fruit peasants and vegetable peasants.

Guangdong Lingnan Vocational College of Technology established Modern Manufacture College together with Guangzhou Jinming Mould Technology Company Limited in 2003, and created modern manufacture vocational teaching platform combining enterprise-school-research. This college is not only the research & development center of the enterprise, but also production base, as well as industry vocational qualification certificate training center. It owns 18 actual training rooms, provincial machine professional technology service platform, provincial (city) mould association research & development and technology training center, US UGNX China South training center, provincial digital control technology demonstration actual training base, it combines the college's founding advantages and the professionals, technology, equipment and industrial resource advantages, and research & development cases become the students' materials, and cultivate the mould professionals with international vision through cooperating with Hong Kong Casting Mould Association and German Keller Company. At present, the students in the sub-college have reached 2100, and the graduates are well accepted in the industry. The college also established "Lingnan ZTE 3G College" together with global telecommunication device provider ZTE Telecommunication Holding Company Limited, this sub-college designs professional cultivation plan completely according to the most pioneering technology requirements and enterprise standard, and use ZTE

MIMPS teaching pattern and SMART career planning platform, introduce enterprise teachers, invest domestic three great 3G operators' telecommunication devices in service 16 million Yuan, use enterprise' s actual practice platform to cultivate the high-quality technology professionals with international enterprise standard, facing ZTE and its cooperation partner for employment.

(3) Further Analysis

The secondary college established jointly by the college and the enterprise applies the enterprise' s advantageous resources or educational products developed into cultivation of college professionals, which significantly shortens the distance between the graduates of vocational college and actual working needs. However, the key problem at present lies on the current management mechanism and teaching system cannot adapt to the needs of development, the enterprise-school-research education system is not complete, and the teaching system reform cannot embody the needs of enterprise-school-research cooperation education yet, and do not implement flexible credit hour system and complete credit hour system yet. There are also some restrictions for the students to choose cooperative curriculums and internships in enterprise, and there is some randomness in choosing specific teaching materials.

5) Mode 5—School and Enterprise Undertake Reform Project Together (join in the reform of talent cultivation mode, and the development of professional and curriculum)

(1) The Characteristics of Academy-enterprise Joining in the Reform of Talent Cultivation Mode

Enterprise and school join in the reform of talent cultivation mode together. Enterprise completely joins in the reform of education and teaching developed by school mostly, including research and study of demand on subjects, occupation analysis, talent cultivation positioning, reform of curriculum mode, development of curriculum system and teaching content, establish the talent cultivation project together, etc. The main characteristics are: talent cultivation can reflect the actual need of enterprise better, enhance the relevance and practicability of teaching, improve students' overall quality, cultivate the students' hands-on ability and problem-solving ability, take production, teaching and study combining talent cultivation mode as platform, take subject construction as the leader, take curriculum reform as the key.

(2) Typical Case

The major of automotive technology of Inner Mongolia Mechatronic and Electric Occupational Technology College cooperates deeply with Inner Mongolia Lifeng Corporation

Group Co., Ltd., constructs the talent cultivation mode of "Industry and school cooperation, school-enterprise bidirectional intervention", the enterprise and the school deeply integrate in the frame of "six common points" during the process of talent cultivation. The two parties construct curriculum system together, basing on the process of enterprise production; together develop practical training material that combines production reality tightly; administrate students together, construct in-school production training base together; cultivate teaching team together, give students comprehensive evaluation together; improved the adaptability of talent cultivation, promoted student employment.

Heilongjiang Agricultural Engineering Vocational College cooperates with Harbin Municipal Agriculture Institute, built school-agriculture two-body talent cultivation mode, share responsibilities and benefits, cultivate talents together, cultivate factorized agriculture talents that have both the sense of responsibilities of the time and strong professional competence. According to professional competence step-up rule, there are three phrases: "school cultivation + Agricultural Institute cultivation + enterprise internship on the position", take carry on 2 rounds of productive trainings; combination of school and enterprise, and education and production are achieved; which made the integration of classroom teaching and on-site teaching, theoretical teaching and practical teaching came true.

(3) Further Analysis

To make profit is the purpose of enterprise; the project without benefit or without much of profit, enterprise would not join in, or join in without positivity. Therefore, it is necessary to analyze and consider the positivity or motivation of enterprises to participate in the talent cultivation mode reform and education reform. As the dominant party, school must take the benefit and return of enterprise into account. The key for school-enterprise cooperation is to enable win-win situation for enterprise and school, creating a good cycle, push into depth; because of less beneficial result school-enterprise cooperation, enterprises are lack of positivity, the cooperation turned into formulaic show finally, which is on the contrary to the original purpose of school-enterprise cooperation; therefore there' s no deeper development and sustainable spreading.

6) Mode 6 Vocational Education Group

(1) The Characteristics of Vocational Education Group.

From the practice of the vocational education group development, generally it takes one or two Tertiary TVE colleges as leaders, combining relevant institutions and cooperative enterprises as the main body, takes administrative region or field of the industry as border, takes promotion of optimal allocation of resources of vocational education as principal, aims at promotion on local economic development, group members to achieve "win-win" situation, takes major and curriculum as link, has gradually become the basic framework of vocational group.

To see from the connotation of vocational education group, it is composed of by professional institutions, industrial enterprises and other social forces, etc., which are autonomous and independent but interrelated elements; the horizontal link between colleges, and between colleges and enterprise, and the vertical link of talent cultivation chain are formed.

Vocational Education Group is a new organizational form, by the chains like "major + industry", "teaching + R & D", "cultivation + employment", etc., it connects school, enterprise and other market body and talent cultivation together organically, it makes them up dynamically; forms the comprehensive advantages of "smallness" and "specialty" of single individual, and "largeness" and "comprehensiveness" of the entire group; realizes resource optimization and functional integration; promotes the socialization and industrialization of professional talent, technology and equipment, and optimization of educational benefit, economic benefit, talent benefit; form new mechanism of "build together, win together, and grow up together".

(2) Typical Cases

Hunan Machinery and Equipment Manufacturing Industry of Vocational Education Group is an organization having provincial mechanical industry office as the chairman of the board; a vocational group having vocational colleges as the leading schools (Secretary-General Organization). Being led by Hunan Industrial & Vocational College, the vocational education group has secretary office, with specialized personnel responsible for daily work of vocational education group, vice director member schools are: Hunan Industrial & Vocational College, Hunan Machinery & Electrical Vocational College, Hunan Electric Vocational College, Hunan Mechanica & Industrial Technology College, and Zoomlion Heavy Industry Science & Technology Development Co., Ltd., Broad Air-conditioning Co., Ltd., ChangFeng Automobile Co., Ltd., Hunan Electric Group, Bosch Co., Machinery Institute, Mechanical Engineering Society and etc., brotherly cooperation relationship is established because of the property of industry, Huazhong CNC Co., Ltd. was joined in 2011. Cooperation Construction Committee including the three majors of engineering machinery, automobile and parts, and electrical & electronics, having relevant member enterprises and member schools as director committeemen and vice director committeemen, aiming at resource sharing among members of the group, tightening the connection between major and industry, providing timely guidance and service for major development; three-major Cooperation Construction Committee has joined in reform of talent cultivation mode, study of major construction, curriculum reform, practice-training base construction. The cooperation of Tertiary TVE colleges and Secondary vocational schools with enterprises inside education group has been enhanced; "custom-made" talent cultivation has been spread comprehensively. School and enterprise build a training base together, cultivate technical talents together. Platforms for direct meeting and communication between schools and enterprises have built by organizing or co-organizing and organizing members to participate "school-enterprise partnering meeting", "talent forum", and other activities. Vocational Education Group had held "Hunan Machinery and Equipment Manufacturing Talent Partering Meeting" in 2010, with 150 key businesses and 10 colleges and schools had participated the meeting, including Zoomlion Heavy Industry Science & Technology Development Co., Ltd., Sany Heavy Industry Co., Ltd., etc.; more than ten enterprises had signed up cooperation contracts with schools, and employed required technical talents on the meeting; enterprise culture tour exhibition was also held in 2010, the corporation culture and core value concept of Hunan Machinery and Equipment Manufacturing key enterprises was exhibited, platform for cultivating vocational moral, hard-working spirit for students has built.

Tangshan Industrial & Vocational Technology College builds school-enterprise integrated vocational education group, integrates production and educational resource systematically, and becomes an effective path for achieving talent cultivation mode combining industry and teaching. Playing a leading role, the college built Hebei Caofeidian Education Group. Basing on the Tertiary TVE schools and existing resources of related enterprises, according to "win-win" principle, this group had built structure including core layer, tight layer and loose layer; by activities spread routinely by negotiation, there are more than 40 enterprises have become tight cooperation partners of the schools, including Tangshan Railway Vehicles Co., Ltd., Caofeidian Port Co., Ltd., Jidong Oilfield, Jinxi Iron & Steel, and a number of large enterprises. Grouplized education of the Tertiary TVE established communication mechanism among schools, enterprises and governmental organizations, multi-cultural harmonization; therefore the long-term mechanism for continuously enforcing and perfecting school-enterprise cooperation is formed. The chairman of the group is held by general department of provincial government, therefore to integrate educational resources in the scale of the whole society. Being led by city government, the schools sign up cooperation contracts with large-scale enterprises, which ensured a smooth start for cooperation process.

(3) Further Analysis

Effective government-led mechanism should be built for vocational education group's development. The shortage of correct orientation will lead vocational education group into a more confused state. The regulatory capacity, school autonomy, funds etc., are all limited; the lack of government support will directly affect the group's operation and effectiveness, survival and development. Moreover, government guidance and coordination are necessary because of multi-demand of participating organization, and many limited elements the group is facing. Providing powerful policy support and creating sound development environment for education group are the duty responsibilities of government and related departments, and the essential insurance for well development of vocational education group as well.

Government and the education administrative departments should focus on vocational education group, provide strong finical support on the construction of training bases, promoting education & research integration process, building information platform and other aspect; help open up or expand self-financial channels for vocational education group. With the readjustment of vocational education and educational system reform, by the support from government, enterprises can participate in resource reorganization of Tertiary TVE schools; some vocational institutions can reform into joint-stock system, enterprise inside the group can participation in education and management, and can be managed merged by enterprise and high-level Tertiary TVE school within the group.

3. State analysis of constructing cooperation between industries and colleges

The following conclusions come from the above statistical data analysis:

1) Large-scale rise on understanding of cooperation between industries and colleges increased significantly

Research and study shows that due to educational administrations at all levels of government value cooperation between industries and colleges very much, putting forward cooperation between industries and colleges is the fundamental path of tertiary TVE, the implementation of cooperation between industries and colleges, and talent training mode of work integrated learning, which had correctly guided and strongly driven the development of cooperation between industries and colleges, also made all Tertiary TVE colleges deepened and widened the awareness of the importance on implementation of cooperation between industries and colleges in Tertiary TVE, and large-scale rise of the awareness of leaders and faculties of colleges for the importance of cooperation between industries and colleges in tertiary TVE.

It is even more gratifying that along with the development of economic society, and strengthening of enterprises' strength, some enterprises start thinking about the relationship between education and enterprise from the perspective of long-term development and responsibility of enterprise, and the relationship of talent training and enterprise, especially some large-scale state-owned enterprises, private enterprises, foreign enterprises, that have been shown interest in tertiary TVE, a strong impetus to the cooperation between industries and colleges models and mechanisms.

2)Practice of cooperation between industries and colleges appears diversified development trend

In the practice of tertiary TVE, vocational institutions has created hundreds of cooperation programs and cases with specialties, and continuous improvement and perfection, which play an important role in the promotion of cooperation in the cooperation between industries and colleges education reform, improving talent training quality; teacher team and teachers' experience also gotten enforced in cooperation between industries and colleges; in the same time, along with the enforcement of Tertiary TVE colleges' strength, deepening of cooperation between industries and colleges, development of industry-study-research cooperation, colleges provide services for enterprises, benefit enterprises in a few areas and a few fields, which had promoted local economic development.

3) Gradually-condensed mode of cooperation between industries and colleges

Along with the increasing of the programs and cases of cooperation between industries and colleges in practice, a number of production–study cooperation modes featured with obvious education orientation, and relatively stable have formed in Tertiary TVE colleges. Those cooperation between industries and colleges modes have universal meaning for different specialties of Tertiary TVE colleges, which guide the practice of cooperation between industries and colleges. Basing on the research of tertiary TVE cooperation between industries and colleges programs and cases, the project has concluded and formed more than 10 kinds of cooperation between industries and colleges modes, and expatiated on its connotation and function. All these are marking the deepening of tertiary TVE cooperation between industries and colleges and the development of going toward gradually-condensed mode of cooperation between industries and colleges.

4)The types of cooperation between industries and colleges modes are not diversified

Tertiary TVE must implement cooperation between industries and colleges in the whole process, but there should be different cooperation between industries and colleges modes to fit in different education sectors; those different cooperation between industries and colleges modes generally can be concluded as bilateral academy-enterprise cooperation between industries and colleges modes and government-led cooperation between industries and colleges modes. As the research outcome shows, although Tertiary TVE colleges have a few of programs and cases of cooperation between industries and colleges, which can be concluded into relatively simple cooperation between industries and colleges mode: different research ways show that the top 5 in the cooperation between industries and colleges modes are the same, and all in the form of academy-enterprise cooperation between industries and colleges, which explains that in the typical modes of cooperation between industries and colleges, bilateral academy-enterprise cooperation between industries and colleges mode still dominates, or in other words, the existing cooperation between industries and colleges still can't suit the need of tertiary TVE.

Generally speaking, enterprises don't have enough enthusiasm in participating cooperation between industries and colleges, which made many colleges' cooperation between industries and colleges lack of sustainability, or just formalized, the expectation on increasing education quality by cooperation between industries and colleges still has not been fully revealed. Research reflects, a lack of system security is one of the important reasons, and also to establish the responsibilities and obligations of government, colleges, and enterprises in cooperation between industries and colleges respectively is also very much important.

Chapter 17 Research and Analysis on Mechanism of Cooperation between industries and colleges in Tertiary TVE

1 . Construct the Five Basic Modes of Cooperation between industries and colleges Mechanism

Based on analysis and conclusion on modes of cooperation between industries and colleges, to further research the sustainability and popularization of these modes and analyze whether or not there is effective mechanism guarantee for the modes, we chose 12 modes of cooperation between industries and colleges from the modes concluded in Chapter 3 and made primary survey on the conditions of mutual benefit between school and enterprise. Based on the survey result we concluded and designed 5 basic states of cooperation between industries and colleges mechanism, i.e., mechanism (balance point) and finally formed "Questionnaire on the mode & mechanism of cooperation between industries and colleges in Tertiary TVE" (see Appendix).

Explanations on connotations of 5 mechanisms (balance points) concluded:

Mechanism (balance point) 1 budget——service: enterprise takes part in teaching in school with various educational products and school pay for the input of enterprise;

Mechanism (balance point) 2: compensation——service: enterprise takes part in teaching reform, specialty construction and teaching works in the school and schools in individual form and the school pay to the enterprise and the individual correspondingly;

Mechanism (balance point) 3 student——compensation: students takes parting the works in enterprise in the forms such as post practice to increase practical experience and supplement labor force for enterprise and enterprise pays salary to students;

Mechanism (balance point) 4: service——service: school works together with enterprise in multiple forms including providing enterprise with qualified professionals, technical R & D, production expansion and staff training and helping enterprise enhance benefits; enterprise provides various services for teaching reform and construction of school.

Mechanism (balance point) 5: Others: no a fixed mechanism, handle according to situation.

2 . Research and Study on Mechanism of Cooperation between industries and colleges

The project Group conducted surveys in 44 Tertiary TVE schools in 17 Provinces, Municipalities directly under Central Government and Autonomous Regions such as Jiangsu, Zhejiang, Guangdong, Tibet, Chongqing and Beijing with 49 returned questionnaires. The statistic results will be found in Tabs. 17-1, Tabs. 17-2 and Tabs. 17-3.

Table 17-1 Statistics of Implementation of Cooperation between industries and colleges Modes in Tertiary Technical Academies

Mode	Supporting mechanism	Number of adopting school
Cultivation contract	44	89.80%
Cooperation between industries and colleges in training base construction	40	81.63%
Cooperation between industries and colleges in teaching reform programs	37	75.51%
Cooperation between industries and colleges in daily teaching	37	75.51%
Technical R & D service	30	61.22%
Cooperation between industries and colleges in organization of vocational skill competition	20	40.82%
Cooperation between industries and colleges in development of vocational standards and vocational qualification certificates	17	34.69%
Vocational education group	15	30.61%
Cooperation between industries and colleges in construction of secondary college	14	28.57%
Setting education fund	7	14.29%
Government-led cooperation between industries and colleges mode platform	6	12.24%
Enterprise runs the school	4	8.16%

Note: the survey statistics covers 49 valid schools.

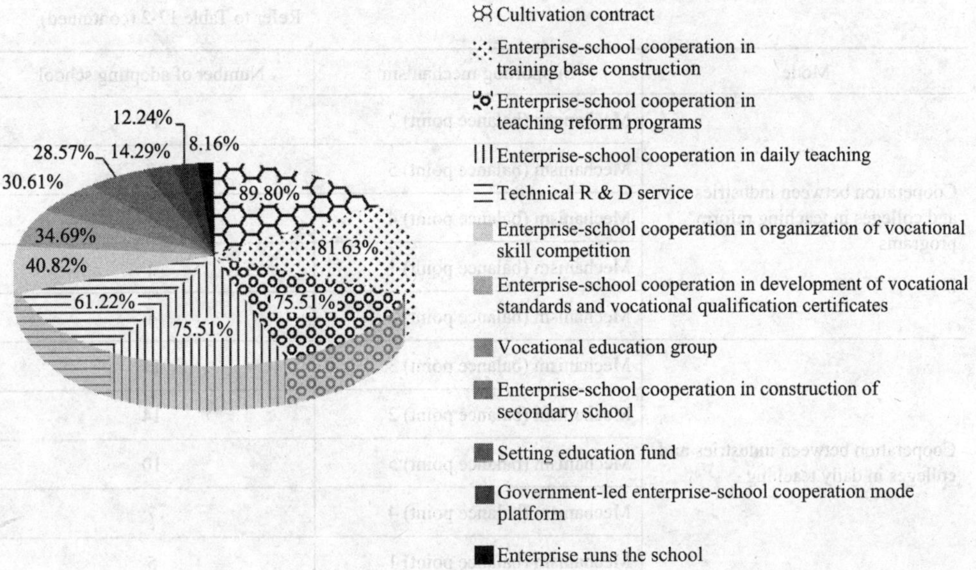

Table 17-2 Statistics of mode & mechanism of cooperation between industries and colleges in Tertiary TVE schools

Mode	Supporting mechanism	Number of adopting school
Cultivation contract	Mechanism (balance point) 3	22
	Mechanism (balance point) 4	14
	Mechanism (balance point) 5	10
	Mechanism (balance point) 1	4
	Mechanism (balance point) 2	3
Cooperation between industries and colleges in training base construction	Mechanism (balance point) 1	13
	Mechanism (balance point) 4	11
	Mechanism (balance point) 5	10
	Mechanism (balance point) 3	5
	Mechanism (balance point) 2	4

Refer to Table 17-2 (continued)

Mode	Supporting mechanism	Number of adopting school
Cooperation between industries and colleges in teaching reform programs	Mechanism (balance point) 2	17
	Mechanism (balance point) 5	7
	Mechanism (balance point) 4	5
	Mechanism (balance point) 1	4
	Mechanism (balance point) 3	4
Cooperation between industries and colleges in daily teaching	Mechanism (balance point) 3	17
	Mechanism (balance point) 2	14
	Mechanism (balance point) 5	10
	Mechanism (balance point) 4	7
	Mechanism (balance point) 1	5
Technical R & D service	Mechanism (balance point) 4	18
	Mechanism (balance point) 5	10
	Mechanism (balance point) 1	3
	Mechanism (balance point) 2	3
	Mechanism (balance point) 3	2
Cooperation between industries and colleges in organization of vocational skill competition	Mechanism (balance point) 5	7
	Mechanism (balance point) 2	5
	Mechanism (balance point) 1	4
	Mechanism (balance point) 3	3
	Mechanism (balance point) 4	3
Cooperation between industries and colleges in development of vocational standards and vocational qualification certificates	Mechanism (balance point) 4	7
	Mechanism (balance point) 2	6
	Mechanism (balance point) 5	3
	Mechanism (balance point) 1	2
	Mechanism (balance point) 3	2

Refer to Table 17-2 (continued)

Mode	Supporting mechanism	Number of adopting school
Vocational education group	Mechanism (balance point) 4	6
	Mechanism (balance point) 5	5
	Mechanism (balance point) 3	3
	Mechanism (balance point) 1	2
	Mechanism (balance point) 2	2
Cooperation between industries and colleges in construction of secondary college	Mechanism (balance point) 3	5
	Mechanism (balance point) 4	4
	Mechanism (balance point) 1	3
	Mechanism (balance point) 2	3
	Mechanism (balance point) 5	3
Setting education fund	Mechanism (balance point) 4	2
	Mechanism (balance point) 5	2
	Mechanism (balance point) 1	1
	Mechanism (balance point) 2	0
	Mechanism (balance point) 3	0
Government-led cooperation between industries and colleges mode platform	Mechanism (balance point) 5	2
	Mechanism (balance point) 3	1
	Mechanism (balance point) 4	1
	Mechanism (balance point) 1	0
	Mechanism (balance point) 2	0
Enterprise runs the school	Mechanism (balance point) 5	3
	Mechanism (balance point) 4	2
	Mechanism (balance point) 1	1
	Mechanism (balance point) 3	1
		0

Table 17-3 Statistics of Comparison of Basic Constructions of Cooperation between Industries and colleges Mechanism in Demonstration/Core Schools and Non-demonstration/Core Schools of Tertiary TVE

	Supporting mechanism is 5 i.e., "others"	Number of school	Total number of supporting mechanism	"Others" / total number(%)
Demonstration and core schools	33	33	165	20
Non-demonstration / Core schools	35	16	80	43

3. Construct State Analysis of Mechanism of Cooperation between industries and colleges

We make analysis on above statistic data and draw following conclusions:

(1) According to Tab. 17-1, the first 5 modes of cooperation between industries and colleges adopted by the colleges with proportion of over 60% were cooperation between industries and colleges and the last 7 modes of cooperation between industries and colleges were basically government-led or government –recommended cooperation between industries and colleges. So we can say the most of existing cooperation between industries and colleges in Tertiary TVE are direct cooperation between enterprise and schools.

(2) In the angle of view of the foundation of cooperation between industries and colleges mechanism, "cultivation contract" has a popular cultivation mode in Tertiary TVE schools basically with the third mechanism (balance point), i.e., "the students take part in practices in the ways like post practice to increase practical experience and supplement labor force for enterprises which pay salary to the students". Some other forms such as inviting enterprises' experts to teach in school or take part in the teaching reform programs are also the common mode of cooperation between industries and colleges used by the schools mainly with the second mechanism (balance point), i.e., "enterprises take part in the teaching reform, specialty construction and teaching works of the schools mainly in the form of individual and the schools pay to the individuals from the enterprises correspondingly." "cooperation between industries and colleges in training base construction" is another important aspect of cooperation between industries and colleges; "enterprise and enterprise work together in design, enterprise provides school with equipments and school pay or equipments" is a mechanism (balance point); "mutual-benefit cooperation between

industries and colleges in service" has developed these years and may form new mechanism (balance point) of cooperation between industries and colleges.

(3) Mechanism (balance point) 5—— "others" option (No a fixed mechanism, handle according to situation) is to know about whether or not the current cooperation between industries and colleges has been a sustainable form or in an accidental state of cooperation between industries and colleges. Attention: among the first four common modes of cooperation between industries and colleges, a large proportion chooses mechanism (balance point) 5, signing that a large proportion of cooperation between industries and colleges forms have no foundation for mechanism establishment.

(4) Among 12 modes of cooperation between industries and colleges on Tab. 17-2 Statistics of mode & mechanism of cooperation between industries and colleges in Tertiary TVE schools the last options such as "government-led cooperation between industries and colleges mode platform", "vocational education group" and "cooperation in development of vocational standards" sign their rare application in Tertiary TVE schools. One of important reasons is that these cooperation modes are unrealistic for direct cooperation between enterprise and colleges, they need an intermediate which creates certain conditions and guides the cooperation, and the roles of the government and relevant educational authorities are the most important as supervisors.

(5) As shown in Tab. 17-3 statistics of comparison of basic constructions of cooperation between industries and colleges mechanism in demonstration/core schools and non-demonstration/core schools of Tertiary TVE, there is obvious difference in sustainable long-term mechanisms between demonstration/core schools and non-demonstration/core schools. When fill in "supporting mechanism" item in Tab. 17-2 Statistics of cooperation between industries and colleges mode & mechanism in Tertiary TVE schools, 43% of non-demonstration/core Tertiary TVE schools chose "other" cooperation between industries and colleges mode and this figure was 20% for demonstration and core schools, in other words, the former was 2.2 times of the latter. The statistics show, the exciting effect has been seen in enhancement of demonstration and core school construction, especially in work-study combination on the one hand, on another hand, how to facilitate cooperation between industries and colleges in all Tertiary TVE schools has become a urgent issue.

Chapter 18 Several Suggestions on Construction of Cooperation between Industries and colleges in China

The cooperation between industries and colleges system construction is the basic guarantee for cooperation between industries and colleges in Tertiary TVE. The establishment of cooperation between industries and colleges system at the government level is very important for effectively boosting cooperation between industries and colleges and intensifying cooperation effect. The cooperation between industries and colleges system involves three dimensions: law, policy and institution: revise vocational education law to protect cooperation between industries and colleges at the legal level; make incentive compulsory and punitive policies to motivate development of cooperation between industries and colleges; make a series of relevant systems such as government authority linkage for cooperation between industries and colleges, cooperation between industries and colleges professional cultivation system and cooperation between industries and colleges supervision and assessment system to ensure implementation of work-study combination. For the purpose of this project we are to research the cooperation between industries and colleges in Tertiary TVE teaching at the level of mode & mechanism, so here we bring out five suggestions about the mode & mechanism construction of cooperation between industries and colleges in Tertiary TVE teaching:

1. Make a reasonable overall plan of cooperation between industries and colleges in Tertiary TVE

Chinese government attaches great importance to the role of cooperation between industries and colleges in Tertiary TVE by bringing out that cooperation between industries and colleges is the essential approach to development of Tertiary TVE and implementing important strategic decision-making such as professional cultivation mode featuring cooperation between industries and colleges and work-study combination in Tertiary TVE. As a result we have seen desirable trend of cooperation between industries and colleges development in practices. However so far we have no an overall plan based on cooperation between industries and colleges in Tertiary TVE which involves not only national cooperation between industries and colleges framework, relevant institutional construction and other government behaviors at the macro level, but also some actions such as boosting construction of cooperation between industries and colleges in Tertiary TVE teaching reform at the micro level. This project just involves micro level, i.e., the top-hierarchy design in cooperation between industries and colleges of Tertiary TVE teaching reform

The Tertiary TVE teaching reform needs support of cooperation between industries and colleges, but Tertiary TVE teaching process is divided into some links and different links need different forms of cooperation between industries and colleges. Therefore the precondition of deeper education reform and cooperation between industries and colleges mode innovation is that we can figure out what links thc Tertiary TVE teaching process can be divided into. Economic development involves a term "industrial chain", similarly, the Tertiary TVE teaching process involves "educational chain". With respect to the specialties of Tertiary TVE, from upstream to downstream, the education chain contains links like specialty setting, specialty positioning and analysis, occupational analysis, vocational curriculum design, teaching resource development, teaching environment construction, faculty team construction, teaching design, teaching implementation and teaching quality assessment. Teaching implementation can be further divided into class teaching and after-class teaching activities, the former can also be divided into theoretic curriculum teaching, practical curriculum teaching, theory& practice integration curriculum teaching, etc. in Tertiary TVE chain, the specialty setting, specialty positioning and analysis, occupational analysis and specialty curriculum design belong to upstream; teaching resource development, teaching environment construction and faculty team construction belong to midstream and teaching design, teaching implementation and teaching quality assessment belongs to downstream. The cooperation between industries and colleges should run through the whole education chain and the cooperation between industries and colleges should be reflected on each teaching links but with different modes of cooperation between industries and colleges.

As shown in the research outcome of this project, there are a lot of innovative cooperation between industries and colleges modes appearing in China' s Tertiary TVE, but these modes are also in disorder in some way without a clear goal connecting with teaching link. Therefore it is time to scientifically analyze relationship between cooperation between industries and colleges and teaching reform and construction, complete the top-hierarchy design of cooperation between industries and colleges and form an overall plan based on cooperation between industries and colleges in Tertiary TVE and we have to grasp this important opportunity.

The overall plan of cooperation between industries and colleges based on Tertiary TVE teaching involves following respects:

(1) Analyze the situations and requirements of teaching process, teaching reform and construction of Tertiary TVE, scientifically define education links, accurately position the education connotation and create a education chain for Tertiary TVE;

(2) Make plans on guiding cooperation between industries and colleges modes for upstream, midstream and downstream along Tertiary TVE chain respectively;

(3) Take the guarantee measures composed of the implementation and driving mechanisms of different modes of cooperation between industries and colleges and construction sustainable mode of cooperation between industries and colleges;

2. Put emphasis on the government-led cooperation between industries and colleges construction

Most of cooperation between industries and colleges reflected in the survey is between school and enterprise. Especially most of respondents have not mentioned concept "government-led cooperation between industries and colleges". We believe in China's Tertiary TVE, government-led cooperation between industries and colleges should be indispensable for cooperation between industries and colleges. There are two main role played by the government-led cooperation between industries and colleges: cooperation between industries and colleges in the upstream and midstream of the Tertiary TVE chain under direct responsibility of government and government –built cooperation between industries and colleges mode platform in the downstream of the education chain, therefore the government-led cooperation between industries and colleges plays a role "leading in upstream and midstream and bridging in downstream". Now we analyze the role of cooperation between industries and colleges in government-led cooperation between industries and colleges mode. There are following government-led cooperation between industries and colleges modes basically:

1) The main modes of cooperation between industries and colleges in the upstream of the educational chain include:

-Cooperation in developing specialty setting standard

- Cooperation in developing specialty criteria and curriculum standards

-Cooperation in developing professional cultivation quality assessment standards

2) The main modes of cooperation between industries and colleges in the midstream of

educational chain include:

- Cooperation in developing teaching resources (curriculum teaching resources, practice teaching resources and vocational qualification standard determination)

3) The main modes of cooperation between industries and colleges in the downstream of educational chain include:

-Cooperation in constructing cooperation between industries and colleges mode platform (vocational education group, industrial park, U-E-I bases, faculty training base and cooperation between industries and colleges based on the platform of Teaching Guiding committee)

-Organization of skill competition

The development of criteria and standards belongs to the first development in Tertiary TVE teaching, in the upstream of the education chain. Criteria and standards reflect China' s characters and philosophy in Tertiary TVE; the promulgation of criteria and standards will play an important guiding role in teaching and professional cultivation in Tertiary TVE as the basis of specialty construction of all Tertiary TVE schools. In other words, all specialties in Tertiary TVE schools must start up the secondary development guided by the criteria and standards in combination of own actual conditions so as to reflect the national consciousness and own features of the Tertiary TVE. The development of criteria and standards must be completed by cooperation between industries and colleges in Tertiary TVE teaching under the leadership of the government.

The government-led specialty criteria and standard construction can motivate the enthusiasm of all parties to the largest extent, make grasp of the basic rules and overall demand of Tertiary TVE teaching easier, ensure high performance input-output ratio and ensure quality of the specialty criteria and standard construction which involves specialty setting, making of special criteria and basic curriculum requirements. All these works are completed by educational and enterprise experts with organization of the central government and the education authorities at provincial/municipal level in support of government appropriation. That is also the key to the effect mechanism, while the quality of the specialty criteria and standard construction depends on the effect of the organization and instruction of the government authorities, the scale of the input and the level of the experts involved.

The teaching resource construction in the midstream of the education chain is divided into two parts: universal teaching resource construction and customized teaching resource construction, the f universal teaching resources refer to the teaching resources applicable to Tertiary TVE in all or certain fields and the customized resources refer to the teaching resources customized by and applicable to one or several colleges to give prominence to feature teaching resources. Teaching resource construction of government-led cooperation between industries and colleges is mainly applicable to universal teaching resources and such resource construction should be completed by experts from enterprise and school and jointly inputted by both parties under the leadership of the government. Some resource construction programs where enterprises may directly obtain economic benefit may depend on enterprise’ s input basically.

The enterprises and schools should be the main bodies of cooperation between industries and colleges in the downstream of educational chain but with the recommendation and coordination of the government. Aiming at features of different regions, industries or teaching links, build up different cooperation between industries and colleges mode platforms, such as foresaid vocational education group, industrial park, U-E-I bases, faculty training base and cooperation between industries and colleges based on the platform of Teaching Guiding e committee which may be used by the schools to carry out cooperation between industries and colleges programs. As to platform-based government-led cooperation between industries and colleges programs, both parties of enterprise and school should work together to constitute a win-win mechanism.

3. Construct sustainable mode of cooperation between industries and colleges

As shown in Tab. 17-1 Statistics of modes of cooperation between industries and colleges in Tertiary TVE schools, most of cooperation modes are direct cooperation between industries and colleges mode which is required in upstream, midstream and downstream of education chain.

(1) The main modes of cooperation between industries and colleges in the upstream of the educational chain include cooperation between industries and colleges in reform of professional cultivation mode as the outcome of the first development in Tertiary TVE teaching. But some factors such as specialty criteria and curriculum standard need the secondary development of the college according to its own specialty features and resource characters. A scientific specialty professional cultivation plan needs information provided by the enterprise about professional demand and industrial development based on occupational analysis to help college make right occupational analysis. college and enterprise may jointly set a specialty construction committee and other relevant institutions to ensure long-term

scientific effective professional cultivation planning; college and enterprise may work together in curriculum development to ensure the implementation of the cultivation plan.

(2) The cooperation between industries and colleges modes in the midstream of the educational chain include: secondary teaching resource development, joint base construction, etc. the vocational education development needs more dimensions of teaching resources including not only teaching materials, but also supporting cases, books for teachers, student handbook, etc. the presentation methods of the teaching resources are also more and more diverse, paper materials, disc and interactive teaching platform which can update contents in real time. The development of all these teaching materials needs participation of more and more enterprises. In order to satisfy demand of teaching, more and more colleges choose constructing productive training bases and specialty labs. The opinions and advices of the enterprise experts are very important form the indoor design and layout to equipment purchase and installation and some of works are the results of cooperation between enterprises and colleges.

(3) The main modes of cooperation between industries and colleges in the downstream of educational chain include teaching activities organized in cooperation between enterprise andcolleges, part-time teaching, cultivation contract, practices in the enterprise, taking part in teaching, etc. the practices in the enterprise is a normal cooperation between industries and colleges mode: enterprise provides students with post practices to effectively supplement human resources and control labor cost; school helps students obtain practical experience as a supplementary training environment. Cultivation contract is a goal of the enterprise –colleges cooperation for current schools, i.e., set special classes for contractual enterprises as personnel reserve bases of the enterprises. In this way the school cultivates students according to standards set by the enterprise and sends qualified professionals to enterprise.

The construction of sustainable mode of cooperation between industries and colleges is the only way to make cooperation between industries and colleges a long-term popular mode and the construction of sustainable cooperation between industries and colleges mode depends on the construction of cooperation between industries and colleges mechanism. Therefore we bring out following suggestions:

First, with further boost of Tertiary TVE teaching reform, release of specialty criteria, basic requirements on specialty teaching, curriculum standards, quality curriculums and others and the establishment of national teaching resource database, the Tertiary TVE schools get more and more resources available in specialty construction and teaching reform, while how to start the secondary teaching development and find new modes and mechanisms of cooperation between industries and colleges during the secondary development based on the existing resources in combination with actual conditions of the school and specialty is the new mission of Tertiary TVE schools.

Secondly, with cooperation between industries and colleges system construction, no matter in form or in quantity, more and more government-led cooperation between industries and colleges mode platforms will appear. So Tertiary TVE schools should positively take part in the construction of the platforms and make innovations of government-led cooperation between industries and colleges mode & mechanism.

Thirdly, make research on the cooperation between industries and colleges modes in the new situation featuring students working in enterprises such as "post practice" and make innovation of win-win cooperation between industries and colleges mechanism contributing competence enhancement and moral integrity of students.

Fourthly, the demonstration and core schools should take the construction of cooperation between industries and colleges mechanism as the main mission of cooperation between industries and colleges. They especially should enhance their own research capacity and lift the service capacity in the aspects such as technical R & D, production method change and industrial upgrade facilitation to make the schools' services for enterprises the basis of construction of cooperation between industries and colleges mechanism.

Fifthly, the demonstration and core schools should positively play their roles as the models by promoting experience in cooperation between industries and colleges to non-demonstration and core schools and helping latter set up their own cooperation mechanisms.

4. Pay attentions to different advantages of industry, enterprise and school in cooperation between industries and colleges

Generally speaking, the enterprises of different industries should take part in the whole process of Tertiary TVE. Therefore cooperation between industries and colleges should be reflected in the whole teaching process of the Tertiary TVE. However we still should deepen teaching reform, make clear the roles of industry, enterprise and school in the cooperation between industries and colleges and bring their roles into full play. That means that we should make demand analysis for education chain for Tertiary TVE first of all, find out the main demand factors in the education chain and then analyze the roles of industry, enterprise and school in the demand factors respectively.

With respect to Tertiary TVE teaching, there are following important demand factors from upstream to downstream of the educational chain:

1) Technique-application-industry -occupation

The technical development into practical applications A vocational education specialty can form only if the technique develops into practical applications which form an industry which requires corresponding occupations. Therefore the first demand of Tertiary TVE specialty construction is to figure out the technical development, technical application, industry formation and occupational state;

2) Occupational and post

Occupational analysis, i.e., describing the job with a certain structural and non-structural models and methods to make them close to the real state of the occupation and easy to be the start of the specialty and curriculum development, is another important demand factor to ensure quality of Tertiary TVE teaching.

3) Specialty development, teaching resources and guarantee system

Conversion of the occupational descriptions into the specialty curriculum system and curriculums and construction of teaching resources and guarantee system are as a whole the third demand factor to ensure quality of Tertiary TVE teaching;

4) Teaching implementation

Teaching implementation process is the fourth demand factor to ensure the quality teaching in Tertiary TVE.

To sum up, all demand factors of Tertiary TVE teaching should be completed in cooperation between industries and colleges. However the industry, enterprise and school play different roles in any of demand factors, so complementation is important. First of all the guiding role of the industry especially dominates the first factor like industry analysis, determining the special setting and cultivation positioning in Tertiary TVE; the enterprise plays determinative role in the secondary factor, determining the curriculum setting and contents in Tertiary TVE; the third and the fourth factors need the grasp of education thought and rules, therefore they should take teachers as the main body under guide of the schools in support of enterprises, so the role of industry here is more a guider and evaluator.

However in the course of Tertiary TVE teaching reform there is a long way for schools to realize and implement the thoughts and rules of the Tertiary TVE reform; for separation form education for years, the industries also need time to know about and realize vocational education, cultivate their own educational experts and enhance the influential force on the vocational education. Therefore we should further stress the role of the enterprises in the industries as participants and encourage the enterprises and schools to work together to explore the teaching rule in Tertiary TVE in cooperation between industries and colleges; we should also further research the roles of industry, enterprise and school in the cooperation between industries and colleges in the teaching practices to bring them into full play theoretically.

5. Intensify the realization and practice about professional cultivation is the goal of cooperation between industries and colleges

The cooperation between industries and colleges is the essential approach to development of Tertiary TVE and Tertiary TVE must adopt professional cultivation mode featuring the cooperation between industries and colleges and work-study combination, showing that the cooperation between industries and colleges plays a vital role in the Tertiary TVE and that the cooperation between industries and colleges is a way to development Tertiary TVE. The goal of the cooperation between industries and colleges is professional cultivation and cooperation between industries and colleges is the only way to cultivate quality skill-type professionals required by the economic society. So it’ s important for Tertiary TVE to depend on the cooperation between industries and colleges.

We still should intensify the cooperation between industries and colleges to strengthen our realization and practices for cultivation of quality professionals because during the investigation we found the realization and grasp of the essential purpose of the cooperation between industries and colleges were easy to be ignored in some links of the cooperation between industries and colleges. For instance, teaching link “post practices” may create balance among parties - enterprise needs Tertiary TVE schools students out of the consideration of labor shortage or cost cut, school has to complete this teaching task and students can obtain some incomes. But such agreement and practice actually take the cooperation between industries and colleges as the goal of the Tertiary TVE and ignore the essential purpose of the school education and the long-term benefits of the students. Therefore we still need to intensify the realization that the cooperation between industries and colleges must second the professional cultivation as an approach.

Chapter 19 Conclusions

China’ s Tertiary TVE teaching reform has marched into a new phase with innovative professional cultivation mode of Chinese characters and cooperation between industries and colleges and work and study combination are the basis of this mode and also the essential approach to cultivation of quality skill-type professionals. The investigation results show, a variety of cooperation between industries and colleges plans have been established by the faculties of Tertiary TVE schools in practices, laying a firm foundation for facilitation of the Tertiary TVE teaching reform. On the basis of the Tertiary TVE teaching reform, through surveys of some successful cooperation between industries and colleges cases, this project investigated in the state of the implementation of the cooperation between industries and colleges in Tertiary TVE schools. Based on the investigation results, the project concluded over 10 frequently-seen the cooperation between industries and colleges modes and whereby made analysis on the features of the typical modes.

Based on analysis on status quo of the cooperation between industries and colleges mode, the project made a further research on the cooperation between industries and colleges mechanisms. The construction of the cooperation between industries and colleges must be built on mutual benefit. Generally enterprise pursues for profit and school stresses professional cultivation. The two goals may be different, but the enterprise needs not only the professionals from the school (student), but also the professionals in the school (teachers). That connects both parties’ demands as the basis of mutual benefit. Accordingly Project concluded five possible mutual –benefit cooperation between industries and colleges forms based on the surveys and make research on the use state of the five forms in the cooperation between industries and colleges. In this way the project get the basic states of and challenges before the cooperation between industries and colleges mechanism construction in the Tertiary TVE.

Based on the realization on the status quo of the cooperation between industries and colleges mode & mechanism at the level of Tertiary TVE teaching and the analysis on the challenges, the Project Group further brought out five suggestions on how to deepen cooperation between industries and colleges in Tertiary TVE teaching in China after in-depth research.

However, that was just an angle of view during the research on the cooperation between industries and colleges and some reasons like time and budget limited the in-depth research to a large extent, so we just made some primary researches and analyses so far. The cooperation between industries and colleges is a highlight and also a bottleneck in development of the Tertiary TVE. We believe, the Tertiary TVE schools should deem the cooperation between industries and colleges as a "survival program" or "development program" in teaching reform, explore for and select the most suitable cooperation between industries and colleges mode and gradually set up a sustainable mechanism; the government has responsibility for playing the leading role by making an overall plan, organizing the implementation and building up a platform to boost in-depth integration and long-term cooperation between enterprise and colleges; while based on win-win cooperation, industry and enterprise should take the mission of development of the Tertiary TVE. We also believe, with the joint effort of all parties, the cooperation between industries and colleges will definitely realize further development, starting a new epoch.

Appendix

Questionnaire on the Mode & Mechanism of Cooperation between industries and colleges in Tertiary Technical and Vocational Education

Attentions for respondents to questionnaire on the mode & mechanism of cooperation between industries and colleges in Tertiary Technical and Vocational Education:

1. We list 12 cooperation between industries and colleges modes on this questionnaire. Please find the 12 modes first and then fill in "enterprise-school mode adopted currently" on the column at the right side of the mode, i.e., draw " √ " in the blank corresponding to one or more of the 12 options you choose answer .

2. After chose mode (s), choose mechanism (balance point) supporting cooperation between industries and colleges modes. There are 5 mechanisms (balance point) in the table with corresponding connections. As to connotation of following mechanisms (balance points), draw " √ " on one or more supporting mechanism options corresponding to the mode based on your experience, or make no choice if unfamiliar.

Explanations on connotations of different mechanisms (balance points):

Mechanism (balance point) 1: budget——service (enterprise takes part in teaching in school with various educational products and school pay for the input of enterprise)

Mechanism (balance point) 2: compensation——service (enterprise takes part in teaching reform, specialty construction and teaching works in the school and schools in individual form and the school pay to the enterprise and the individual correspondingly)

Mechanism (balance point) 3: student——compensation (students takes parting the works in enterprise in the forms such as post practice to increase practical experience and supplement labor force for enterprise and enterprise pays salary to students)

Mechanism (balance point) 4: service——service(school works together with enterprise in multiple forms including providing enterprise with qualified professionals, technical R & D, production expansion and staff training and helping enterprise enhance benefits; enterprise provides various services for teaching reform and construction of school).

Mechanism (balance point) 5: others (No a fixed mechanism, handle according to situation)

3. Please fill in the basic information following the table.

Table A-1 Questionnaire on the enterprise-school cooperation mode-mechanism in Tertiary TVE

No.	Mode	Current cooperation between industries and colleges mode	Mechanism (balance point) supporting various cooperation between industries and colleges modes				
			Mechanism (balance point) 1	Mechanism (balance point) 2	Mechanism (balance point) 3	Mechanism (balance point) 4	Mechanism (balance point) 5
Mode 1	Cultivation contract						
Mode 2	Cooperation between industries and colleges in training base construction(training base, training center, school –run factory)						
Mode 3	Government-led cooperation between industries and colleges mode platform(industrial park)						
Mode 4	Cooperation between industries and colleges in construction of secondary college						
Mode 5	Cooperation between industries and colleges in teaching reform programs (take part in reform of professional cultivation mode and development of specialty and curriculum)						
Mode 6	Cooperation between industries and colleges in organization of vocational skill competition(organize competition or relevant activities)						

Refer to Table A-1 (continued)

No.	Mode	Current cooperation between industries and colleges mode	Mechanism (balance point) supporting various cooperation between industries and colleges modes				
			Mechanism (balance point) 1	Mechanism (balance point) 2	Mechanism (balance point) 3	Mechanism (balance point) 4	Mechanism (balance point) 5
Mode 7	Setting education fund						
Mode 8	Vocational education group						
Mode 9	Enterprise runs the school						
Mode 10	Cooperation between industries and colleges in daily teaching (part-time teachers form enterprise, post practice for students, etc.)						
Mode 11	Cooperation between industries and colleges in development of vocational standards and vocational qualification certificates						
Mode 12	Technical R & D service						

Basic information (required with “*”):

*Province/Municipality: School:

*Whether or not national demonstration/core school: